のめりこむメディア文化とそこにある日常の文化

文化社会学の視座

南田勝也 Katsuya Minamida
辻泉 Izumi Tsuji
編著

ミネルヴァ書房

文化社会学の視座——のめりこむメディア文化とそこにある日常の文化

【目次】

序章　文化社会学の視座

1　文化を考えるに当たって

本書は、文化社会学の導きの書として編まれたものである。文化に関するいくつかのテーマと方法論を紹介し、幅広い対象について具体的かつ実証的な分析を展開しているのが特徴である。それぞれの章にはそれぞれの視点での文化の姿が描き出されているが、最初に、私たちの日常に密接に関わっているはずの「文化」という言葉について考えをめぐらせておきたい。なにしろこの言葉は現在あまりにも広範囲に用いられていて、その定義も容易ではないからだ（柳父 1995）。ここでイメージを掴んでおいてから、各章の議論に入っていきたいと思う。

広義の文化

「文化」という言葉を聞いた時、あなたは何を連想するだろうか。文化遺産、多国籍文化、風土と文化……、歴史的・地理的に培われた生活スタイルや、それを象徴的に表した事柄を連想する人は多いだろう。芸術文化やポピュラー文化、文化教室など、作品創作に由来するハイカルチャーやサブカルチャーを思いつく人も少なくなさそうだ。人によっては、文化住宅や文化包丁など、大正時代に生まれた言葉を思い浮かべるかもしれない。

いずれにせよ、その言葉には、世の中が開け進んで生活内容が高まること、もしくは、人間の精神の働きによって新しい価値が生み出されること、こんな意味合いが含まれている点は共通していそうだ。たしかに「文化的な生活」という言い回しの「文化的な」の部分を他の言葉に置き換えるとすると、「豊かな」「人間的な」などがしっくりと当てはまる。それはつまり、動物的ではない、むき出しの自然ではない、ということが意味されている。

では、人間にしかできないこととは何だろう。それは、協同して知恵をしぼり、同じ概念を共有し、物質的／非物質的なシンボルを後世にまで残すことである。そうした営為を指して、文化と呼んでいるのである。

しかし、いってみれば、それはあらゆる人間の生活に当てはまるのではないか。言語を通じて互いにコミュニケートすることがそうだし、火や水を効率的に用いて生活を向上させることや、共同で神に祈りを捧げることにも当てはまる。衣服・料理・住まいとそれにまつわる人々の行動、世代や地域などが持つ漠然と共有された意識、特定の対象に思い入れを抱いた人々の集まり、芸術作品や詩歌の言葉を守り伝える行為……。睡眠や求愛といった動物的欲求ですらも、世界各地に独特の作法や様態が発達していて、それらを文化と呼んでも差し支えない。

拡大して解釈すればいかようにも使える言葉が、文化という二文字である。それは包含的な人間の思念の総合ということもできるのだが、定義が広すぎてあいまいさが残ってしまうのも事実である。それゆえか、社会科学の文脈では、文化はむしろ副次的な扱いを受けてきた（宮島 2000：2）。

なるほどそれももっともである。人間行動を科学するにあたって、数値化しやすく明文化になじむ経済や法、政治などの領域は、思考をコントロールしやすく、体系的な科学として発達してきた。それに比べて、文化を同様に扱うには不明瞭な点が多すぎるのである。さらにいうと、経済・法・政治などの領域は、単に科学者が概念操作をしやすいというだけではなく、人間が行動するさいの原理となり、社会構造の基盤となり、秩序をもたらすものと見なされてきた。

たとえばカール・マルクスは、経済活動が社会の下部構造（ここでいう下部とは、下位の意味ではなく、根幹的・基盤的という意味）を担うと考えた。それに対して、人間の価値観や行動の幅を規定する文化活動は、上部構造にあたり、下部構造の布置やその変動があってはじめて変化する活動であるとした。

また、タルコット・パーソンズが考案したＡＧＩＬ図式（それぞれの頭文字は、「適応」「目標達成」「統合」「潜在性あるいは潜在的パターン維持」の四つの社会プロセスを表している）では、社会システムにおける経済・政治・法・文化が順次それぞれにあてはまるとした。潜在的な秩序を維持する装置として文化をとらえるこの考え方は、経済システムに対しても制御力を持つという意味でマルクスの考え方とは相容れないのだが、経済ではない、政治ではない、法規範ではない、全体を見渡すことの困難な対象として文化を取り扱った点については共通している（Parsons 1961＝1991）。

一見するとこうした社会科学者たちのとらえ方は、文化を、もっとも重要な社会活動からこぼれた（否定形でしか規定できない）残余の領域として取り扱っていると読める。しかし、むしろそれは中核を包み込む大気のようなものとして文化をイメージしていたといえるのではないか。

たとえばある企業が革新的な技術によって新製品の開発に成功し、莫大な利益を上げたとする。そのとき重要なのは、もちろんその製品とそれにまつわる技術や経済効果にあるのだが、いかにしてその製品の開発にＧＯサインが出されて、実際の販売にまで結びついたのかといえば、その企業の社風、すなわち「企業文化」と呼ばれる要因が関係している（そもそもは経済的条件がその企業文化なるものを生みだしていたとしても）。あるいは、時代を捉えたとの評価を受けてベストセラーになった小説があったとして、その作品の受容の背景としてクオリティが中心にあるのは間違いないが、その流行を支えた「世代文化」を考慮に入れる必要がある。中核的な条件が人々の価値意識や信念や態度としての文化を生みだし、また逆に文化がその中核を支える世界像となる。そんな大気のような役割が、社会学者の捉える文化なのである。

カール・マンハイムは、その著書『文化社会学草稿』で次のように述べている。「ある芸術作品に、原初的なかたちで心を向けているという場合、そこにあるのは、ただ島のような、自己完結的な作品であるに過ぎない。そこでは、作品への態度も、また領域の関数性も、全体として視界から消え失せてしまっている。それに対して、文化に関する社会学的考察の本質は、まさしくこのような、各々の文化形象の関数性を探索するような、非内在的考察になるのである」（Mannheim［1922］1980＝1995：51）。

ここでいう「関数性」とは、要するに「関わり」のことである。解かれなければならないのは、人が対象と結びつく関わりとしての文化の意味内容なのである。こうして文化社会学は、具体的な社会生活のあらゆるところに文化的な側面があることを引き受け、個別の対象にまとわりつく行為の意味や価値の側面、社会意識を研究対象とすることを本義としてきた。

狭義の文化

ただし、文化という用語を、世代文化、宗教文化、地域文化など、多くの人間活動の集合表象をさす言葉の意で用いて、それらを非内在的に考察するというスタンスをとるならば、それは「知識社会学」と呼ばれているものと変わりがない。あるいは単に「社会学」といっても問題はないようにすら思える。

ダイアナ・クレインは、主要な社会学者が右記のような意味、すなわち「社会生活の暗黙の姿」として文化を扱ってきたことに対して、批判的なまなざしを向けている。文化社会学がその対象を見据えるとき、文化を人々の集合的な価値や信念など広い意味でとらえてしまうと、混同やミスリードをまねく。にもかかわらず、そのような状況が近年に至るまでつづいてきた。「現代社会において、〝暗黙の文化〟を強調するだけでは不完全なのである。今日の文化は、そのほとんどが社会的構成物や生産品としての文化を通じて、いいかえれば記録物文化（recorded culture）――プリント、フィルム、加工物、あるいは最近では電子メディアに記録された文化――を通じて表明され交渉されている。記録物文化の内容を左右する要因を分析するだけでなく、記録物文化の内容と効果を分析することなくして、現代社会における文化の役割を理解することにはならない」（Crane 1994 : 2-3）。このようにクレインは、さまざまなタイプの記録物文化（情報、娯楽、科学、技術、法律、教育、芸術）を扱う「新文化社会学」を提唱している。

また、ウェンディ・グリスウォルドは、「文化のダイヤモンド」と呼ぶ四つの要素からなる構造モデルを提唱し、幅広い対象に応用可能な文化社会学のアプローチを示している。四つの要素とは「文化的表象体（形に具現化された共通の意義）」、「文化の創造者（文化的表象体をつくり出し、それを伝播する組織体制を含む）」、「文化の受容者（文化や具体的な文化的表象体を経験する人々）」、「社会的世界（文化が創造され経験される状況）」であり、「文化的表象体」を具体的な形象を伴うものと定義づけていることが特色である。そして、これらが互いに影響しあう状況をとらえていくことを文化社会学の課題としている（Griswold 1994＝1998：13-35）。

人の手によって創造された対象物（記録物文化、文化的表象体）、それらを送り届けるメディア、そこにまつわる受け手と、受け手の人々に用意された空間。これらが文化社会学の射程であるということが近年にいたって主張されはじめたのである。

学説史の観点からいえば、文学や芸術学、大衆社会論にいたるまで、右記の対象を扱う人文科学の領域はそれまでにも数多くあったし、日本でも鶴見俊輔や丸山真男らが携わった雑誌『思想の科学』が、戦後間もなくから日常文化や大衆文化を対象とした研究の成果を上げていた。

ただし、近年の潮流として狭義の文化が注目を集めていること、クレインやグリスウォルドがその研究領野に明確な定義を与えようとすることの背景には、英国発のカルチュラル・スタディーズが、世界的な学派として発展したことがある。一九六〇年代から大衆文化の社会的意味をアカデミックな議題として取りあげていた同学派については、第1章以降で解説しているので詳しくはそちらを参照していただきたいが、それまで（とりわけ社会科学の文脈で）トリビアルな対象として扱われてきたポップカルチャーを、学際的な研究の対象として分析の俎上にのせたことの意義は大きい。

また、メディアの多様化とコンピュータの発展によって情報環境が大きく変わり、そこで提供されるコンテンツ文化の重要性が増してきたことも、狭義の文化が注目されるようになった要因として数えることができる。さらに、グローバリゼーションの進行は、物流やサービスの世界規模での交換を押し進めるだけでなく、知的財産としての文化的著作物の管理に目を向けさせた。いまや、メディアや文化作品は、あらゆる分野にまたがる関心を集めているのである。

以上のように、文化を考えるに当たっては広義の文化と狭義の文化に配慮する必要がある。本書は、その両者を押さえる内容になるよう心がけた。折衷的ではあるが、本書には文化社会学のテキストとしての意味合いをもたせていることもあり、どちらかを欠いたものでは不十分であると思えたからだ。具体的には、狭義の文化を〈のめりこむメディア文化〉と名付け、広義の文化を〈そこにある日常の文化〉とした。私たちの日常的な感覚に近い区分けを設けることによって、文化の分析をより身近なものと感じてもらえればと思う。

2　本書の構成

第Ⅰ部では

第1章から第4章までで構成される第Ⅰ部では、具体的な分析に入る前の総論を展開している。そこでは、文化社会学の先駆的な研究を概説するとともに、文化を分析するさいに取りあげるテーマと方法論について解説し、現時点でもっとも効果的と思える分析視角についての提案をおこなう。なお、第Ⅰ部では、先行研究の系統をあえて対立項的な図式のなかに組み込んで論じることで、それぞれの系統が主張していることの重要なポイントを浮かびあがらせるよう工夫している。

まずはメディア文化、ポピュラー文化を分析対象として取りあげるときに生じる諸々の論点を整理してみたい。近年の傾向としてメディア文化をテーマとする研究は増えているものの、いまだ確立された方法を持たないのが現状であり、これまでの研究動向を踏まえて新たな視点を示すことは有益な営為となろう。

第1章「メディアと集いの文化への視座」では、メディアによって媒介される作品群の周縁に集う人たちの共同体、いわゆるファン文化に注目する。メディアの受け手の心理的な側面を計測する（マスコミュニケーション研究における）利用と満足研究などに代表される経験的アプローチと、サブカルチャー（下位文化）の社会的文脈を重視してそのオーディエンスをエスノグラフィーなどの手法で考察しようとする批判的アプローチについて、それらの特徴や違い、メリットとデメリットを検証する。

第2章「表現文化への視座」では、文化作品そのものを研究対象とするにあたって、どのような方法論があり得るのかを考える。作品の内実に迫らんとする文学や美学の流れをくむ内的読解と、作品自体にとっては外部的な説明や解釈原理に訴えようとする社会学的な外的読解のふたつのアプローチを、筆者の考案した「人－作品」関係／「人－作品－人」関係モデルに当てはめ、原理的な水準で考察し、最後に新たなアプローチについての提案がなされる。

つづいて、文化対象を検証・分析するさいに用いる調査の手法について主に考えていく。調査が必要とされるのは文化社会学に限ったことではないが、最初に述べたように、あいまいで可視化しにくいものが文化であり、とりわけ広い意味での文化にはそれがあてはまる。そのぼんやりした輪郭の見通しを明るくするためには、質的／量的な社会調査、あるいは文献や歴史史料にあたる調査が必要となるだろう。

そこで第3章「世代や世相の文化への視座」では、社会調査の代表的なふたつの手法、定性（質的）調査と定量調査のガイダンスをおこなう。「恋愛指輪」という世代文化を題材に、その実相をどう把握していくか、インタビュー調査と質問紙調査のふたつの側面から比較検討する。第3章は、互いの調査手法のメリットとデメリットを明らかにするとともに、調査の手順についても解説しているので、これから社会調査をはじめたい人にとっての実践の導きとなるであろう。

ただし社会調査は今を生きる人々の意識を知ることに限定されてしまう側面がある。かつての暮らしや思想、あるいは現代に至るまでの社会意識の変遷、そういった歴史の積み重ねとしての文化を調べるにあたっては、文献調査や史料調査が適している。

第4章「文化の変遷への視座」では、資料・史料に基づいて文化的事象をとり扱う方法として、社会学の代表的なふたつの潮流、構築主義と言説分析を比較検討する。たとえば「家族」という事柄ひとつにしても、それは実体的に把握されるものではなく、時代に応じてその定義は移り変わり、人と人との関わりのなかで共有される観念となっている。そうした概念的なものを読み解く手法として、社会学が発展させたふたつのメタレベルの理論を紹介する。

第Ⅱ部では

第5章以降の第Ⅱ部・第Ⅲ部では、いくつかの文化分析の具体例を示す。それぞれは独立したかたちで書かれていて一個の論文として読めるようになっているが、第Ⅰ部で示した方法論と関連するよう配慮している。

第5章から第8章までは、〈のめりこむメディア文化〉に対応したパートである。

第5章「なぜケータイにハマるのか」では、若者を中心としたメディアコミュニケーションのあり方を、携帯電話のメール利用の側面を切り口に分析している。若者に特有の感情表現はテクノロジーの進展によってどのようなモードに変容したのか、ケータイ依存とはどのような事態を示しているのか、これらの論点を、主に質問紙調査の手法で明らかにしていく。

また、第6章「テレビ視聴のスタイルはどのように変化したか」では、テレビ視聴にのめりこむ行為について考察している。私たちの情報源の中心にはいつの時代にもテレビがあるわけだが、それを見る作法が時代とともに変容したことを、一九六〇年代以降の日本社会の世代意識を軸に読み解いている。テレビ番組への極私的な「ツッコミ」の変容は、送り手と受け手のあいだの距離の取り方に関わるダイナミズムを映し出している。

どちらかといえばメディア分析を中心としたこれらの章に対して、第7章と第8章は、文化作品のコミュニケーションを中心に扱っている。

第7章「なぜキャラクターに『萌える』のか」は、近年話題にのぼることの多いオタク文化の実相に迫っている。自分が対面接触をしたことのない人物に対して思い入れを持ち、そこにのめりこむ経験は、スターやアイドルの人気を考えれば一般的な現象といえる。しかし最近ではその様相にも変化が訪れ、実在しない人物や二次元上の人物に「萌える」行為が可能となっている。アニメのキャラクターに「萌える」主体の感性について、ライフヒストリーの手法で読解したのが第7章である。

対して第8章「なぜロックフェスティバルに集うのか」では、いまや夏の定番イベントとなったロックフェスティバルを題材に、音楽作品を媒介にした人的ネットワークの姿を描いている。今日の音楽フェスは、音楽そのものやアーティストに惹かれて集まるというよりも、音楽以外の要素、「仲間を作る」や「のんびりする」ことを求めて集まっている。そうした受容のあり方を、ロックフェスへの参与観察から論述する。

第Ⅲ部では

第9章から第13章は、〈そこにある日常の文化〉に対応したパートである。広義の文化である家族・地方文化・流行・就業意識・国民意識について論じられる。

第9章「現代の親子関係とはいかなるものか」では、家族の役割意識が変容している後期近代社会の状況を分析している。現在、人間関係は希薄化するどころかある一面では新たな「親しさ」が目立ちつつあり、「親子」関係が「友達」化するかのような傾向が女性を中心に見られるといわれる。そうした新たな「親しさ」について、マンガ表現に表れる言説を取りあげつつ、その社会的背景について、計量的なデータに基づいて分析する。

第10章「地方に生きるとはいかなることか」は、これまで都市やその郊外の文化が注目を集めてきた一方で、ほぼ正面から論じられることのなかった「地方」の文化を取りあげている。その際、『YOUNG & FINE』など漫画家の山本直樹の作品を題材として取り上げ、そこに描かれる「終わりなき日常」（宮台真司）を生きねばならない切実さと、切実さが生み出すある種の「豊かさのようなもの」に、「地方」の文化の特徴を見出している。

第11章「差異化コミュニケーションはどこへ向かうのか」は、流行現象を理解するためにファッションを素材として取りあげる。とりわけ女性ファッションは流行り廃りが激しく、そこに関与する人たちが他者と差異化する意識も強い。そこで構築主義の一手法であるレトリック分析を用いて、ファッション誌の読者欄に現れた言説を時代の変遷とともに読み解いていく。ファッション文化にコミットメントする若者は、身近な隣人たちとの限りない差異化のコミュニケーションをおこなっている。その姿を映し出すことによって、現代社会のモードの行方を占う。

第12章「若年労働問題では何が問われているのか」では、今日の若者たちにおける労働問題の実態を論じている。一方で若者たちは、自分にあった好みの仕事を探そうとするが、「好きを仕事に」することには落とし穴が潜んでいる。さらにまた、一方で別の若者たちは、安定した仕事を探そうとするが、現在ではそれが見せかけの安定であることも多い。「日本型福祉社会」という社会的背景に触れながら、こうした問題点への対策として専門性の可能性を検討している。

第13章「『日本人』であるとはいかなることか」は、日本における愛国心の問題を、定量調査の分析から考察したものである。グローバリゼーションが進展するなか、今あらためて国民国家とは何かが問われている。私たちは日常生活において、この国のことをどのように意識しているのだろうか。その愛国心の表れを批判的にとらえるのではなく、あくまでも計量的なデータに基づいて実証的に分析する。分析のプロセスを記述するなかで、データをいかに読むか、多変量解析をどのような場面で使用するか、などの解説を盛り込んでいる。難しく思われがちな統計手法の面白みを知ってもらうことも本書の目的のひとつである。

文化社会学への誘い

以上のように、本書では文化をさまざまな対象のなかに見出し、多角的な手法で分析している。また、各々の分析の具体例は、現代の日本社会に生じている状況や事柄を取り扱っている。文化が日常と地続きであること、その意味で私たちの足下を見つめることの大切さを、ここでは訴えかけたかったからである。さらに、批判的アプローチの多い類書と比較して、実証的アプローチを盛り込んでいることも本書の特徴である。発端はひとつの思いつきだったとしても、実証的手順を踏むことによって論理は強化されるというのが、私たちの基本的なスタンスとしてある。

しかし何よりも、すべての章を通じて共通しているのは、放っておけば見逃してしまうであろうあいまいな文化の形象を、何とかして顕在化させて表に出したいという探求の姿勢である。①日常的な文化のなかに疑問点や問題点を発見し、②その局面や対象にどのようなことが論じられてきたかを確認し、③自分の知識を動員して実証的・経験的に分析をしてみる。そして、④新しい知見やものの見方を提示する。それは、私たち研究者が普段おこなっている思考のプロセスなのだが、そのプロセスをなぞるべく、それぞれの章は4節立てになっている。すなわち、1節から4節までつながる流れを①→②→③→④のプロセスととらえることで、私たち自身の文化への興味と着想の「頭の中身」がわかる仕掛けにもなっている。それを読み物として面白がっていただければと思っているが、さらに、読者の方々の知的好奇心や探求心を刺激する一冊になれば、なお幸いである。

文献

Crane, Diana, 1994, "Introduction : The Challenge of the Sociology of Culture to Sociology as a Discipline," Diana Crane ed., *The Sociology of Culture*, Blackwell, 1-19.
Griswold, Wendy, 1994＝一九九八、小沢一彦訳『文化のダイヤモンド——文化社会学入門』玉川大学出版会。
Mannheim, Karl, [1922] 1980＝一九九五、澤井敦訳『文化社会学草稿——思考の構造』学文社。
Marx, Karl H., 1859＝一九五六、武田隆夫訳『経済学批判』岩波書店。
Parsons, Talcott, 1961＝一九九一、丸山哲央編訳『文化システム論』ミネルヴァ書房。
柳父章、一九九五、『文化——一語の辞典』三省堂。
宮島喬、二〇〇〇、「総論　現代の文化研究の課題」宮島喬編『講座社会学7　文化』東京大学出版会、一〜一九頁。

第Ⅰ部

文化のとらえ方

第1章　メディアと集いの文化への視座
——経験的／批判的アプローチからマルチメソッド・アプローチへ

辻　泉

私たちは日々、一人だけでいるよりも、「人間」という文字の通り、友人や家族、そして仲間たちに囲まれていることが多い。そのさい、昨日見たテレビ番組の内容を話題にしたり、携帯電話を通して連絡を取り合ったりする。このように、自分自身とそれを取り巻く人々、さらにそれらをつなぐメディアといったように、「メディアと集いの文化」はまさしく私たちの日常生活に深く埋め込まれた、欠くことのできない一側面となっている。

本章では、こうした「メディアと集いの文化」に対する、さまざまなアプローチを比較検討する。具体的には、これまでに経験学派と批判学派と呼ばれてきたアプローチについて、それらを単純に対立させて優劣を競うのではなく、むしろそれぞれのメリット／デメリットを見極めた上で、今求められるべき新たなアプローチを提起する。

これまで「メディアと集いの文化」に対しては、いわば何かおかしなことがどこかで起こっているかのような、「よそよそしい」とらえ方がなされてきた。しかし、今求められているのは、むしろ「自分自身のこと」として振り返るような、深く掘り下げたとらえ方である。

1　「メディアと集いの文化」のとらえ方

本章の目的

私たちは、日々メディアに囲まれた生活を送っている。それらが伝える情報に時に強い関心を持ち、関心を同じくするもの同士で集ったりもする。こうした「メディアと集いの文化」は私たちの日々のなかで、間違いなく欠くことのできないものとなっている。

典型的な例を挙げれば、ファンやオタクなどと呼ばれる人々の存在がわかりやすいだろう。テレビや雑誌に登場するアイドルやタレントのファンやオタクたちが、携帯電話のメールで連絡を取り合いコンサート会場に集まったり、あるいはインターネットの掲示板で意見を交わしたりといったことは、よく目にする現象である。

だが、よくよく考えてみると、こうした現象はどのように理解したらよいのだろうか。今の例でいえば、なぜ他でもないそのアイドルやタレントを好きになるのだろうか、さらにメディアを一人で利用しているだけでもよさそうなのに、なぜわざわざ集ったりファン同士で同じことをしたりするのだろうか。こうした現象はあまりにも身近すぎるせいか、まだまだ十二分にはとらえ切れていないようである。だとしたら、そもそものとらえ方（アプローチ）から考えてみることが必要ではないだろうか。

よって本章の目的は、こうした各種のメディアやその情報を基に集うコミュニケーションについて、いかなるとらえ方がこれまでになされてきたのか、いくつかの対照的なとらえ方を紹介しつつ、そのメリットとデメリットを検討しながら、今求められるべきとらえ方を考えていくことにある。

図１-１　コンサート会場に集う男性アイドルのファンたち（辻泉 2004：25）

ファンとは「おかしなかわいそうな連中」なのか？

こうした「メディアと集いの文化」は、これまでにも重要な研究テーマとなってきた。しかし、これまでのとらえ方の多くには偏りがあったようだ。過剰に「悪いもの／よいもの」としてとらえようとしたり、あるいは何がしかの原因探しに特化してしまったりすることが多かったように思われる。

そのことは、先に例示したファンやオタクといった言葉にも表れている。オタクという言葉が、一般的には差別的な意味合いで用いられていることはわかりやすいだろうが、実はファンという言葉にも元々は差別的な意味合いがある。「fanatic＝熱狂者」の略語がファン（fan）であり，いわば「おかしなかわいそうな連中」といった意味の言葉なのである。まさにこうした言葉の意味に現れているように，「メディアと集いの文化」は「おかしなかわいそうな連中」のすることとしてとらえられてきたといっても過言ではない。いわば特定の心理的な傾向や社会的な階級・身分，あるいはメディアの情報の説得力や，その背後のさまざまな権力の存在に原因が求められたり，理解されたりしてきたのである。

「メディアと集いの文化」に関する研究は，古くは一九世紀末のヨーロッパで，第二次世界大戦後にはアメリカで盛んになるが，興味深いのはそうした現象をいかなる概念で呼び表そうとしたかである。古くヨーロッパにおいては，「公衆」（Tarde 1901＝1964）や「群集」（Le Bon 1895＝1993）と呼び表されたが，どちらかといえば前者は「よい」イメージ，後者は「悪い」イメージの概念であった。

第二次世界大戦前後になると，「大衆（mass）」という概念が定着するが，これはすなわちラジオやテレビなどを「マスメディア」と呼び表すときの「マス（大衆の・大規模な）」のことである。論じるものによって「よい」イメージにも「悪い」イメージにも用いられる概念ではあったが，画一的・一枚岩的で大規模な現象をさすものであることは共通していた。

近年では，既存のマスメディアに加えインターネットや携帯電話などの新しいメディアが普及するのに伴い，かつてほど画一的・一枚岩的で大規模な現象は見られなくなりつつあるが，それでも「祭り」（鈴木 2005）や「スマートモブ」（Rheingold 2002＝2003）といった概念が用いられている。

さて，こうした過去の研究を現時点から振り返ってみると，いささかそれらのとらえ方に「よそよそしい」感じがしないだろうか。もちろんそれらが重要な成果を挙げてきた研究であることには疑いがない。

しかし「メディアと集いの文化」は，すでに触れたように，今日ではもはや欠くことのできないものとなっている。とするならば，今求められているのは，それを「よそよそしく」とらえるのではなく，むしろ「自分自身のこと」とするようなとらえ方ではないだろうか。すなわち「メディアと集いの文化」を，私たちの日常から切り離すことのできないものとして，幅広い視点から深く掘り下げるとらえ方が求められているのではないだろうか。

「メディアと集いの文化」はどのようにとらえられてきたか

ここで「メディアと集いの文化」に関するこれまでの研究を振り返ってみたい。とりわけ第二次世界大戦に前後して発達した、いわゆる「マスメディア研究」について、経験学派と批判学派と呼ばれるふたつの流れを中心に振り返ってみよう。

そもそもこの時期に、欧米を中心として「マスメディア研究」が発達したのには理由がある。なぜなら一九二〇年代には本格的なマスメディアのはしりとしてラジオが普及していたし、一九三〇年代にドイツではナチズムが台頭して、そのプロパガンダに代表されるように、「大衆」を「扇動」することに重きが置かれた戦争が始まっていたからである。

社会心理学者の佐藤毅の整理にしたがうならば（佐藤 1990）、経験学派とは広範な社会的文脈にはあまり注目しないで、メディアの情報の直接的な効果を研究するという傾向を持ち、主に第二次世界大戦以降アメリカで発達し、その後「マスメディア研究」の主流となっていったアプローチである。日本においても第二次世界大戦後に導入され、いわゆる社会心理学的な「マスメディア研究」の主流を形作ることとなった。

一方の批判学派は、むしろコミュニケーションの広範な社会的文脈に関心を持ち、（すべての研究がそうとまではいえないが）主にマルクス主義的な傾向を持つアプローチである。第二次世界大戦に前後して、ドイツのフランクフルト学派から派生してきた部分もあるが、一九九〇年代以降、カルチュラル・スタディーズと呼ばれる一連の研究の台頭もあって、再び注目を集めている。これには大きく変わりつつある社会的文脈を、「経験学派」が十二分にとらえ切れてこなかったという問題点も存在していよう。

だがそれぞれの学派の、とりわけ初期の研究に注目するならば、こうした違い以上に共通する時代背景が見えてくる。

たとえば、初期の経験学派を代表するものとして、ラジオドラマ中に火星人の襲来を伝える臨時ニュース（実はこれもドラマの内容のひとつであった）が流れたことで引き起こされたパニックや（Cantril 1940＝1971）、ラジオでスターが一八時間にもわたって戦時国債の宣伝をして大きな売り上げをもたらした現象（Merton 1946＝1970）などを対象にした研究がある。これらは、ラジオというメディアを通して伝えられる情報そのものの説得力に注目した研究であり、その説得力を大きく見積もっていたため「強力効果説」と呼ばれた。さらにその後も、質問紙調査などを通して実証的にその効果を測定するようなアプローチが進められていった[1]。

一方、初期の批判学派としては、映画産業に代表される「文化産業」が、「大衆」の意識を操作しているとする研究などがなされていた（Horkheimer and Adorno 1947＝1990）。そこで、こうしたメディアの情報に潜む「イデオロギー」を明るみに出す質的な解読（分析）が進められていった。

このように具体的な調査方法の違いこそあれ、初期の経験学派と批判学派のアプローチには共通する点も見えてくる。初期の経験学派においては、いわば「大衆」は扇動されやすい存在であり、その原因をメディアの情報の説得力に求めていた。一方の批判学派においては、そのように「大衆」を扇動しようとする政治的・経済的な権力がメディアの背後に存在することを暴きだそうとしていた。すなわちいずれのアプローチも、先に述べた言葉で繰り返せば「メディアと集いの文化」を「おかしなかわいそうな連中」のしていることとして、何がしかのわかりやすい原因に説明を特化させてとらえようとする傾向が共通していたといえるだろう。

さらに、情報を送り伝える側ばかりに注目し、受け取り集う人々にはあまり注目していないということも共通していよう。「大衆（mass：マス）」を「扇動」されやすいものとして「悪い」イメージでとらえるにせよ、あるいは権力によって「扇動」させられているものととらえるにせよ、画一的で一枚岩的なものとするとらえ方が前提になっていることに気づくだろう。

初期の研究がこうした批判にさらされた結果、むしろ「メディアと集いの文化」については、集う人々のコミュニケーションそのものに注目がなされるようになっていく。いわば「送り手」ではなく「受け手」の研究に注目が集まることになるのだが、では「経験学派」と「批判学派」にわけながら、そのアプローチの特徴を掘り下げてみよう。

2 「経験学派」のとらえ方——利用と満足研究を中心に

利用と満足研究の登場

「受け手」に注目したアプローチの導入は、経験学派のほうが早かったといってよいが、本格的になされたのは一九七〇年代からである。その代表的なものとして利用と満足研究が知られている。その要点とは、メディアの情報を「受け手」がどのように利用してどのような満足を引き出しているのかを調べることにある。いわば「大衆」のような画一的・一枚岩的でかつ「扇動」されやすい存在とは違い、「受け手」は主体的かつ能動的な存在であり、それぞれの関心や興味にしたがって、メディアの情報から満足を引き出す存在としてとらえられたのである。それは具体的には、時に「気晴らし」であったり「人間関係」の維持のためであったり、あるいは「自己の確認」や自分をとりまく社会全体への「監視」のためであったりするものとされた（McQuail 1972＝1979）。

利用と満足研究の例

日本においても、こうした利用と満足研究の導入例として、たとえば、一九七〇年代末から一九八〇年にかけては女性ファッション誌の読者を対象に（竹下ほか 1978 など）、一九九〇年代初めには各種のアーティストのファンなどを対象にした研究がなされている（松井編 1994 など）。ここでは後者から、小田和正のファンに関する利用と満足研究の例を取り上げてみよう。

小田和正は日本を代表するシンガーソングライターであり、一九七〇～八〇年代にはオフコースのボーカル兼リーダーとして活躍し、一九八九年のオフコース解散以降はソロでの活動を本格化させ、今日でもドラマの主題歌やCMソングなどを数多く手がけている。一九九一年には折からのトレンディドラマブームにも乗って、大ヒットしたドラマ『東京ラブストーリー』の主題歌「ラブ・ストーリーは突然に」のシングルCDが、二七〇万枚という当

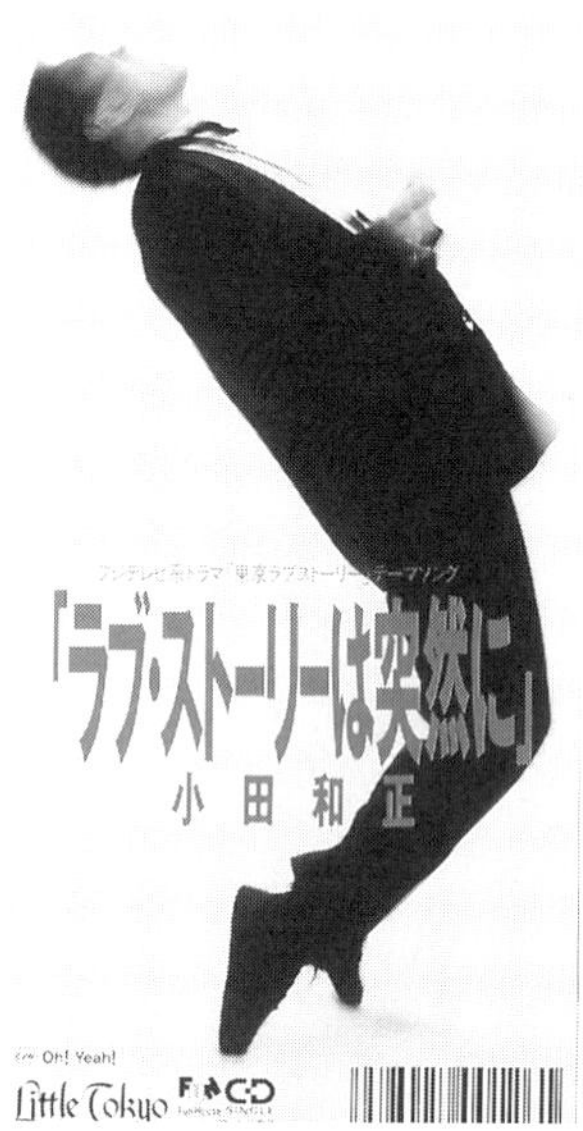

図1－2　小田和正「ラブ・ストーリーは突然に」（発売元：BMG JAPAN）

時におけるシングルCDの売り上げ記録を更新した。ここで取り上げる研究結果もその当時になされたものだが、ではファンたちはなぜ小田和正を好きになるのだろうか。そして、それはどのようにとらえられるのだろうか。

基本的に、利用と満足研究はまず「受け手」の満足のタイプを特定するところからはじまる。小田和正ファンでいえば、ファンクラブの月刊の会報誌に寄せられたファンレターからいくつかの満足のタイプを見つけ出し、次にそれを基にして質問紙を作成し、ある大学の「小田和正愛好会」のメンバーなどを対象にした調査[2]を実施し、計量的な分析を通して満足のタイプを大きく三つにまとめ上げた。その結果、「①曲で想いを支える（たとえば、小田和正の曲のように異性から思われたい、小田和正の曲にあるような恋愛がしたい、などといった項目が該当）」「②小田和正を崇拝する（同様に、小田和正を尊敬している、小田和正はカッコイイと思う、など）」「③声・メロディのやさしさにひかれる（同様に、小田和正の曲のメロディはやさしいと思う、小田和正の歌声はやさしいと思う、など）」といった大きく三つの満足のタイプにまとめられることがわかった（詳細は、松井編 1994：42 を参照）。

さらに同じ対象者たちに、その性格上の特性を明らかにする質問も実施し、こうしたファンたちの性格の特性と、上記した満足のタイプとの関連を計量的に分析している。

なかでもファンたちを女性と男性にわけて見てみると、いくつかの興味深い結果が得られている。目立った結果としては、女性ファンにおいては「①曲で想いを支える」という満足のタイプと〝異性への関心〟という性格特性に、男性ファンにおいては「①曲で想いを支える」という満足のタイプと〝養護要求〟という性格特性に関連が見られた。

さらにファンたちに特に好まれていた一五曲に関して歌詞の内容分析をおこない、その結果、「せつない」という形容詞や「君と僕」という代名詞がよく用いられており、小田和正の曲とは、「時とともに何もかもがうつろいやすい現実はせつない。しかしそれでも僕は君を愛し続けたい」というような内容であることを明らかにした（松井編 1994：49）。

したがって小田和正のファンたち（小田和正に関する「メディアと集いの文化」）とは、「愛されたい女性ややさしい男性たち」が、男女の恋愛やそのせつなさを表した曲や歌詞の内容に対して満足を覚えている現象であるということが明らかになった（松井編 1994：44）。

利用と満足研究のメリット／デメリット

さて、「メディアと集いの文化」をとらえるにあたって、利用と満足研究のメリットとデメリットはどのような点だろうか。

メリットとしては、第一に「受け手」の側のコミュニケーションに注目したという点があげられよう。小田和正ファンの場合でいえば、ただ単にその歌詞の説得力や音楽産業の売り出し戦略だけに原因を求めるのではなく、歌詞の内容を分析しつつ、それがいかなる性格を持った「受け手」の、いかなる満足のタイプによって利用されているのかが詳細にとらえられている。これと関連して第二には、具体的な調査方法についても、体系的で実証的なアプローチがなされており、正確な結果が得られているということがあげられよう。

だが一方で次のようなデメリットも指摘できよう。これは経験学派のアプローチ全般に共通することだが、体系的で実証的なとらえ方をする分、どうしても分析の視点が限られてしまいやすいということである。その分、広範な社会的文脈が置き去りにされているのではないかという批判を招きかねない。つまり、「受け手」のコミュニケーションに注目したことは評価に値しても、それを主体的で能動的なふるまいとして比較的「よい」イメージでとらえてしまう前に、そもそも社会的文脈への考察が不足しているのではないかということなのである。

そしてさらなるデメリットとして、これはとらえ方に内在するものというより社会的な文脈の変化によってもたらされたことなのだが、小田和正ファンの分析結果のように、視点を限定させて正確な結果が得られるほど、それが果たして何を意味しているのかが不明確になってしまうという点があげられよう。

つまり画一的・一枚岩的で大規模な現象が姿を消し、さまざまに細分化された「メディアと集いの文化」が存在する今日においては、小田和正ファンのことだけを明らかにしても、果たしてそれがこの社会の何を明らかにしたのかがよくわからないということである。

たとえば、それは他のファンとはどう違うのか、あるいは過去の時点と比べてどう違うのかなど、その現象をとらえやすくするような社会的文脈を適切に補うことが必要であろう。さもないと利用と満足の研究は、「『せつなさ』を求めている人々が『せつない』歌詞に満足を覚えている」といったように、結果としては正しくとも、あまり新鮮味のない退屈な確認作業になってしまいかねない。

「メディアと集いの文化」に対して利用と満足研究は体系的かつ実証的なとらえ方であり、大いに用いうるべきアプローチと考えられるが、こうした点については改善が必要だろう。

3　「批判学派」のとらえ方――カルチュラル・スタディーズを中心に

社会的文脈化を志向する批判学派

主流を占めていた経験学派のアプローチは、今指摘したようなデメリットについて、批判を受けることとなっていった。これは正確にいえば、そのアプローチに内在する問題点というよりもむしろ、社会の仕組みがますます複雑化するのに伴って、考慮すべき社会的文脈が増してきたということであろう。こうしたなかで、カルチュラル・スタディーズと呼ばれる批判学派のアプローチが注目を集めることとなった。

カルチュラル・スタディーズは、もともとはイギリスにおける労働者階級の文化を対象に研究成果をあげてきたが（たとえば、Wills 1977＝1985など）、日本においては一九八〇年代に質的な「受け手」研究のひとつとして導入され（Morley 1980など）、とりわけ一九九〇年代に大きな注目を集めることとなった。

だが、ここで重要なのは、それは単なる質的研究ではないということである。[3] カルチュラル・スタディーズの「受け手」研究が、オーディエンス・エスノグラフィーと呼ばれるように、それは「受け手」を単なるメディアの「受け手」とだけ見なすのではない。メディアの「受け手」であると同時に、さまざまな社会的文脈の影響も受けつつ日常生活を送る存在（＝オーディエンス）としてとらえ、こうした広範な社会的文脈とその影響を考慮に入れながら、「メディアと集いの文化」について詳細な記述をおこなおうとするものなのである。

こうしたとらえ方は、一九八〇年代以降欧米圏を中心に大きな隆盛を見せることになるが、そのなかで、ファンに注目したファン・カルチャー研究は重要な一ジャンルとしてその位置を占めることになる。ここで、こうしたオーディエンスのとらえ方に大きな影響力を持った理論的なモデルを紹介しよう。それはスチュアート・ホールによる「エンコーディング／デコーディング（意味づけ／解読）モデル」である[4]（Hall 1980）。

「エンコーディング／デコーディングモデル」

「エンコーディング／デコーディングモデル」の特徴は、利用と満足研究のように「受け手」がその満足のためにメディアの情報を利用するといったとらえ方に影響を受けつつ、メディアの情報の説得力や、その背後の権力の存在をもあわせてとらえようとしたところにある。

とりわけこの点は、メディアの情報に対してオーディエンスがなしうる「読み方」を三パターンに整理したところに現れている。すなわち、「支配的な読み方」「対抗的な読み方」「交渉的な読み方」の三パターンである。「支配的な読み方」とは「送り手」の意図した通りにメディアの情報に影響されてしまうような「読み方」であり、「対抗的な読み方」とは、それと反対にオーディンエンスが主体的・能動的に意味を見出すような「読み方」で、「交渉的な読み方」はそれらがちょうど混ぜ合わさったような複雑な「読み方」のことである。オーディエンスがいかなる「読み方」をするかについては、広範な社会的文脈の影響を受けるのだが、この点も含めて、具体的な研究成果のなかでさらに詳細に検討しよう。

ファン・カルチャー研究の例

こうした理論的モデルに基づいた、カルチュラル・スタディーズのオーディエンス・エスノグラフィーの典型例として、代表的な論者ジョン・フィスクによる、歌手のマドンナのファン・カルチャー研究を取り上げてみよう（Fiske 1991＝1998）。

マドンナ（Madonna）は、アメリカ出身の世界的なスター歌手であり、一九八四年一〇月に六枚目のシングル『ライク・ア・ヴァージン』がヒットしたのをきっかけに、アメリカはいうに及ばず日本も含めた世界中で人気を博すことになり、その過激なパフォーマンスやミュージックビデオを巧みに用いたイメージ戦略で、新たな時代のセックスシンボルとしての地位を確立した。当時、とりわけアメリカでは一〇代の少女から絶大な人気を誇り、その衣装を真似した服に身を包んだ「ワナビーズ（＝wanna-bes、日本でいうコスプレイヤー）」たちが注目を集めていた。

フィスクはこうしたファン・カルチャーを対象に、まずマドンナの歌詞やミュージックビデオの内容を質的に分析し、さらにファンクラブの会報誌への投稿などの分析を通して、ファンたちの反応と照らし合わせるというアプローチをおこなった。

その結果、マドンナのファン・カルチャーとは、男性中心主義的な社会において劣位な立場に置かれた少女たちが、メディアが伝える情報に対して「対抗的な読み方」や「交渉的な読み方」をするその快楽によるものととらえられたのである。

フィスクの分析によれば、たしかにマドンナのそのセクシーなイメージは、いわゆる「文化産業」によって作り出されたものであり、従属的な女性というイメージを抱かせるものでもある。しかしながら、その一方でフィスクは、そうしたイメージのなかにも「対抗的な読み方」や「交渉的な読み方」をなしうる余地が残されており、ファンたちは決して「文化産業」の思うままに操られているわけではなく、むしろそうした「読み方」のなかに快楽を感じているのだという。

たとえばそのことは、マドンナのその過剰なまでの大胆なセクシーさに、従属的というよりもむしろ自立的なイメージを「読み」こむところなどに現れているといい、フィスクはファンたちの以下のような語りを引用している。「マドンナはセクシーだけど、男は必要じゃないのよ。――あの人は自分自身ですべてを完結しているって感じ」(*Time* 1985. 5. 27 : 47)、「マドンナを見てるといろいろ考えさせられるわ。本当のウーマンリブよ。男たちがどう思うかなんて心配するなということね」(*Time* 1985. 5. 27 : 47)。

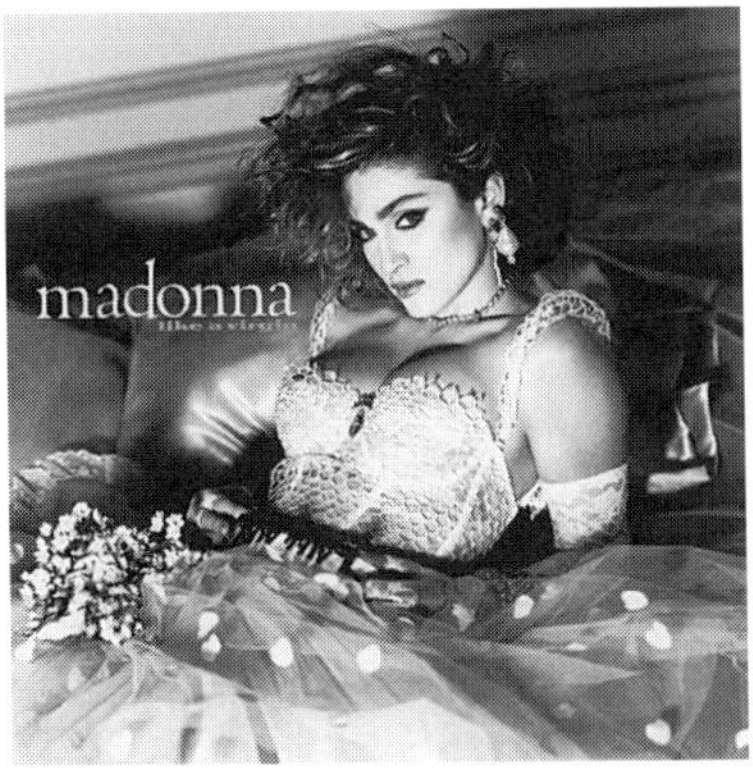

図1－3　マドンナ『ライク・ア・ヴァージン』(発売元：ワーナーミュージックジャパン)

つまりファンである少女たちにとってマドンナ(に関するメディアの情報)とは、それを「読み」解いていくなかで、自らを抑圧するものに対する抵抗の場(きっかけ)となるものであり、したがって、一見すると「個性的なファッションを工夫する想像力もなく、ただ猿まねをしているだけ」(Fiske 1991 = 1998 : 159)にしか見えないような「ワナビーズ」の少女たちにしても、むしろそうしたファッションを取り入れることで、「男性社会の中で自らを律しえたような感覚を得ている」(Fiske 1991 = 1998 : 159)のだという。

ファン・カルチャー研究(オーディエンス・エスノグラフィー)のメリット／デメリット

さて、先の利用と満足研究の結果と比べると、いくつかのメリットとデメリットが浮かんでくるだろう。メリットとしては、まず広範な社会的文脈を考慮して受け手をとらえているところにあるといえよう。いわば「メディアと集いの文化」を、「受け手」

の心理的特性だけから、あるいはメディアの情報の説得力だけから説明するのではなく、社会に潜む男性中心主義なども考慮に入れながら分析がなされている。このことは質的な分析が用いられているメリットともいえ、それゆえ問題発見的に、さまざまな社会的文脈の影響を掘り下げていくことが可能になっている。

しかしながら一方で、いかなる社会的文脈を考慮すべきかという問題点も存在していよう。今取り上げた例にしても、「メディアと集いの文化」をあまりに素朴な「対抗文化」と見なしすぎていて、もっとほかに考慮すべき社会的文脈があるのではないかというようにも感じられる。

一口にカルチュラル・スタディーズといっても、研究者によってさまざまな立場があり、微妙に主張が異なる場合もあって、最近では、こうした素朴な「対抗文化」と見なしてきた研究を批判的にとらえ返し、もっとその場限りの趣味や関心に基づいて、軽やかに複数の「メディアと集いの文化」を渡り歩いていくような人々の振る舞いに注目しようとする研究もある。たとえば、こうした新たな「メディアと集いの文化」を「アーバントライブ（族）」（上野 2005）「ポスト・サブカルチャーズ」（Muggleton, et al. eds., 2003）などと呼び表してとらえようとしている研究である。マドンナファンの例でいえば、少女たちは社会的文脈のなかで、いわばさまざまな立場を渡り歩いているわけであり、時には娘であったり、姉や妹であったり、友人であったり、あるいはもっと別な存在であったりする。(5) したがって、常に抑圧された立場でありつづけているわけではなく、そのように立場を固定化しないことが新たなとらえ方の特徴となっている。

しかしながら、それでもやはり利用と満足研究との間には決定的な違いも存在しよう。立場を固定化しないとはいっても、完全に自由なものと見なすのではなく、「支配―被支配」的なとらえ方を捨て去りはしないからである。このことは、上野俊哉が「積極的、解放的、ないしは〈秩序転覆的〉側面」が「アーバントライブ」に潜んでいると強調している点からも明らかであり、やはり最終的には何らかのかたちで、「メディアと集いの文化」を「対抗文化」として社会的文脈に位置づけることがカルチュラル・スタディーズの特徴だといえよう。

こうした方向性それ自体はただちにデメリットとなるものではないし、社会の状況によっては大いに力を発揮するアプローチだといえよう。しかしながら、今日の日本における「メディアと集いの文化」をとらえる上では、果たして適切といえるだろうか。先の小田和正ファンの例を思い出してみてもどうだろうか。社会的文脈を考慮する際に、「支配－被支配」的なとらえ方以外の選択肢はないのだろうか。

4　経験的／批判的アプローチからマルチメソッド・アプローチへ

経験学派と批判学派を比較する

このように「メディアと集いの文化」に対するこれまでのとらえ方を振り返ってみた時、大きなポイントがふたつあったことがわかる。

第一は「送り手」と「受け手」のどちらに注目するかという点である。大きくいって、かつては「送り手」の側に注目していたのが、近年では「受け手」の側に、いわば実際に集う人々のコミュニケーションそのものに注目が集まるようになってきたといえる。これは、「メディアと集いの文化」の細分化が著しいこととも関係していよう。

第二に、経験学派と批判学派におけるアプローチの違いがあった。繰り返せば「支配－被支配」的なとらえ方を手放さずに、「メディアと集いの文化」を何らかの「対抗文化」と見なすのが批判学派のアプローチであり、一方でそうした背後の文脈よりも、「メディアと集いの文化」内部のコミュニケーションそのものの実態を実証的に明らかにしようとするのが経験学派のアプローチであった。

もちろん、いずれかのアプローチが絶対的に正しいというものではない。それぞれにメリットとデメリットがある以上、時と場合に応じて使い分けられるべきだろう。また、であるからこそ今日の日本における「メディアと集いの文化」には、批判学派のとらえ方はいささかあてはまりが悪く、どちらかといえば経験学派のとらえ方を再構成するほうが妥当だと考えるのが筆者の立場である。

だが、すでに触れたように利用と満足研究は、調査方法上は実証的であっても社会的文脈への考慮に欠けると、その結果がこの社会の何を表しているのかが不明確になってしまうという問題点があった。この点においてカルチュラル・スタディーズの質的な分析のほうが、広範な社会的文脈への考慮がなされているように思われた。しかしカルチュラル・スタディーズの盛んな欧米社会ほど日本が階級社会ではないとしたら、相対的に「支配－被支配」的なとらえ方がしにくいという問題点が生じてくるのではないだろうか。

将来的に、日本がそのような社会へと変化していく可能性はある。しかし少なくとも近年においては、「自分探し」といった現象にも現われているように、「対抗文化」を成立させる明確な立場すら存在しないような、それどころか立場の不明確さに大きな戸惑いすら感じているような現象が、若者を中心に見られるのではないだろうか。とするならば、社会的文脈を考慮するカルチュラル・スタディーズの質的な分析を評価しつつも、それとは違った社会的文脈を考慮するようなアプローチを考えていく必要があるだろう。

マルチメソッド・アプローチへ

ここで筆者が提唱したいのは、「マルチメソッド・アプローチ」である。いうなればそれは、何がしかの特定の原因に説明をわかりやすく特化させるようなとらえ方ではない。そうした「よそよそしい」とらえ方とは違って、「メディアと集いの文化」を幅広くかつ深く掘り下げるためのとらえ方であり、複数の対象に対して複数の分析方法を用いつつ、総合的にとらえようとするものである。図を用いて説明しよう。

図1-4はこれまでに取り上げてきたとらえ方を踏まえつつ、「マルチメソッド・アプローチ」の要点を図示したものであり、図1-5は具体的な分析例を示したものである。

図1-4から触れれば、たとえばかつての「送り手」に注目したアプローチは、図中の「①メディアの情報のパターン」を分析し、どのようなパターンのメディアの情報が強い説得力を持っているのか、あるいはその「外在要因1　背後の諸権力」がいかに影響しているのかといった点に注目したアプローチだったといえるだろう。

他方で「受け手」に注目したアプローチは、むしろ「②担い手のパターン」に注目し、どのような人々がどのよ

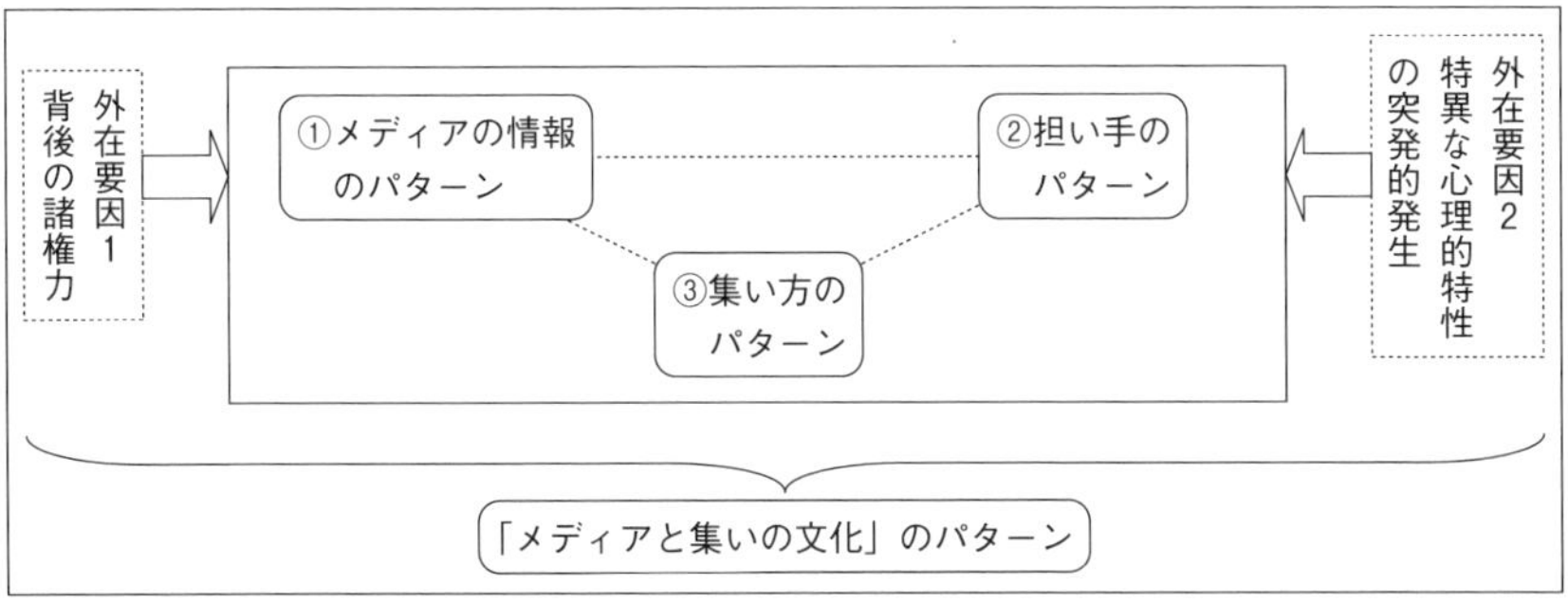

図1-4　マルチメソッド・アプローチの模式図

うなパターンの「①メディアの情報」を利用して満足を引き出しているのか、あるいはカルチュラル・スタディーズにおいては、広範な社会的文脈を考慮に入れながら分析を展開していたものといえるだろう。

また本章では詳細に取り上げなかったが、心理学的なとらえ方においては、「外在要因2　特異な心理的特性の突発的発生」に基づいて、「②担い手のパターン」をとらえようとする場合もあるだろう（たとえば、アイドルを擬似的な恋愛対象として熱狂するのは思春期の心理的な特性である、といったように）。

さらに、これまでの研究においてはあまり触れられてこなかったが、「③集い方のパターン」も視野に含めると、「メディアと集いの文化」に対しては、いかなる「①メディアの情報」を、いかなる「②担い手」たちが、いかなる「③集い方」をしながら受容するものであるのかといった、少なくとも三つの視点からの総合的なとらえ方ができることが明らかであろう（そして、今日の日本における「メディアと集いの文化」を社会学的にとらえる上ではあまり重視しないというのが筆者の立場だが、それでも場合によっては、批判学派のアプローチのように「外在要因1　背後の諸権力」や、あるいは心理学のように「外在要因2　特異な心理的特性の突発的発生」に注目する必要も生じるかもしれない）。

たとえば筆者は、こうした「マルチメソッド・アプローチ」を用いて、一九九〇年代末〜二〇〇〇年代初頭の日本において、一〇代の女子高校生を中心とするジャニーズ系男性アイドル[6]とビジュアル系ロックバンド[7]のファンについて、分析をおこなったことがある（図1-5）。そのさい、それぞれの視点ごとに具

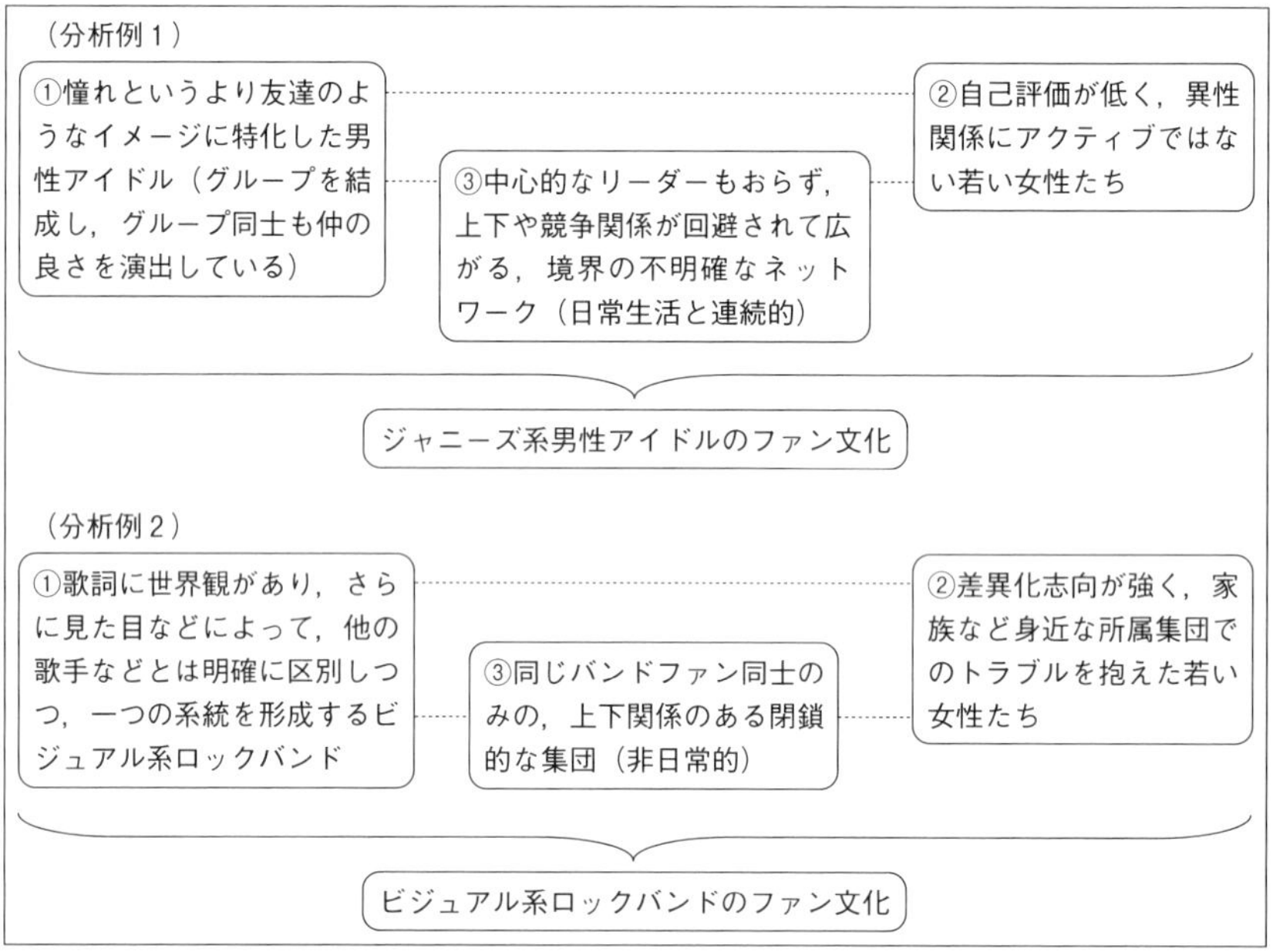

図１−５　マルチメソッド・アプローチの分析例

体的な調査方法を選択し、分析結果を照らし合わせることでそれぞれの「メディアと集いの文化」の特徴を明らかにし、さらにはお互いの結果を比較することで理解を深めた。結果を紹介する前に、調査方法を列挙しておくと、以下の通りである。(8)

「メディアと集いの文化」に関する分析方法

①メディア情報に関する分析方法
・質的な内容分析
・量的な内容分析*

②担い手に関する分析方法
・基本属性（性別、年齢、居住地、家族構成、学歴など）に関する聞き取り
・性格やパーソナリティーの特性に関する聞き取り
・ライフヒストリーに関する聞き取り（いつからどのようなメディアを利用し、何に関心を持つようになったか）
※これらの点については、質問紙調査*でも把握可能

③集い方に関する分析方法

・参与観察やスノーボールサンプリング[9]、ソシオメトリックテスト[10]*などを用いた、集い方の特徴の把握
・当事者自身がそうした集いをどのように位置づけているかということに関する聞き取り[11]

図1-6　原宿駅前の神宮橋に集うビジュアル系ロックバンドのファンたち（撮影：松谷創一郎）

結果を図示したのが図1-5だが、「（分析例1）ジャニーズ系男性アイドルのファン」についてポイントを解説すれば、「①メディアの情報」としてのアイドルの特徴としては、まず憧れの対象や男らしいたくましさというよりは、身近な友達のようなイメージであったということがあげられる。よって歌う内容についても、ことさらに奥深い世界観があるというよりも、身近な日常世界のことが中心だったり、むしろ歌詞よりもダンスのほうに重きを置いていたりしていた（いわゆる「アイドルには中身がない」といった一般的な物言いはこの点では妥当であろう）。さらには数人のグループを組んだ上に、全体としても「ジャニーズ系」というまとまりを持っているため、いわば「よりどりみどり」で選ぶことが出来るようになっていたことも特徴であった。

そして「②担い手」としてのファンには、自己評価が低く異性関係にあまり積極的でない女性が多く見られ、それゆえに「③集い方」にしても、中心的なリーダーがいて上下関係が明確化する集団のような形式というよりも、「同担」と呼ばれる同じアイドルのファンとの競争を巧みに避けながら、どこまでも広がるネットワークのような集いを形成していた（紙幅の都合上、さらなる詳細は別稿に譲る、辻泉 2004 などを参照のこと）。こうした特徴は三つの視点を重ね合わせることで明確になるものだが、他の「メディアと集いの文化」との比較をおこなうと一層理解を深めることが出来る。

対照的に「（分析例2）ビジュアル系ロックバンドのファン」においては、「①メディア情報」として、その歌詞に独特の世界観があったり、見た目において極端なまでに他の歌手と差異化していたことが特徴的であった。よっ

てその「②担い手」についても、「人と同じことはしたくない」という差異化志向が強かったり、あるいは独特の世界観を持つにいたる何がしかの大きな体験をしていたことが多く（たとえば家庭不和など）、それゆえに「③集い方」においても、世界観を共有できる同じバンドファン同士だけでの、どちらかといえば閉鎖的な集団を形成していた。

さらにこれらふたつの「メディアと集いの文化」同士の関係についていえば、ビジュアル系ロックバンドのファンのなかには、元々ジャニーズ系アイドルのファンだったものもいて、いうなれば「立場が向上したという意識」を持っていた。すなわち、ジャニーズ系アイドルについては、だいたい女子中学生の頃は多くが関心を持つが、その後、（異性関係に積極的になることなども含めて）高校生になるとさまざまな文化へと関心が移っていき、それでもアイドルのファンをしていると、やや下の立場に見られていた。いわば『『中身のある』ものがわかるようになるかどうか（差異化志向が強いかどうか）」「異性関係に積極的かどうか（男性にもてるかどうか）」がこうした意識の元になっていて、それはそれぞれのファンにも広く共有されていた。

よって、ギャル系と呼ばれるような異性関係に積極的な女性たちや、ファッション誌に関心の強い女性たち[12]など、他の「メディアと集いの文化」に対してもマルチメソッド・アプローチをおこなって比較対象を広げていけば、さらに理解を深めていくことが可能になるであろう。

本章のまとめ

このように見てくると、マルチメソッド・アプローチは、今日の日本社会における「メディアと集いの文化」について、幅広くそして深く掘り下げたとらえ方をもたらしてくれるように思われる。本章でも見てきたように、経験学派や批判学派といったとらえ方を単純に対立させて優劣を競うのではなく、それぞれのメリットとデメリットを見極めながら、時と場合に応じて、適宜必要なとらえ方を取捨選択することが求められているのだといえよう。

これまでのような何がしかの特定の原因だけに説明を特化させる「よそよそしい」とらえ方とは違って、あたかも「自分自身のこと」として振り返り、幅広く深く掘り下げていくようなとらえ方を今後も積み重ねていくことが必要だろう。この点で、マルチメソッド・アプローチは試行錯誤の段階にあり、さらに磨きをかけていく必要があろう。そしてそのことが「メディアと集いの文化」のとらえ方をさらに洗練させていくことにつながるはずである。

最後に補足しておくならば、こうしたマルチメソッド・アプローチは、本章で紹介したような質的な分析だけでなく、量的な分析においても用いられうるものである。事実、一九八〇年代末～一九九〇年代初めにかけて、社会学者の宮台真司を中心とするグループが、大学生を対象とする質問紙調査を実施したことがあるが、これは先の図1-4でいえば、「②担い手のパターン」「③集い方のパターン」を質問紙調査で把握しつつ、それと「①メディアの情報のパターン」とを照らし合わせるという大規模なプロジェクトであった。その結果、いわゆる「オタク」と「新人類」というふたつのパターンの「メディアと集いの文化」の存在が明らかになった（宮台ほか［1993］2007）。

これは今日においても、学ぶべきところの多い先行研究である。だがその当時と比べ、ますます細分化の進んだ今日においては、質的な分析を数多く積み重ねていくことが当面の課題ではないだろうか。そして豊富な知見が得られた先には、また大規模な量的なプロジェクトが実施されることもありうるだろう。だからこそ、今後も粘り強く「メディアと集いの文化」に対するアプローチを続けていく必要がある。

注

（1）こうした経験学派のアプローチの流れについては、本書の第6章で詳細な検討がなされているので、そちらも参照して欲しい。

（2）都内のある大学の「小田和正愛好会」のメンバーと別の女子大学の学生が対象。愛好会のメンバーは六〇名でうち四四名が男性、女子大学生は一五三名である。女子大学生のなかで、ファンクラブや愛好会などに入会している人間はいないものの、そのうちの多くが小田和正のCDを所有し（八四・〇％）、また好きだ（四六・八％）と答えていることから、この分析では、愛好会の男性と女子大学生の間で、男性ファンと女性ファンの比較をおこなっている（松井編 1994）。また満足のタイプを三つにまとめ上げる際に用いている分析方法は因子分析であるが、その詳細については本書の第13章を参照のこと。

(3) 質的分析と量的分析の違いについては、本書の第3章を参照のこと。また、一九四〇年代ごろの初期の利用と満足の研究も、質的な研究が中心であったということを付記しておきたい。

(4) 原典であるホール自身の論文も決して長いものではないが、日本語で書かれた読みやすい紹介文としては、南田(2005)など。

(5) このようにマドンナファンという「メディアと集いの文化」を理解する上では、現代の若い女性たちが置かれている状況を理解することが重要である。本書の第9章では、日本における若い女性たちの現状について詳細な分析が展開されているので、適宜参照して欲しい。

(6) 具体的には、SMAPやKinKi Kids、V6、NEWSやKAT-TUNなど、いわゆるジャニーズ事務所と呼ばれる芸能事務所に所属する男性アイドルたちのこと。

(7) メンバーが特殊なメイクを施し、とりわけその見た目に特徴のあるロックバンドのことをいう。具体的には、すでに解散しているがX-JAPANがそのはしりであるといわれる。

(8) ここでは筆者が実際に用いたものに加えて、それぞれの視点に対して用いうる調査方法も紹介しているが、これは「メディアと集いの文化」に対するとらえ方を幅広く検討するという本章の目的によるものである。よって、実際の筆者の調査において用いなかったものについては、*を付しておくこととする。

(9) わかりやすくいえば「芋づる式」に調査対象者をたどる方法。たとえば「あなたが親しくしているファンの人を紹介してください」という依頼を繰り返していくなかで、最終的にどのような人を紹介されたかを振り返ると、そうしたファンたちの集い方の特徴も見えてくる。詳細は、辻泉(2004)を参照のこと。

(10) わかりやすくいえば、かつて学校などでよくなされた「好きな人テスト」のようなもの。たとえばあるファンたちの集まりの全員に対して、「あなたが仲良くしている相手を〇人まで記入してください」という質問紙を配布回収し、その結果を図示することで、集いの内部の特徴を明らかにするという方法である。

（11）具体的に筆者が用いたのは、対象者が持っている携帯電話のアドレス帳機能のなかで、同じファンの人々がどれだけの割合を占めているか、あるいは重要視されているかということに関する聞き取りである。詳細は、辻泉（2004）を参照のこと。

（12）本書の第11章では、ファッション誌の読者である若い女性たちのコミュニケーションについて、詳細な分析が展開されているので、ぜひ参照して欲しい。

文献

Cantril, Hadley, 1940＝一九七一、斎藤耕二・菊池章夫訳『火星からの侵入――パニック状況における人間心理』川島書店。

Fiske, John, 1991＝一九九八、山本雄二訳『抵抗の快楽――ポピュラーカルチャーの記号論』世界思想社。

Habermas, Jurgen, 1990＝一九九四、細谷貞雄・山田正行訳『公共性の構造転換――市民社会の一カテゴリーについての探究』（第2版）、未来社。

Hall, Stuart, 1980, "Encoding/Decoding," Hall, Stuart et al. eds., *Culture, Media, Language*, London: Hutchinson, 128-138.

Hills, Matt, 2002, *Fan Cultures*, London: Routledge.

Horkheimer, Max and Adorno, Theodor W., 1947＝一九九〇、徳永恂訳『啓蒙の弁証法――哲学的断想』岩波書店。

稲増龍夫、一九八九、『アイドル工学』筑摩書房。

Le Bon, Gustave, 1895＝一九九三、桜井成夫訳『群衆心理』講談社。

Lisa, A., Lewis ed., 1992, *Adoring Audience: Fan Culture And Popular Media*, New York: Routledge.

松井豊編、一九九四、『ファンとブームの社会心理』サイエンス社。

McQuail, Denis, ed., 1972＝一九七九、時野谷浩訳『マスメディアの受け手分析』誠信書房。

Merton, Robert King, 1946＝一九七〇、柳井道夫訳『大衆説得――マスコミュニケイションの社会心理学』桜楓社。

南田勝也、二〇〇五、「エンコーディング／デコーディング」大村英昭・宮原浩二郎・名部圭一編『社会文化理論ガイドブック』ナカニシヤ出版、一四七～一五〇頁。

見田宗介、一九七八、『近代日本の心情の歴史』講談社。

宮台真司・石原英樹・大塚明子、［一九九三］二〇〇七、『増補　サブカルチャー神話解体――少女・音楽・マンガ・性の変容と現在』筑摩書房。

Morley, David, 1980, *The 'Nationwide' Audience*, London : British Film Institute.

Muggleton, David and Weinzierl, Rupert eds., 2003, *The Post-Subcultures Reader*, New York : Berg.

小川博司、一九八八、『音楽する社会』勁草書房。

Rheingold, Howard, 2002＝二〇〇三、公文俊平・会津泉監訳『スマートモブズ――「群がる」モバイル族の挑戦』ＮＴＴ出版。

佐藤毅、一九九〇、『マスコミの受容理論――言説の異化媒介的変換』法政大学出版局。

鈴木謙介、二〇〇五、『カーニヴァル化する社会』講談社。

竹下俊郎、一九九八、「マスメディアの利用と効果」竹内郁郎・児島和人・橋元良明編著『メディア・コミュニケーション論』北樹出版、一五九～一七五頁。

竹下俊郎・仲田誠・児玉啓子・牧田亮、一九七八、「生活ファッション誌の『利用と満足』研究」『新聞研究』日本新聞協会、三二二号、二八～九一頁。

竹内郁郎、一九九〇、『マス・コミュニケーションの社会理論』東京大学出版会。

Tarde, Gabriel de, 1901＝一九六四、稲葉三千男訳『世論と群集』未来社。

辻泉、二〇〇三、「携帯電話を元にした拡大パーソナル・ネットワーク調査の試み――若者の友人関係を中心に」『社会情報学研究』第七号、九七～一一一頁。

――、二〇〇四、「ポピュラー文化の危機――ジャニーズ・ファンは〝遊べているのか〟」宮台真司・鈴木弘輝編著『21世紀の現実――社会学の挑戦』ミネルヴァ書房、二一～五二頁。

上野俊哉、二〇〇五、『アーバン・トライバル・スタディーズ——パーティ、クラブ文化の社会学』月曜社。

Willis, Paul, 1977＝一九八五、熊沢誠・山田潤訳『ハマータウンの野郎ども——学校への反抗、労働への順応』筑摩書房。

吉見俊哉、一九九八、「カルチュラル・スタディーズのメディア・コミュニケーション研究」竹内郁郎・児島和人・橋元良明編著『メディア・コミュニケーション論』北樹出版、一七六〜一九四頁。


（本研究は、平成一八・一九年度松山大学国内研究制度による研究成果の一部である。）

第2章　表現文化への視座
――文化作品は人に何を与え、人と人とをどうつなぐのか

南田勝也

　私たちは、日々、文化作品に取り囲まれるように生活している。メディアやコンピュータネットワークを通じて、今日も誰かが創作した作品が世界中のどこかで視聴されている。いわゆる勝ち組のＩＴ産業が、軒並みコンテンツの充実を急いでいることからも、文化作品＝知的財産が、現代社会のなかで強力な求心力を持っていることがわかる。

　しかし大事なことは、おそらくそういうことではない。私たちが日々の生活のなかで、悩み、怒り、喜び、誰かを愛するときに、その支えとなるようなものとして、心の糧として、文化作品はそこにある。そのような心の動きと関連するものとして、文化作品を考えなければならない。

　これまで社会学は、そうした心的機制を分析する方法を十分に提示してきたといえるだろうか。本章では、芸術文化やポピュラー文化などの表現文化、特にそれらの「作品」そのものを研究対象にしたときに生じる、さまざまな問題点や方法論について考えていきたい。

　まずは、私たちが文化作品と接する形式、「人―作品」関係と「人―作品―人」関係のふたつを峻別し、それぞれの構造やメカニズムを明らかにする。そして、それぞれを担ってきた学問体系についてレビューをおこなう。文学、美学、社会学、メディア学……こうした学問が名乗りを上げることになるだろう。最後に、それらを踏まえた上で、新しい表現文化の社会学の構想を示してみたい。文化作品の世界観についついのめりこんでしまう人に向けて、本章は用意されている。

1　表現文化のコミュニケーション

研究テーマとしての表現文化

現代日本においては多くの人が音楽や映画、漫画、小説、ゲームなど、大衆向けに創作された表現文化作品に親しんでいる。たとえば音楽の分野での生産・出荷量はアメリカに次いで世界第二位である（コンテンツビジネス研究会 2005：164-165）し、アニメーションやゲームは世界各国に輸出されて、日本はコンテンツ大国を自負するまでになっている。とりわけ二一世紀を迎えた今日では、デジタル化の進展によって膨大な数の人が作品を創作し、それを発信するメディアや産業は著しく多様化している。どこかで誰かが表現した作品群に囲まれて暮らしているといってもいいすぎではないくらいだ。

多くの人にとって、文化作品への趣味嗜好は、中学生や高校生の頃から固定されはじめる。大学生ともなれば、さらに羽を広げて趣味を開拓したり、ひとつのジャンルのルーツを掘り下げたりするだろう。大学生活とは、もっともその趣味に夢中になれる時期といえる。そうしたなか、卒業論文やレポートの課題が与えられたときに、自分の興味ある表現文化をテーマに選びたい人も少なくないと思われる。実際、のめりこめばのめりこむほどさまざまな知見を得ることのできる意義のあるテーマである。

しかし、うまくいかずに失敗する例が多いのもまた事実である。自分の好きなものを研究対象として選ぶことによって、その対象との距離が上手くとれなくなってしまうのである。つまり、その作品を賞賛することに終始したり、視点を変えれば見えてくるはずの冷静な論述ができなくなってしまったりする。もちろんそれは、表現文化を対象にしたときだけに生じる問題ではない。とはいえ、表現文化をそもそも対象に選ぶ動機が、個人的な好みの感覚に依存しやすいためともいえる。「個人的な好みの感覚」に頼った論述は「主観的な意見」となる。客観性の足りない、独りよがりな、いわゆる「好きなもの分析」（宮台ほか 1993：58）という負の診断がくだされるのはこのときである。

では、今度は逆に、客観性を強く意識してみればどうか。その場合、文化作品の内的な性質にはふれずに、作品の支持率を調査によって明らかにしたり、作品を取りまくメディア産業やコンテンツ産業の仕組みを解きあかしたりすることになる。しかしこの場合、自分が本当に伝えたかったその作品の魅力――そもそも研究をはじめようと思った動機――が欠け落ちてしまう。

この章では、上記のようなジレンマを抱えている人に読んでほしい。メディア論や産業論から表現文化を考えるテクストはすでに多く出版されているので、ここでの主題とはしない。社会学的な立場を崩さずに、作品の内実に迫りつつ、なお主観を排した語りをいかに構築していくか、難しくいえばそのようなことを考えていく。

文化作品と人とのふたつの接点

そこでまず、文化作品がもたらすコミュニケーションについてどのようなものが考えられるのか、原理的な基準で示してみよう。しごくシンプルな図を用いて表現すると、文化作品と人との結びつきには以下のふたつの形式がある（図2-1、図2-2参照）。

まずはA「人―作品」関係から考えてみよう。諸個人は、メディアによって媒介された作品、もしくは目の前でおこなわれた実演に、眼や耳、ときには皮膚の感覚を動員して接する。作品と向かい合った結果、個人は、感銘したり、感応したり、衝撃を受けるなどの体験をする。さらにそこにとどまらず、その作品を誰が創ったのかを記憶にとどめ、作者の人物像に関心を寄せたり、どのジャンルに属するかを気にかけたりする。その人が受けた個人的な体験は、感性が適合したという心地よさをもたらし、ある場合には、作品に込められているメッセージに共感したり、その作品を送り届ける作者の行動を模倣したり、作中人物の行動を自分の人生に重ね合わせたりする。

つづいてB「人―作品―人」関係だが、そうして作品とのつながりを体験した個人は、他者と文化作品に関するコミュニケーションをおこなう。Aの関係でメッセージの主体だった作品は、コミュニケーションのためのツール

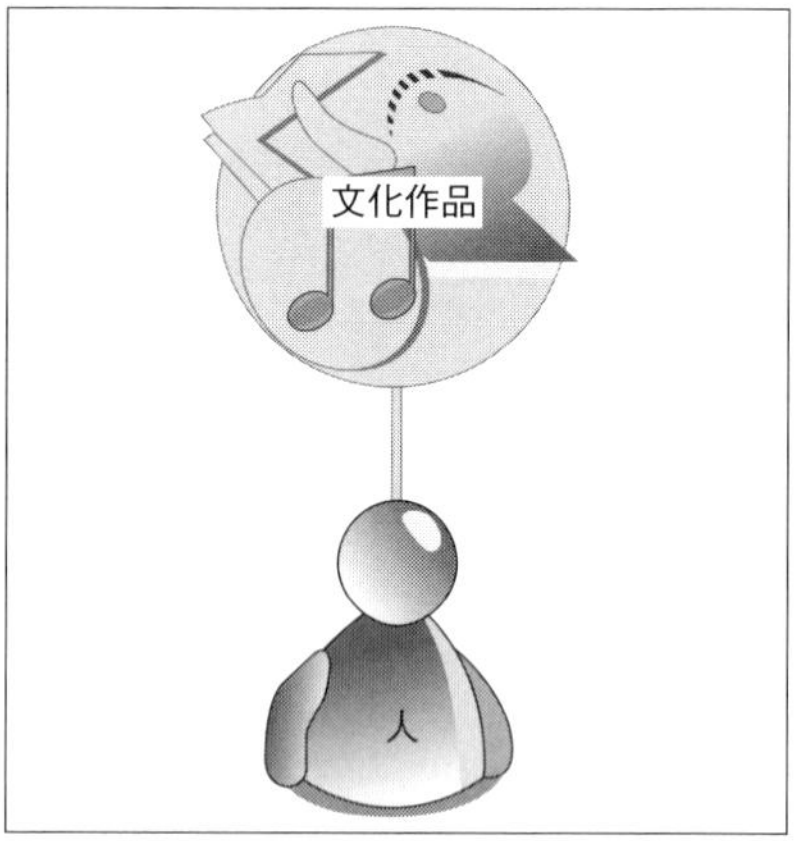

図２－１　Ａ「人―作品」関係

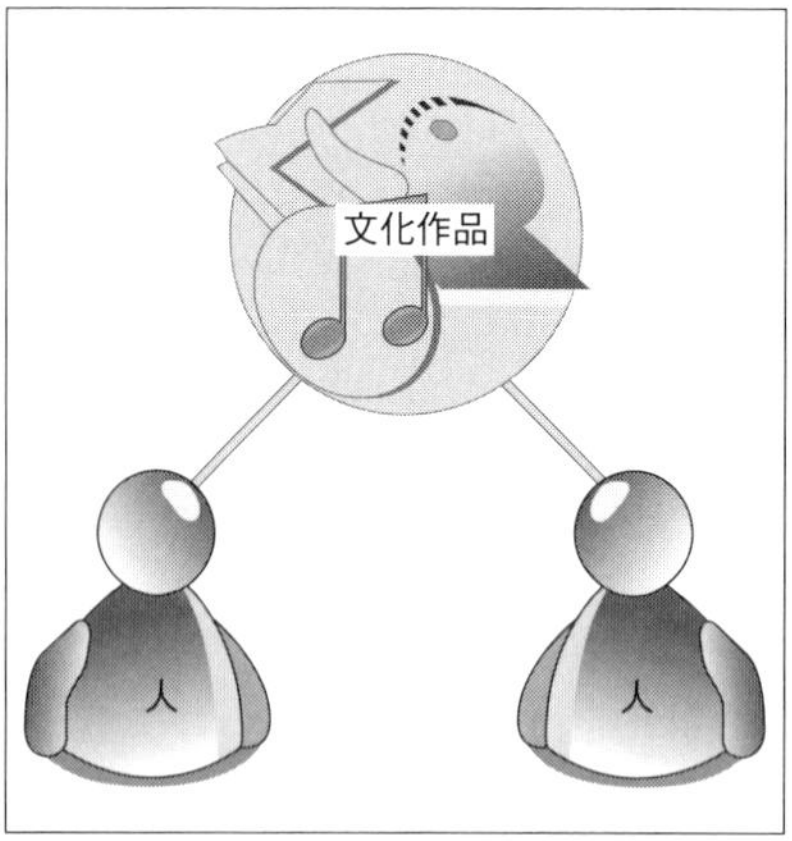

図２－２　Ｂ「人―作品―人」関係

となり、個人は、作品や作者の固有名詞を取りあげて対話のさいの話題として用いる。そのさい個人は、好き嫌いの感想を述べるにとどまるかもしれないが、自身の体験の質を批評や評論のフォーマットで語ることもある。またあるときには、アカデミズムの体裁をとることもあるだろう。そうして、特定の作品や作者を選好する個人は、同種の作品や作者を選好する他者と結託したり、異なる作品や作者を選好する他者と競争したり、それらを好まない他者との社会的な距離を計ったりする。このようなコミュニケーションが十分な頻度で生じれば、明示的なジャンルもしくは○○系と呼ばれる流派として認識されることになる。

作品が分類されたカテゴリーは、個人が次に別の作品を選ぶときの参照の指針となる。その指針にしたがうことによって個人はさらに体験の量を増やしていく（再度、Ａの関係）。そうするうちに、作品・作者・ジャンルの固有名詞は、あたかも自分の持ち物であるかのような自己表現の意匠となり、さらなるコミュニケーションに応用される（再度、Ｂの関係）。すなわちＡ関係とＢ関係は往還するのである[1]。

なお、ここでは理念型として純化したモデルを適用して考えているが、Ａ関係における作品と結びつく主体は、匿名的な個人でなくてもかまわない。作品を広範囲に宣伝する役割を担う企業社員、職業的なライター、ＤＪやタレント、レコード店や書店のＰＯＰ書きのアルバイト、ブログを綴る人、あるいは作品を生み出した作者自身でも同様である。それら無数の主体によって、批評、評論、宣伝、インタビュー、日記、日常会話などのさまざまな形式で、作品の体験を語る言葉は日々生産されていく。

また同様に、B関係も、一対一の個人のみを想定しているのではない。テレビや雑誌などメディアを媒介とした語りや記事を通じて、パンフレットやパッケージに添付されたライナーノーツや解説を通じて、ネットでの複数の人たちのBBSの書き込みを通じて、交流は日々生まれている。

以上のように、文化作品と人との結びつきを原理的な水準で整理することによって、その結びつきが広大に拡がる人間活動の領域であることを示せたかと思う。ここからは本題に戻り、その結びつきがどのような学問体系のなかで扱われてきたかという点に関心を絞りたい。A「人―作品」関係の体験を言語化する営みとしては、文芸批評、文化評論、文学や美学などがあり、B「人―作品―人」関係を見渡す試みとして、文化産業論、メディア研究、社会学などがある。同じように「文化について語る」といっても、ふたつの結びつきのどちらの視点から現象を捉えるかによって、方法論から分析手順まで変わってくるのである。そして、このふたつの結びつきの峻別を通じて、これまでなぜ社会学での表現文化研究がうまくいかなかったのか、という理由がわかるし、それに対処する方法論も見えてくるはずだ。

2　「人―作品」関係

作品を見つめる人たち

まずはA「人―作品」関係に注目した方法論について考えてみよう。人は、文化作品によって感銘・感応・衝撃などの体験を受けたのちに、自分流の解釈でその体験に説明を与えようとする。そもそも作品とは「それを創造したものの表現の場である」と同時に「それを知覚する者にとっての感性的受容の枠組み」(Caune 1997＝2004：7）なのであり、作品の受容者たちは、言葉にすることが難しい自身の感性について、作品の創作者に勝るとも劣らない情熱をもって数々の言葉をつむいできた。アカデミックな営為として体系化されたとき、それは文学・映画学・音楽学・美学などの名称で呼ばれる。

ところで文化作品は、何をもって人々の感性を喚起し、感銘などの体験をもたらすのだろうか。学問はそのことの答えを見つけようとする。ひとつの大きな潮流としては、作品の様式・フォルム・構造などの「形式」に注目するやり方がある。詩であればレトリックや文体、小説や劇映画であれば物語構造、造形作品であればフォルム、写真や映像作品であれば構図と配置、音楽であれば楽譜に記された楽音の構造、などである。ジャンルの歴史が集積されるとともに体系的な規則性を見せるそれらの形式について、精査し、隠れた秩序を発見し、記録するのが、この学問の役目である。それらは技術論（テクニックの集積）にもつながり、作品受容者が創作者へ変貌を遂げるさいの実践の手引きともなる。

ただし形式だけに着目していたのでは、文化作品がなぜ人々の心を惹きつけるのか説明がつかない。そこで「内容」の分析が必要となる。作者あるいは作中人物の精神性、喜怒哀楽を表した言葉や場面の描写の独自性、歴史的な局面とシンクロする同時代性、新しい世界を開示する作品の先進性など、作品に刻まれた表現の内部を読み解く立場である。これらの学問的実践は批評や評論と呼ばれ、独立した職業を生み出しもしてきた。

しかし、こうした学問的営為が洗練されればされるほど、ある問題がつきまとうことになる。ある文化作品を評定するときには、必ず「これは良きものだ／良くないものだ」という基準が求められる。この作品は歴史をくつがえすのに十分な構成を有している、この作品は精神性を低い次元でしか表せていない、どのようなものでもかまわないが、評価の基準なくしては作品の評定はできない。しかし、感銘を受けるという体験は、果たしてそのような尺度によって測られるものであろうか。別の言い方をしよう。そうした評価基準を並べることによって熱心に価値付けしようとするその作品は、いったい誰にとって良きもの・美しきものなのであろうか。結局それは、作品受容者であり記述しようとする者の主観的な感覚なのである。優れた作品とは何かを決めるものは、作品受容者がアプリオリに設定している美的基準なのである。

現代においては、旧来の文学や音楽学では評価しようのない対象が巷にあふれている。文学的に取るに足らないとされるライトノベル、シンフォニーの基準では話にならないスリーコードのパンクロック、それらを学問の評価基準に満たないという理由で一蹴するのはたやすいが、現実社会での威勢を鑑みれば、それらを無視して文化作品を語ることはできない。かといって、それらポップカルチャーを旧来の学問のロジックで語ったところで、劣位性が露わになるだけで実りは少ない。下手をすれば、作品を語ることが、「自由にならない現実の中で自らの願望を投射した、いわゆる自己鼓舞のツール」（宮台ほか 1993：133）にならざるを得ないのである。

批評と社会学

もちろん、作品を見つめる人たちの論述が、批評や評論、あるいは「自己鼓舞のツール」に近づくとしても、その営為が無益であるわけではない。そうして書かれた作品論や作家論は、別の読者や視聴者に作品読解の新しい可能性を開示してくれるかもしれないし、あるときには、その論述が作者のもとにフィードバックされて新たな創造の手引きとなるだろう。鋭い洞察によって深い読み込みがなされた論評は、それ自体がひとつの作品ということもできる。現在、インターネットの普及に伴って、ポップカルチャーの作品に対する批評や評論はレビューサイトも含めてあまた存在している。その功罪が問われる場面も少なくないが(2)、そうした行為が、全体として作品の文化を豊かにしていく可能性は否定できない。

とはいえ、個人としてブログや同人誌に、あるいは職業的評論家として商業誌に自身の作品に対する思いを書き記すのではなく、社会学の論文として書く場合には、そうした自身の作品評価に基づいた主観的な論述は諫められる。これは社会学にとって表現文化の研究がふさわしくないという理由ではない。社会学がその歴史とともに規定してきた学問的公準に起因するのである。

社会学は、端的にいって、人々の意識の有り様を観察することをその使命とする。マックス・ヴェーバー（Weber 1922＝1972：9）が述べるように、社会学は「概念的に構成された純粋類型において、類型として考えられた単数或いは複数の行為者が主観的に考えている意味」を扱う。それは「客観的に正しい意味とか、形而上学的に解明された真なる意味とかいうことではない」。なぜなら社会層によって認識のパタンは異なり、〝正しい〟とか〝真なる〟認識は存在しないからである。「この点に、社会学や歴史学のような、行為を研究する経験科学と、法律学、論理学、倫理学、美学のような、それぞれの対象の正しい意味や妥当性を有する意味を研究しようとする一切の規範科学との相違がある」。

つまり、文化作品の美的本質の同定は社会学者の仕事ではない。美的本質なるものがどのように異なる社会層の間で取り決められて、実社会上で運営されているのかを知ることが社会学の研究目標なのである。社会学者はその想像の範疇を、人と人がおこなう行為の関係性に払う。逆にいえば、美的本質なるものに分け入る関心を封印してしまわなければ、社会学的な分析態度は維持できない。

ヴェーバーはまた、学問の客観性を保持するための心構えとして、「価値自由」の概念を提唱している。これは対象を取り扱うさいに自身の価値から離れて自由になれ、と説いているのではなく、日常生活において自身がさまざまな価値にまみれていることを自覚し、価値からどうしても離れられない自分自身を含めた人々の心の動きを論述せよ、と説いているのである。

その意味では、「好きなもの分析」というスタンス自体は、批判されるにあたらないといえる。社会学は、社会に生起する事象を観察し、社会に対して診断や提言をおこなう学問である。事象の観察のさいには、観察対象に関するリソースを総動員すべきである。とするならば、自身の熱中する表現文化の一領域を研究対象にするとして、そこに熱中する行為を観察するさいに、その熱中の心的機制や行為の変遷に関してもっともよく理解しうる観察対象とは、他ならぬ自身の内面的な動向である。他者を観察するよりも、はるかに功利的・効果的に、観察のインフォーマントをつかまえることができている。いわば、自分自身が観察対象となるのである。

ポップカルチャーやサブカルチャーを扱うことが問題なのではないし、「好きなもの分析」が問題なのでもない。重要なことは、「人―作品」関係のなかに自分自身が位置付いていることを自覚し、自身の主観的意見や美的直感や評価基準を可能な限り相対化しつつ、論述の方法を探ることである。

作品の意味を見つめ直す文化研究

現代において、作品自体の意味よりも作品が論評されることの意味を問うメタレベル的な観察は、社会学の専売特許というわけではない。文学や美学などの歴史ある人文学は、時代状況にあわせるかたちで、学際的に、相対的な立場性から記述を進めるスタイルを模索しつづけてきた。

たとえば作品の受容者を重視する理論として、ヴォルフガング・イーザー（Iser 1976＝2005）の「受容美学（読者反応批評）」がある。作品は鑑賞者にふれられることによって初めて作品として存在するのであるから、分析のさいには受容者がもっとも重視されるべきである、とイーザーは述べる。受容者が作品を読み込むことによって作品は生き生きとし、その作品が未来の受容者を引き寄せるのであり、受容者が作品や作者と対話するあり方を記述することを、受容美学の目的にしたのである。

さらに、「間テクスト性」に注目した文学研究者は、作品の相対化を一歩推し進めた。その研究では、作品を唯一無比の作者による創造の所産とは見なさないし、一個のものとして存立する生産物とも見なさない。作品は「先行する作品を取りあげ、繰り返し、それに挑戦し、変形することによって生まれる」（Culler 1997 : 51）。ひとつの作品は他の多くの作品との関係を持っているのであり、作品を考えるにあたっては、テクスト相互の連関に着目しなくてはならないことが主張された。

この概念はもともと記号学者のジュリア・クリステヴァ（Kristeva［1967］1986）が提唱したものだが、一個のテクストが広大なテクストの地平を行き交いしていくというイメージは、ロラン・バルトが「作者の死」（Barthes 1968＝1979）を宣言し、ジャック・デリダが「差異の戯れ」（Derrida 1972＝1981）を提言する流れに連なっている。

バルトは、世に出た作品が作者の本来持っていた意図から離れて多義的に解釈されることを説き、自由に解釈することの快楽を追求すべきと述べた。さらにデリダは、作者がいようがいまいが読者はテクストから自由に意味を受けとるのだから、テクストの審美や優性を決定する超越論的な意味は存在せず、そこにはテクストをめぐる意味の「戯れ」があるばかりだと論じた。

こうした諸理論は、「ポスト構造主義」「脱構築派」などと呼ばれるが、近年では批判的に見直される傾向にある（竹田 2001 など）。その理由のひとつに、それら諸派の理論家が、作者や作品の一義性を否定することに躍起になりすぎているのではないか、という危惧がある。各々が独自の読みをもって解釈することを「実践」と位置づける考え方は、特権的なテクスト読解があると信じられていた時代には批判勢力としての意義を有していたが、一方で「何をやっても読者の勝手」という俗流の理解を生みだす。権威的な評価基準（かつて学問の領域が握っていた超越的な審判）を否定するための梯子外しが、怪しげな解釈学（各地の小さな神様）の林立する状況を招いてしまっているのだ。

では、「人―作品」関係に内在的に迫りつつ、社会学的な手法を適用しうる研究として、どのようなものが考えられるだろうか。留保付きだが「反映論」の視点がそれに近いといえる。反映論とは、文化作品が人生や社会を反映しているという前提に基づき、個々の作品を「現実を映しだす鏡」と見なして社会時評などに応用する論法のことである。この論法は古くから文芸批評に根付いていて、何ら目新しいところはないし、現実と作品世界を単純に結びつける素朴反映論については否定される傾向にある。

しかし、「病める時代を表した傑作！」流の素朴な反映観ではなく、文化作品の物語展開を社会学的な概念の説明をおこなう素材として利用する方法は、ルイス・コーザーの「文学を通しての社会学」以降、一定の地歩を築いている。日本では、作田啓一や富永茂樹らが、「文学の語るところに耳を傾ける」ことによって「社会学的思考の発見そのものを可能にする」ことを目指す「文学からの社会学」を提唱している（井上 2000：134-135）。いわば、文化作品を、社会生活について考えるときの「知的触媒」（宮原 2001：28）として利用するのであり、最近では、文学のみならずマンガやアニメーションを現実世界のメタファーとして考察する例（藤本 2001，谷本 2006 など）も増えている。(3)

ただしこの方法をとる場合には，――次節で述べることとも関連するが――その作品がいかなる代表性をもちうるのかについて，十分に吟味する必要があるだろう。

3 「人―作品―人」関係

共有する前提の欠如

つづいて，文化社会学にとってメインテーマになるであろう「人―作品―人」関係について考えてみたい。人と人との関係から社会の成り立ちを考察する社会学にとって，作品を媒介＝メディアとして，生産―流通―消費のプロセスとして，人的交流のコミュニケーション・ツールとして把握するこの関係性は，より馴染みやすいものである。しかし，表現文化をこの関係で捉える作業には，ある困難がつきまとう。

「人―作品―人」関係が結ぶネットワークは，「人」に注目したときには「趣味集団」として，「作品」に注目したときには「ジャンル」として認識されるのだが，そうした閉じた集合に対して，興味を持つ人／知識のある人と，そうでない人との乖離は存外に激しい。端的にいって，作品が繋ぐジャンルを知らない人にとって，それは了解困難なものとなる。

たとえば大学教育の現場を想定してみたい。メディア・コースなどの演習やゼミにおいて，学生が自身でテーマを選び発表する場合，ポップカルチャーやサブカルチャーがテーマの週は，往々にして，盛りあがりに欠けることがある。そのテーマを選んだ学生は，熱意を持って発表準備に取り組むのだが，そうやって一生懸命に取り組めば取り組むほど，周囲には〝つっこめない〟雰囲気が醸成され，質疑応答の時間に沈黙が生じてしまう。（学生がここで，自分の熱中するサブカルチャーは意外にも知られていないのだ，という境界感覚に目覚めてくれれば儲けものである)。

別の週で、テーマが広告やテレビ、報道などに設定された場合は、内容や発表テクニックの優劣にかかわらず、ディスカッションの時間はそれなりに周囲からの発言が得られる。要は、普段の日常生活のなかで、恒常的にふれているものか、ふれなくてもどうということもないものかという違いが、ディスカッションの発言量に影響しているのである。

あるいは講義の場面を想定してみても、近いことがいえる。社会学の醍醐味のひとつに、常識的な解釈を裏切る＝新しいものの見方を提示するという側面がある。これは、受講者である学生が、講義のテーマに関しての共有知を持っていることを前提として初めて機能する学習効果である。しかし、サブカルチャーに関して、これまでの解釈を裏切るような内容を語ろうとする場合、学生が〝これまでの解釈〟を知らないがゆえに、まずは常識的なサブカルチャーの歴史を教えなければならず、二重の手間になってしまう。

かつてであれば、明治の文豪やクラシック作曲家について学生は〝教養〟として知っていなければならなかった。文化研究はそうした基盤をもとに成立していたのだが、今ではそれも通用しない。このことは、近年さまざまな局面で共有の前提が掘り崩されている状況にあっては文化社会学に限った困難ではないのであろうが、それにしても特殊な性格を持つ文化状況の講義の場合にはディスアドバンテージになると思える。

しかし、あらためて考えてみるに、なぜポップカルチャーやサブカルチャーの場合には、それを特に共有する必要のない知識であると判断できるのであろうか。このことを考えるために、再度、原理的な「人―作品―人」関係の構造を説明することから論じてみたい。

固有名詞が構成するもの

社会学は人と人との関係性を理解することを基礎におく。そのさいに理念的な関係性モデルを用いることも多いが、たとえば「家族」なら親と子、「組織」ならば上司と部下、「都市」ならば労働者階層と上流階層、という具合

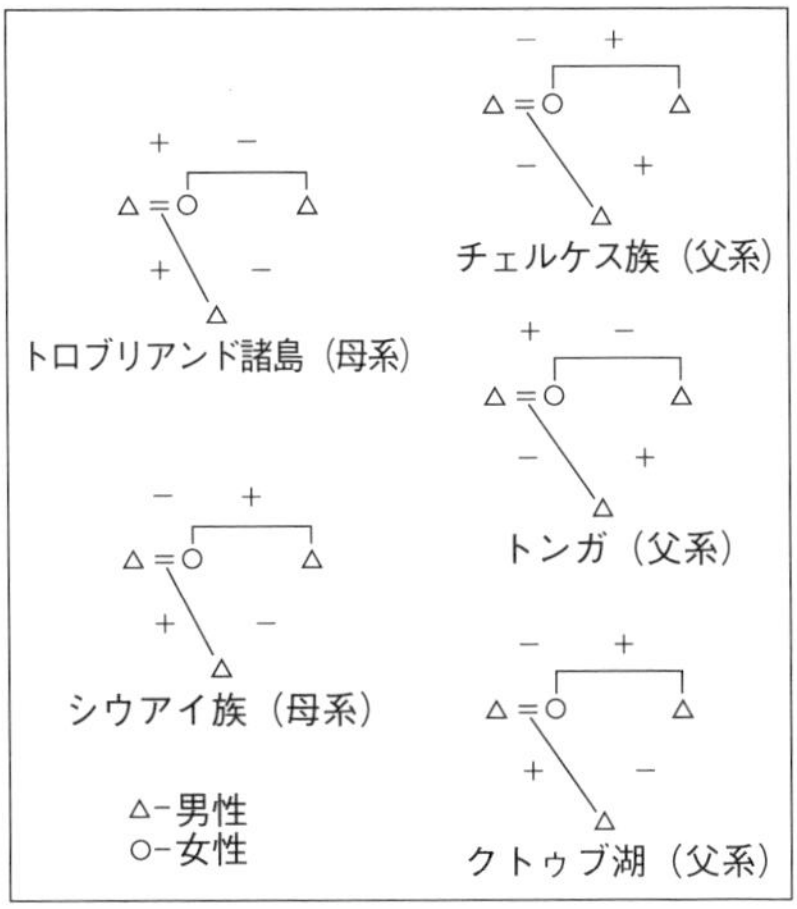

図2-3　父系／母系における親族構造

出所：Lévi-Strauss（1958＝1972：51）

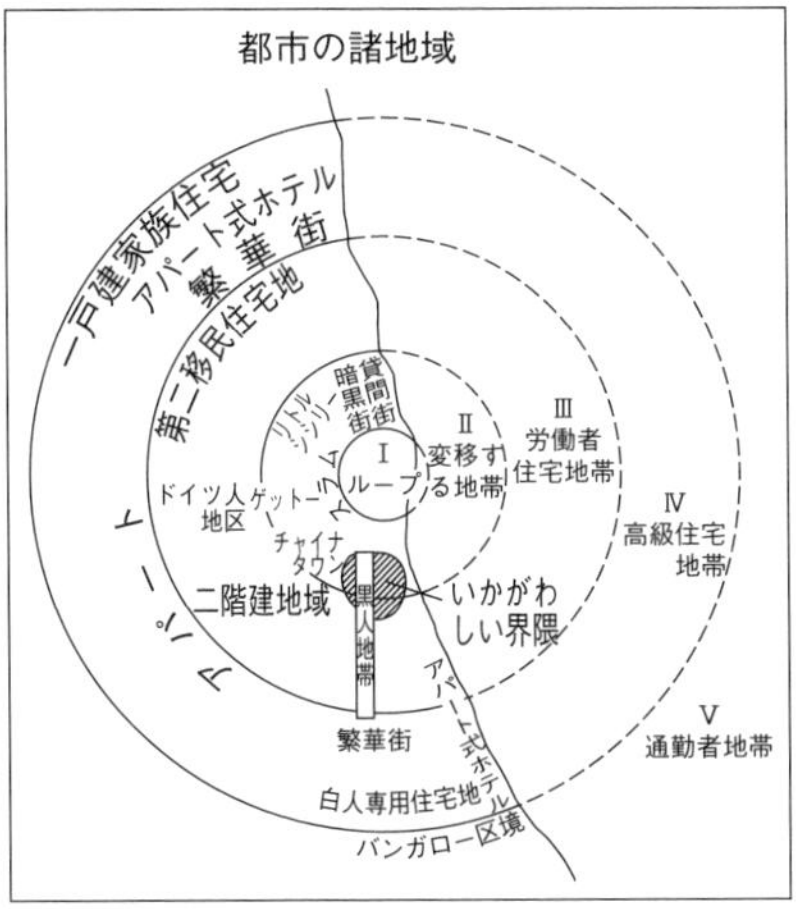

図2-4　バージェスの同心円モデル

出所：Burgess（1925：26），鎌田（1997：326）

に、関係性の把握が比較的容易であり、それゆえ類型化もしやすい。もちろん簡便な類型ですべてを語れるといっているわけではないが、たとえば図2-3に示したクロード・レヴィ＝ストロースの親族構造や、図2-4に示したアーネスト・W・バージェスの同心円モデルは、それぞれの論題（文化人類学、都市社会学）における基礎的なモデルとなり、そのモデルをもとに例外事項などが考慮されるといった具合に、関係性を認識する議論の土台を作った[4]。

　ところが、表現文化と人との関係性モデルを構築しようと努めるならば、たとえば図2-5のような図式が、現実的な趣味集団の関係の内容を表しているものになる。趣味文化の場合、ある個人とある個人をつなぎ合わせるものは、それこそ文化の話題（図の例ではロック音楽の話題）に他ならない。すなわち、その文化圏内で流通する固有名詞（小説や音楽ならば作者名、映画や漫画の場合は作品名が取りあげられる例が多い）のうち、何が好きで何が嫌いかという趣味判断によって、それぞれの人の共感と離反の位置は定められていく。趣味集団やジャンルが形成されるときには、こうしたコミュニケーションのあり方が基底にある。もちろん、メディアや産業、階級やジェンダーなどの外部要因や属性要因を考慮すればさらに複雑な構造図を描く必要が生じるが、原理的には「作品名やミュージシャンなど

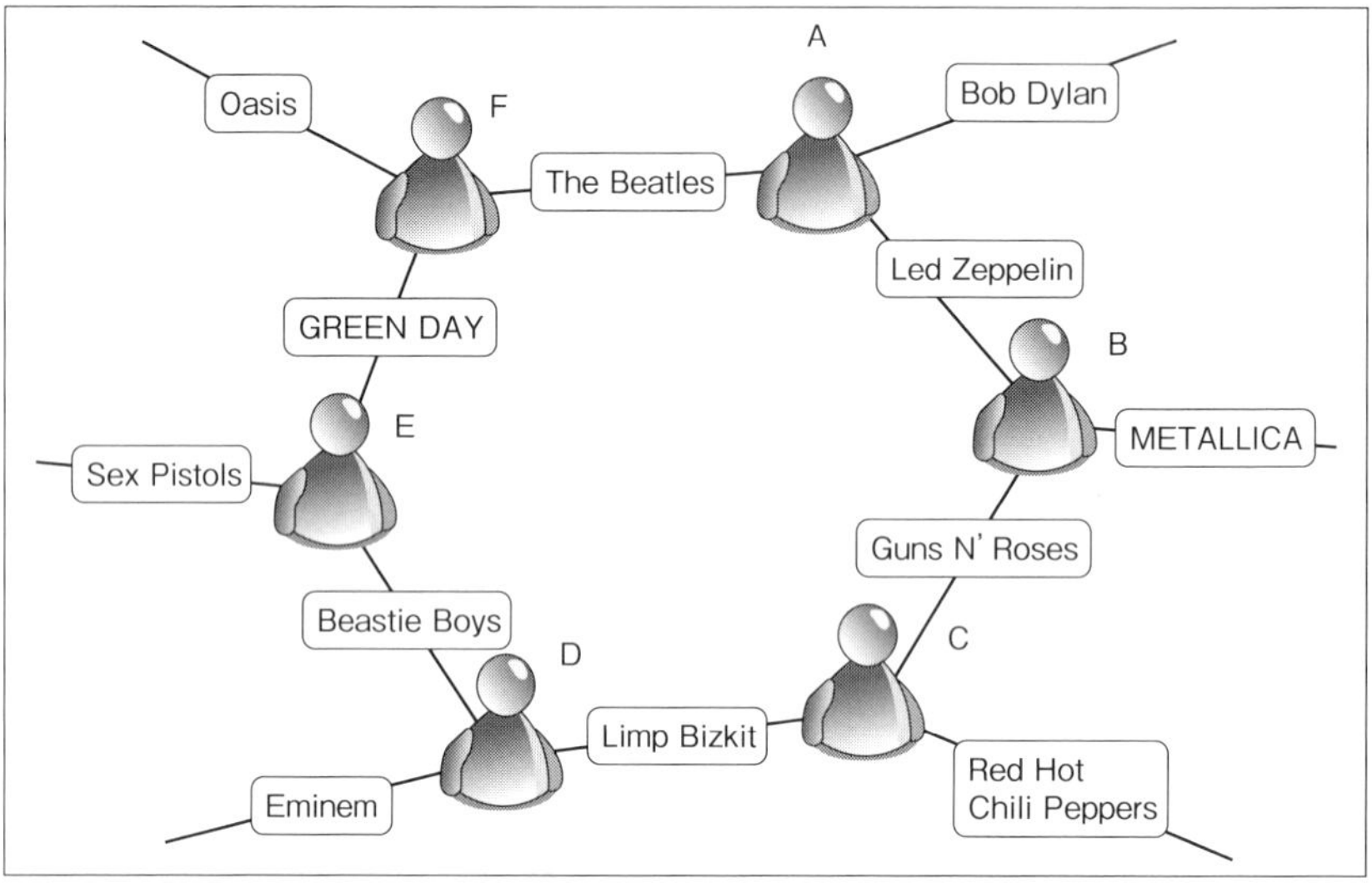

図2-5　ロック音楽を例にした文化の趣味集団の関係性モデル

の固有名詞を媒介にしなければ成立しない関係」で文化の構造は成り立っているといえる。

しかし、たとえば図2-5で例示した名称をほとんど知らない人に、その関係性がどうあるのか、その関係性を知ることがいかに有意義であるのかを説明することは、なかなかに骨の折れる作業である。試みに図2-5の関係を少し説明してみると、Aは、オールドロックが好みで、ビートルズを媒介にして、メロディアスなサウンドを好むFとは話ができる。しかし彼は、レッドツェッペリンは範疇であるものの、ハードロックの大仰さはあまり好みではなく、一九八〇年代以降のサウンドは聴かない。一方、Cは一九九〇年代以降のミクスチャーサウンドを好み、Bの人を内心軽く見ていて、むしろラップ好きのDの人と話をしたい。そのDは、ミクスチャーもパンクもいける口だが、最近ではロックよりもヒップホップに興味が移行しつつあり、エミネムを通じて本格的なヒップホップファンとコミュニケーションしている……という具合である。かように成り立っている空間について、いくらその差異やグルーピングを事細かく説明しようとも、好きなものについて喋っているようにしか聞こえないであろう。

さらに、この社会空間は、参入者が一人でも変化すれば内実が変容する、かくも脆い構造であるといえよう。社会の基盤が人と人とのコミュニケーションにあるとして、そのコミュニケーションを成立させる紐帯には、強度や密度における差がある。

たとえば「経済」や「法」を考えてみると、コミュニケーションの力が非常に強く、人間が社会を営んでいく上での基本的な紐帯といえる。経済的交換（コミュニケーション）をまったくおこなわない存在を考えてみたとして、その人は、果たして社会的存在といえるだろうか。金銭のやりとりをまったくしないで生きることは不可能ではない。たとえば赤ん坊や、無人島に流れ着いた人を想定できる。しかし、彼らはいわゆる社会的存在ではない。無人島から帰り着いて、経済的交換をして初めて社会的存在になりうる。法も同様で、普段私たちは法律をあまり意識しないで生きているが、いったん法を破ったことが発覚すればすぐに拘束されて裁かれることになる。法を守る／守らないというのは重要な社会的コミュニケーションの基準なのである。

それらと比較して、「文化趣味」はきわめてか細いコミュニケーションである。かつてハーバート・ガンズ（Gans 1974）は、文化趣味によって結びつく集団を「趣味層」と呼んだが、実際には、文化趣味は社会的紐帯として非常に弱いつながりにしかならない。表現文化のコミュニケーションがとぎれても、人はそのせいで社会性を抹消されたりしない。文化が社会学の主流といえないのは、単に対象が浮ついた感じのするポップカルチャーだからということではなく、根本的な部分で社会的〝紐帯〟が弱いからである。

とはいえ、まったく紐帯としての力がないわけではなく、図2-5のように構成される結びつきの空間が、さまざまな文化行動を生んでいる。たとえばそれが音楽の演奏家たちだったら、適時、過去の例を参考にしながら「音の様式」を構築しあっている。あるいはそれがレコードファンだったら、そのネットワークが批評の集団を形成するかも知れない。つまり、有機的に構成されたお互いの持つ諸関係が、ひとつの文化を築きあげている。無関心な人にはどうでもいいことが、重要な人にはこれ以上ないほど重要なネットワークになっているのである。

私たちは、文化を研究するさいに、この固有名詞が構成するものへの想像を欠いてはならない。そして、固有名詞を紐帯とする空間構造を最大限記述しようとする試みが共通了解を失してしまうリスクも、同時に背負っていかなければならないのである。

政治や階級などの社会的要因に注目する

人は、「人―作品―人」関係において、作者／作品の固有名を自分に関係する何らかのものとして他者に提示し、コミュニケーションをおこなう。そのさいに、人はどのような基準でその固有名を選んでいるのだろうか。ひとつには、自身の趣味の傾向を他者に説明するということがあるだろう。ひいてはそれが自分の性格や信念を他者に理解させるための行為になるかもしれない。また、普段見聞きしているメディアの直前の情報に影響を受けての選択という可能性もある。さらに別の機会には、その作品を宣伝することで利益が生じるという営利的な目的を持つ場合もある。地域や国によっては、宗教や政治、人種などのバックグラウンドも、選択に影響を与えていることだろう。

網の目のような「人―作品―人」関係を知るためには、ある作品が取り沙汰される場合の、諸個人のバックボーンと集団的な社会的性格を考えなければならない。たとえばケータイ小説と純文学を読む層が異なるだろうことはすぐに想像できるが、その差異はどこから生まれるのか、中心的な支持基盤はどのような社会層であるのか、それを好むということが個人の性向の何に関係するのか、そうしたことを課題としていくのである。

また、そうした視線を持つことは、作品ジャンルのマニアックな知識を競い合う（ように見える）関心から、背景にある社会的要因（外部要因、属性要因）へと関心をシフトさせることでもある。趣味文化と社会性の連関を意識し、その空間を記述する研究の一部は、近年、カルチュラル・スタディーズと呼ばれる一群の研究スタイルによって担われている。

日本では一九九〇年代以降に流行したカルチュラル・スタディーズだが、発祥地のイギリスでは一九六〇年代にバーミンガム現代文化研究センター（ＣＣＣＳ）が設立され、大衆文化の社会的意味をアカデミックな議題として取りあげていた。ＣＣＣＳの初代センター長に就任したリチャード・ホガートは、主著『読み書き能力の効用』

(Hoggart 1958＝1986) で、イギリス労働者階級の社会的性格について、彼らの好む日用品から大衆小説、ポピュラー音楽などを題材として説明し、そこに生きる人たちの行為の意味を分析した。また、ディック・ヘブディジは『サブカルチャー』(Hebdige 1979＝1986) で、テッズやモッズ、スキンヘッズなどのサブカルチャー集団のスタイルに注目し、各々のグループがいかにして音楽やファッションをアイテムとして身にまとい、自分たちの流儀にあった形に変形させ、他のグループと混成していったかを記述した。それらの行為は、マスコミの喧伝や伝統的作法(支配的なイデオロギー) に対する抵抗の様式と呼べるものであるとヘブディジは述べている。

趣味のひとつとして見過ごされがちな文化作品が、時には階級や人種や国家の性質を表示する記号としての効果を持つことを指摘したカルチュラル・スタディーズは、多くのフォロワーを生み、現在でも、映画や小説や音楽やアニメーションなどに秘められたイデオロギー性を分析する研究が生まれている。

ただし、これらの方法は、過度に政治性を強調する (つまり、作品コミュニケーションよりもそのバックグラウンドが主題となってしまう) あまり、実際のファン心理と乖離してしまうという声もある。また、文化作品の持つ豊穣な意味を、階級やジェンダーなどのイデオロギーに還元してしまうことにもつながりかねず、還元主義と呼ばれることもしばしばである。

カルチュラル・スタディーズとは異なる角度から、統計的な手法やインタビュー調査の手法を駆使して、体系的な文化理論の構築を目指した社会学者に、ピエール・ブルデューがいる。彼は、文化作品の趣向を、人々の行為原則の重要なファクターとして取り扱い、イデオロギーに還元するどころか、さまざまな分割原理によって層化される社会空間の構造図式上にマッピングした。

彼は、主著『ディスタンクシオン』(Bourdieu 1979＝1990) において、「文化資本」という概念を導入している。趣味は、単なる個人的な好みやその表明ではなく、その個人の社会的なステータスの上昇や下降に密接に結びついている。財産を蓄えて有効な場面で運用することを経済資本の活動と呼ぶのであれば、文化趣味においても、よき趣味をもち (蓄え)、社交の場において披露する (運用する) 行為を、資本運営活動のロジックになぞらえることができる。すなわち、音楽会のチケットを入手すること、絵画を所有すること、文化史の知識を習得すること、作品の美的性質を見抜く鑑識眼を持つことなどは、すべて文化資本の蓄積の行為として位置付けられる。

ブルデューの実施した質問紙調査では、社会に認められた正統的作品を好む確率は学歴水準が高くなるほど増大し、学歴資本が豊かな支配階級層において最高になるという結果がでている。また、マイナー芸術のメジャー作品などを含む中間的な趣味は、中間階級に高い頻度で見られ、芸術としての評価の低い通俗的なポピュラー作品は、庶民階級が好み、学歴資本とは反比例関係になっている。各々の社会層は、こうした自分たちの持ち物としての作品を擁護し、他の社会層の美的判断を揶揄することで、社会層の間の境界感覚をより強固なものに育てていく。このようなメカニズムが発生するため、各々の階級に内面化されている階級的嗜好（ハビトゥス）は、世代を超えても再生産されつづけるのである（こうした論理のために、彼は〝宿命論者〟と揶揄されることもある）。

ブルデューの理論は、文学なら文学の個々の作品を、その本質や美的性質や感情効果によって論じるのではなく、それらの本質観、美的感覚、感情のもち方自体が――その作品には秘められたイデオロギーがあると見なす言説自体も含めて――、社会的差異を生み出す分割原理になっているという視点をもたらした。

たとえ階級というファクターではないにしろ、作品やそれを判断する主体の感覚には、何らかの社会的な痕跡が刻まれている。ブルデューの論理構成を日本社会の状況にそのまま当てはめるには困難が伴うが、趣味のフィールドがいかなる社会的差異につながっているかを思考することは、「人―作品―人」関係を知る上では欠かせない作業なのである。

4　ふたつの視点の相克

作品科学の構想

ここまで、A「人―作品」関係とB「人―作品―人」関係に照射した学術研究を対比的に紹介してきた。先人によって活路は見出されているものの、どちらか片方だけに着目して論ずればそれなりの難しさがあり、双方の視点を含みこんだ研究となればなお困難である。Aを述べる場合は社会性をある程度省略せねばならず、Bを述べる場合には社会的要因に還元するプロセスをいったんは経由せざるを得ない。学際的な交流が進むなかで敷居は下がっているとはいえ、「文化作品が社会に語りかける」立場を選ぶ人文学と、「社会が文化作品を作りあげる」立場を選ぶ社会（科）学の根本的な態度には大きな溝が横たわっている。

前節で紹介したブルデューは、『芸術の規則』（Bourdieu 1992＝1996：34）のなかで、上記した対立を「内的読解」と「外的読解」の用語で説明している。作品とそれに言及する人のなかだけで論理を完結させることが内的読解、作品自体にとっては外部的な説明や解釈原理に訴えようとするのが外的読解である。評論や批評の言葉を「真実」として受けとるのではなく、あまたある「言説」のひとつとして扱うことに長けた社会学的研究は、文化作品を取りまく人々をひとつの素材として社会分析をおこなっている。しかし、それらの多くは、文化作品を「作品として読む」ことをやめる、すなわち文化作品の位相替えをおこなう「外的読解」によって社会分析として成立している。それは一方で「その作品でしか表現できないもの」「作品の創造の瞬間」の解明を断念する態度でもある。

この限界に対しては、文化の〝生産者〟に着目することで、いくばくかは配慮できるのではないかと筆者は考えている。ブルデューは、同書において「内的読解」と「外的読解」の対立を克服する「作品の科学」を提唱している。彼は、作品生産の空間（＝文化生産の場）を社会空間上に措定し、そのフィールドにおける社会的行為者の運動性を問題にしている。ブルデューの述べる文化生産の〝場〟における社会的行為者とは、送り手も受け手も作品紹介者も含んだ文化の生産者であり、彼らは一定の構造的制限の設けられた空間のなかで、日々「作品」と「作品の価値」と「文化の意味」を作り上げていく(5)。

もちろんブルデューの構想は「その作品でしか表現しえないもの」に何らかの解答を与えることを企図するものではないが、「その作品でしか表現しえないもの」がどのように社会的に成立するかを議論のなかに取りこむことを可能にする方法論である。文化作品の「意味」の生産者たちは、それまでに作られた作品の体系を適時参照しながら、だれがよりビッグ・ネームに近づいたか、あるいは越えたか、どれが先鋭的で、どれがポピュラリティを獲得するかといった文化の内部問題を、社会的威信や社会階層の立地点の利害関心という外部問題に関連したかたちで表明しながら、文化の空間を形成していく。意味の生産者に注目する視点からすれば、文化受容者が自身の思いを作品に託す「自己投射」は「自己鼓舞のツール」に過ぎないどころか、それこそが文化を形成する重要なファクターとなる。「自己投射」の言説は、社会的立場という利害関心（外部問題）に裏付けられた上での、文化作品に関する意見表明（内部問題）をおこなう所作なのである。

こうした構想は、理論的な枠組みを作るだけで完結するものではない。作品の意味が生み出される現場の境界線を把握し、その内部における人々の行為を丹念に見て回る必要がある。繰り返しになるが、自分自身がもし何らかのポップカルチャーやサブカルチャー、芸術文化に関わっているのであれば、自身の心性のあり方を客観的に認識し、自身の言動や行為の及ぶ範囲や、共感や異論に対する対処の仕方などを考えてみるべきである。その後に、自身や他者が属する趣味のフィールドがどのようなメンバーによって構成されているのか、それがいかなる社会的差異を生んでいるのか、思考と試行を積み重ねていくのである(6)。

社会化としての文化体験

本章での目的は、社会学的な立場を崩さずに、作品の内実に迫りつつ、なお主観を排した語りをいかに構築していくかを考えることであった。右記した巨視的もしくは中範囲の視点による「作品の科学」の構想とは別に、微視的な視点から人と文化との直接的な接触の有り様を観察する方法についても考えておきたい。

いくつかの方法論――サブカルチャーのエスノグラフィー研究、自己意識論など――が見出せるかと思うが、たとえば井上俊のいう「文化要素としての物語」も応用可能な方法論としてある。井上は、伝説や小説、あるいは映画・テレビなどマスメディアを通じて流布される「物語」に注目し、下記のように述べる。

私たちは子どものときからそれらにとり囲まれ，しばしばそれらを認知や解釈の枠組みとして内面化し，その枠組みを通して人生の出来事や事件に秩序と意味を与えている。それらの物語はまた，自分自身の物語のモデルとして，あるいは素材（構成要素）として利用されるが，同時に，たとえば「適切な」ライフコースのあり方や「穏当な」物語のつくり方などを示すことによって，私たちが自分の物語をつくるさいの拘束要因ともなる。（井上 2000：162）

人は，成長する過程において，さまざまな人間関係を通じて自己という存在に気づき，社会のルールを身につけていく。そのことを社会学の用語で社会化（ソーシャライゼーション）と呼ぶが，そうした社会化の力は，当該社会の人間関係によって与えられるだけでなく，架空の物語にもあるというのがこの立場である。考えてみれば，これは当然のことである。私たちは，たとえば恋愛の感情をどう処理するかについて，必ずしも実際の他者とさまざまなパタンを試行した上で得心するわけではない（もちろんそうした人もいるだろうが）。私たちは恋愛の過程において生じる感情の機微や，恋愛行動における会話や交際のパタンの多くを，小説やドラマや漫画などの物語によって予習もしくは追体験している。現代のように文化作品が世にあふれている状況では，そうした体験をまったく経由しない人を探し出す方が難しいであろう。文化作品は，人生の意味付けの方向性を規定する力を持っているのである。

ただし，このような視点の取り方は，小説や映画など物語を持つ文化作品の分析には適しているが，絵画や音楽のようにその作品メッセージを言語化しにくい対象の場合は扱いが難しい。しかし，「一枚の絵画に魂を救われた」「音楽に影響を受けて今の自分がある」などの言明が広範囲に見られるように，それら作品との接触による社会化の側面を看過することもできない。

たとえば，自分が人生の岐路に立たされたときに，敬愛してやまないミュージシャンのサウンドが頭のなかで繰りかえし鳴りひびく，そのような体験。人はそのサウンドのフレーズに導かれるように，どちらの道へ進路をとるかの決断をおこなう。また、一枚のイラストに描かれた風景が強烈なデジャブを思い起こさせることもあるだろう。そして、もっと直接的な、詩の一節による影響。出会いや別れのセリフや、日常の一コマを刻んだ情景など、言葉を選んで表現したフレーズは、その詩の愛好者にとっていつまでも印象として残り、自己の体験に近いものとして感覚される。現代では、確固たる一個の自己を物語として描くことよりも、断片化した自己像、すなわちそのときそのときのフレーズに共感したりしなかったりする文化享受の形式が、あっているのかもしれない。

私たちが自分の物語をつくる拘束要因となる文化作品の内実を探るには、ライフヒストリーの方法が適しているだろう(7)。微細な心性を個人史の記録として丹念に掘り下げていくことで、人と作品の関係性は、社会学の議論に組み込まれるのである。

表現文化は現代社会においてどのような社会空間を形成し、人々の意識にどう関与しているのか。このことはいまだ未開拓な研究課題であり、そして、取り組むに値する研究課題である。

注

(1) 逆にいえば、この往還がなければ作品は社会的に認識されることはない。たとえ個人の世界観を打ち崩す衝撃的作品であったり、芸術的高みに達すると十分に感じられる作品であったとしても、他者に共有されなければ社会的に存在しないことと同義である。

(2) 近年、「一億総評論家」なる言葉が造語され、批判的な文脈で語られることが多い。それがインターネットの普及に関連していることはいうまでもない。

(3) 本書でいえば、山本直樹のマンガ作品から現実の都市／地方空間を探った第10章が、この手法に該当する。

(4) レヴィ＝ストロースの図式は、彼が描いたいくつかの構造モデルのうちのひとつであり、△（男性）、○（女性）、＋（親しい関係）、－（敵意、対立、遠慮の関係）の四つのシンプルな記号のみで親族の基本類型を表している。近視眼的には複雑に見える民族集団の行為を、要素間の関係を整理統合することで説明したレヴィ＝ストロースは、「構造主義の祖」

とされている。また、バージェスの同心円図式は、都市の発展の様子をモデル化したものだが、中心から遠隔に拡がるにつれて上流階層の住人の比率が高くなることも説明している。都市の中心に上流階層が集まるジェントリフィケーションが近年の都市社会学の話題となっているが、それもバージェスの図式があってこその発見なのである。

（5）ブルデューの「場」の理論を応用展開した例として、南田（2001）を参照されたし。

（6）本書では第8章でロックフェスティバルに集う人を調査している。まずはフィールドに飛びこんでみることが、いくつもの発見につながっていくだろう。

（7）本書でいえば、第7章でアニメーションにはまる人を検討しているのがその実践例である。

文献

Barthes, Roland, 1968＝一九七九、花輪光訳『物語の構造分析』みすず書房。

Bourdieu, Pierre, 1979＝一九九〇、石井洋二郎訳『ディスタンクシオン』Ⅰ・Ⅱ、藤原書店。

――――, 1992＝一九九六、石井洋二郎訳『芸術の規則』Ⅰ・Ⅱ、藤原書店。

Burgess, Ernest W., 1925, "The Growth of the City," Ernest W. Burgess ed., *On Community, Family, and Delinquency*, Chicago : University of Chicago Press, 23-36.

Caune, John, 1997＝二〇〇四、小倉正史訳『コミュニケーションの美学』白水社。

コンテンツビジネス研究会、二〇〇五、『図解でわかるコンテンツビジネス』日本能率協会マネジメントセンター。

Culler, Jonathan, 1997＝二〇〇三、荒木映子・富山太佳夫訳『文学理論』岩波書店。

Derrida, Jacques, 1972＝一九八一、高橋允昭訳『ポジシオン』青土社。

藤本由香里、二〇〇一、「分身――少女マンガの中の『もう一人の私』」宮原浩二郎・荻野昌弘編『マンガの社会学』世界思想社、六八～一三一頁。

Gans, Herbert J., 1974, *Popular culture and high culture: an analysis and evaluation of taste*, New York : Basic Books.

Hebdige, Dick, 1979＝一九八六、山口淑子訳『サブカルチャー――スタイルの意味するもの』未来社。

Hoggart, Richard, 1958＝一九八六、香内三郎訳『読み書き能力の効用』晶文社。

井上俊、二〇〇〇、『スポーツと芸術の社会学』世界思想社。

Iser, Wolfgang, 1976＝二〇〇五、轡田收訳『行為としての読書――美的作用の理論』岩波書店。

鎌田大資、一九九七、「『社会改良』の『社会学』?」宝月誠・中野正大編『シカゴ社会学の研究――初期モノグラフを読む』恒星社厚生閣、三三〇～三五三頁。

Kristeva, Julia, ［1967］1986, "Word, dialogue, and the novel," Toril Moi ed., *The Kristeva reader*, New York : Columbia University Press, 35-61.

Lévi-Strauss, Claude, 1958＝一九七二、荒川幾男・生松敬三・川田順造・佐々木明・田島節夫訳『構造人類学』みすず書房。

南田勝也、二〇〇一、『ロックミュージックの社会学』青弓社。

宮台真司・石原英樹・大塚明子、一九九三、『サブカルチャー神話解体』パルコ出版。

宮原浩二郎、二〇〇一、「知的触媒としてのマンガ」宮原浩二郎・荻野昌弘編『マンガの社会学』世界思想社、四～三一頁。

竹田青嗣、二〇〇一、『言語的思考へ――脱構築と現象学』径書房。

谷本奈穂、二〇〇六、「物語の欲望に抗して――ポピュラーカルチャーにおける『成長』を中心に」吉村和真・福間良明編『「はだしのゲン」がいた風景』梓出版、八七～一一八頁。

Weber, Max, 1922＝一九七二、清水幾太郎訳『社会学の根本概念』岩波書店。

第3章　世代や世相の文化への視座
——量的アプローチと質的アプローチ

辻　大介

最近では小学校の授業でも、アンケートをとったりインタビュー取材をしたりすることがめずらしくなってきた。こうした調査法は、もちろん社会学を学び、実践する上でも基礎中の基礎となるものだ。しかし、社会学的な調査とは、アンケートを配って集計すればいい、インタビューで聞いた話をまとめればいい、というものではない。重要なのは、調査とその結果を、社会（学）的文脈のもとに位置づける・意味づける想像力と発想であり、それを欠いた調査は無意味な「ゴミ」にすぎない。

ここでは、そんな「ゴミ」にしないための調査の考えかた・進めかたを、「恋愛指輪」について調査するという実践例を設定してシミュレーションしていく。それとともに、アンケート調査のような量的アプローチと、インタビュー調査のような質的アプローチの長所・短所について解説する。これら二種類のアプローチは対立的なものと見なされることが多いが、むしろ互いに補いながら、他者の理解可能性を開いてゆくための社会学的方法としてとらえなおしてみたい。

1　世代の文化を調査する——「恋愛指輪」を題材に

調査への出発点は小さな疑問

ものごとを記述・表現するには、大きくいって二通りのやり方がある。「最高気温三八度・最低気温二八度」などのように数値化して量的に表す方法と、「朝から晩までうだるほど暑かった」などのように数値化せず質的に表す方法だ。それに応じて、社会調査の手法もまた、量的データを用いるアプローチと、質的データを用いるアプローチに大別される。この章では、前者の代表格としてアンケート調査を、後者としてインタビュー調査を取りあげ、それぞれの長所・短所を考察していく[1]。

また、レポートや卒業論文などを書くために、これらの調査を自分で実際におこないたいという読者も多いだろう。そこで、どういうふうに調査を企画し進めればいいか、実践的なイメージがつかみやすいよう具体例をひとつ設定して話を進めたい。それは「恋愛指輪」である。

「恋愛指輪」というのは筆者が勝手に命名したものだが、恋人（カレシ、カノジョ）がいるしるしとして左手薬指にはめられる指輪のことをさしている。今の若者たちにとっては別にめずらしくもないものだろうが、一九六五年生まれの私が初めて恋愛指輪のことを知ったときには、ちょっとした驚きがあった。左手薬指にはめるといえば「婚約指輪」か「結婚指輪」しかありえない。中年オヤジ世代の私は、あたりまえのようにそう思っていたからだ。その意味で恋愛指輪は、まさに今の若者世代の文化なのである。

調査はそもそも、量的なものであれ質的なものであれ、こうした小さな驚きや疑問、違和感がもとになってはじまる。それは身のまわりにいくらでも転がっているのだけれども、日常生活の慌ただしさのなかで、たいした問題ではないと私たちは見過ごしてしまいがちだ。それをしっかりつかまえておく学問的感度が、まずは重要である。ニュートンの万有引力の法則も、出発点はリンゴが木から落ちるというごく些細なできごとを疑問に思うことにあったのだから。

小さな疑問を社会学的に展開する

次に重要なのは、その小さな驚きや疑問を、より大きな社会（学）的文脈のなかに位置づけなおす社会学的センスである。多くの人、特に学部学生にとっては、ここに躓きの石があるようだ。学生に「小さな疑問を大切にして、そこから調査プランを考えてみよう」というと、ありがちなのは「どれくらいの大学生が恋愛指輪をしているか、男女差はあるか、どういうタイプの指輪が人気か、アンケートして調べる」といった調査企画である。このアンケート調査を実施して、全体で一五％の学生が恋愛指輪をしていること、男子学生は一〇％で女子学生は二〇％、人気の一位はシンプルな銀色のタイプ、二位は……等々の結果が得られたとしよう。問題は、そこからいったい何がわかったことになるのか、だ。

調査から得られるのは、あくまで事実の断片、「データ」にすぎない。「データ」は、何割の学生が恋愛指輪をはめているかというような、単純素朴な好奇心は満たしてくれるかもしれない。しかし、それでは「へぇ、一割半くらいなんだ」で終わり、小さな疑問は小さいまま消えてしまう。

小さな疑問を厚みのあるおもしろい問題に展開していくために重要なのは、何割が恋愛指輪をしているかといった事実を問うこと以上に、なぜ恋愛指輪をするのかといった理由を問うことである。これに対して、個人的な理由としては、愛を目に見えるかたちにしたいだとか、自分のかっこいいカレシ・かわいいカノジョが周りからアプローチされるのを防ぎたいだとか、いろいろ思いつくことはあるだろう。ただ、それらは個人の行動（恋愛指輪をすること）を説明する理由にはなっても、今の若者世代という社会集団の行動を説明する理由には、必ずしもならない。私がかつて大学生であった頃の若者世代にだって、恋愛関係を目に見えるかたちにしたいという心理的欲求はあったし、だから恋人どうしでペアルック（おそろいの服）を着る若者たちもいた。しかし、左手薬指に指輪をすることはなかった。そうしたかつての若者世代と今の若者世代の違いを、個人的・心理的な理由は説明できないのである。つまり、「なぜ」という問いを、個人の心理的な文脈に位置づけるのではなく、個人の置かれている社会的な文脈につなげて問うことができるかどうか。そこにポイントがあるのだ。

恋愛指輪の社会学的文脈を考える

このときに必要になるのが、社会学的な教養・一般知識である。筆者の場合（別に社会学的教養にあふれているというつもりはないが）、恋愛指輪への問題関心は、次のような文脈につながるものだった。

家族社会学の研究によれば、戦後の日本社会では、恋愛と結婚の関係が大きく変化したといわれる。かつて結婚は、愛情による個人と個人の結びつきよりも、家と家との結びつきを意味していた。戦前そして戦後もしばらくはお見合い結婚が主流であり、恋愛結婚のほうが少数派だった。恋愛と結婚は別のものだったのである。しかしその後、恋愛結婚の割合は増加の一途をたどり、現在ではむしろお見合い結婚のほうが少数派になっている。すなわち、結婚は恋愛の延長線上にあるもの――別ものではなく連続的なもの――になったのだ。

また、性意識の面でも大きな変化が見られる。ＮＨＫの「日本人の意識」調査によれば、[2]結婚するまでセックスはすべきでないという回答は、一九七三年の五八％から二〇〇三年には二四％まで減少した。一方で、愛し合っていればよいとする回答は、一九％から四四％に増加。特にこのような意識は若いほど強く、二〇～二四歳の男性では七〇％、女性では八二％に達している。つまり、セックスが恋愛と結婚を分け隔てるものではなくなってきたわけだ。

このように、結婚と恋愛の同質化が進んだのであれば、左手薬指の「結婚指輪」が象徴するのもまた、恋愛と同質のもの――愛情で結ばれたパートナーがいるということ――になるだろう。ここに恋愛指輪の出現した理由があるのではないだろうか。つまり、恋愛と結婚の同質化によって、左手薬指の指輪は、結婚にも恋愛にも適用可能になったのではないだろうか。

筆者はおおよそこのように問題を文脈づけた。それによって、当初は小さな「個人的な疑問」だったものが、恋愛指輪そのものには興味のわかない人にも関心をもってもらえそうな「社会学的な問題」へと発展するわけだ。それとともに、他愛ないことのように見えた恋愛指輪が、まさに文化と呼ぶにふさわしい対象であることもはっきりしてくる。辞書的にいえば、文化とは「人間集団の構成員に共通の価値観を反映した、物心両面にわたる活動の様式」[3]のことだが、恋愛指輪（をはめる）という「活動の様式」は、まさに今の若者世代の恋愛－結婚をめぐる「共通の価値観を反映した」ものにほかならないのだから。

表3-1　恋愛―結婚観と恋愛指輪に対する意識

			恋人には左手薬指に指輪をしてほしい		
			はい	いいえ	
男子学生	結婚は恋愛の	延長線上にあると思う	54%	46%	100%(46人)
		別ものだと思う	57%	43%	100%(14人)
女子学生		延長線上にあると思う	53%	47%	100%(58人)
		別ものだと思う	33%	67%	100%(24人)

仮説を実証する

ただし、これだけではまだ机上の空論、あくまで「仮説」の段階にとどまることはいうまでもない。自分の考えた仮説が実際にあてはまるかどうか証拠固めをする、すなわち「実証」する必要がある。その実証の手続き・方法のひとつが社会調査である。どういうふうに実証するのか、とりあえずアンケート調査の場合の例を簡単に示しておこう（アンケート調査については詳しくは3節で扱う）。

先のような考え方・仮説にしたがえば、「結婚は恋愛の延長線上にある」と思う人たちは、「別ものだ」と思う人たちよりも、「恋人には左手の薬指に指輪をしてほしい」と思う割合が高いだろうと予想される。そこで筆者は二〇〇五年秋に、これらに関する質問を組みこんだアンケートを講義で配って、学生に答えてもらった。その結果が表3-1である。

これを見ると、女子学生の場合は予想通り、「結婚は恋愛の延長線上」と思う人たちのほうが「別もの」と思う人たちより、恋人に恋愛指輪をしてほしいという割合が高くなっている（五三％対三三％）。しかし、男子学生の場合には[4]ほぼ同率である（五四％対五七％）。全体的に見れば残念ながら、すっきりと仮説を支持する結果とはいいがたい。でも、ここでめげずに、もう少し先へ進んでみることにしよう。

2　「恋愛指輪」についてインタビュー調査する——質的アプローチ

調査で仮説を探索する

あたりまえの話ではあるが、ある社会現象をひとつの理由（仮説）で説明できることは、むしろ稀である。恋愛指輪をするのも、複数の理由が折り重なっていると考えたほうが自然だろう。また、恋愛と結婚の同質化は、結婚していなくても左手薬指に指輪をしてかまわないと考える理由――恋愛指輪の前提条件となる消極的理由――にはなっても、恋愛指輪をしたい・してほしいという積極的理由にはならないだろう。それゆえ、今の若者世代が恋愛指輪をする理由について、さらなる別の仮説を探りだす必要がある。

こうした仮説探索的（heuristic）な調査に向いているのが、インタビュー調査である。それに対して、あらかじめ仮説を決めてからおこなわれるのが仮説検証的（confirmatory）な調査であり、前節のようなアンケート調査のやりかたがその一例にあたる。アンケート調査が仮説探索的に使えないわけではないのだが（またインタビュー調査が仮説検証的に使えないわけでもない）、一定の決まった質問項目の回答データから仮説を探りだすことになるので、自ずと限界が生じる。インタビュー調査に比べると、仮説を探索できる範囲・自由度が小さくならざるをえないのだ。

以下では、筆者のゼミで、恋愛指輪をテーマに卒業論文を書いた川上しをりさんのインタビュー調査を素材に用いることにしたい[5]。ただし、話の流れやポイントをわかりやすくするため、調査の進め方や議論の組み立て方については、筆者が独自に再構成・脚色している。川上さんの作業や議論を再現・引用したものではないので、批判等を引き受けるべきはあくまで筆者であるという点は留意していただきたい。

どうインタビュー調査するか

インタビュー調査に協力してもらった人（「インフォーマント」という）は、恋愛指輪をしている一八～二四歳の大学生三〇名である。彼ら彼女らの話のなかから、仮説の手がかりを見つけだそうとするのが今回の目的なので、なるべく自由に語ってもらうことがのぞましい。このようなフリートーク形式のインタビューを「非構造化面接《インタビュー》」というが[6]、非構造化面接には、調査者のインタビュー・スキルに大きく左右されるという問題がある。要するに、話がはずむか否かによって、聞きだせる内容がかなり変わってくるのだ。そのため本来であれば、事前に実習授業などでトレーニングを積んでおくことが求められる。

しかしそれだけの余裕がなく、インタビュー調査に不慣れな場合には、完全なフリートーク形式にするのではなく、これだけは全員に聞くという質問をいくつか用意しておくとよいだろう。まず最初の質問に答えてもらい、そのまま話が続きそうなら自由に語ってもらう。話が途切れたときには次の質問をふるようにすれば、調査者がアドリブで話をつないでいくよりは、負担も軽い。このようなやり方を「半構造化面接」という。今回はこちらを採用することにし、恋愛指輪をし始めた時期やきっかけ、つけていてどんなことを感じるか等、おさえておいたほうがよいと思われる基本的な質問事項を用意しておいた。

インタビュー内容は、相手の許可が得られればＩＣレコーダやテープに録音しておく。ただ、初めから録音機材を目の前に出されると抵抗感や緊張を生みやすいので、しばらくは世間話をしたりして場の雰囲気をほぐした後に、本題に入る合図の意味あいも兼ねて、録音の許可を求めるようにする。ただし、録音はあくまで内容確認用の補助手段であり、その場でしっかりメモをとることが重要だ。話を聞きながら同時並行でメモをとっていくのは、実はけっこう難しい。書くのに手間取っていると、話を聞きそびれたり、話の流れが途切れたりする。そのためのいいトレーニングになるのが、ふだんの講義のノートテイキングだ。板書をただ写すのではなく、先生の話す内容を自分なりにまとめて書きとっていく。授業が終わったら、話の記憶が残っているうちにノートを見直し、補足や内容整理を加えておく。これらは、インタビュー調査のさいにおこなうべきことと何ら変わりのない作業である。他にも、インタビューのさいに留意すべき点やコツは数多くあるが、詳しくは永江（2002）、河西（2005）などの実践的な入門書を参照してほしい。

インタビュー結果の記述

では、インタビューの結果を見てみよう。恋愛指輪をするようになったきっかけを質問されて、ある男子学生は次のように答えている。

彼女とペアリングで買ったんやけど、その頃、なんか（彼女が）自分のことホントに好きなんって、ちょっと不安になってるようなとこがあって。で、そんな不安にならんでも（好きだから）大丈夫やでっていう感じで（プレゼントした）。そしたら彼女もちょっと安心したっていうか。

この「カノジョ」もインタビューを受けてくれたが、「ふたりで指輪してるってことで、いっしょにいてないときでも、自分のしてる指輪みると、（彼の）気持ちの証拠っていうか」というふうに答えている。紙幅の関係で詳細は省かざるをえないが、他にも「好きだという証拠につけてる」とか「やっぱりお互いの気持ちの証拠だからつけてないと相手に悪い」とか、愛情を目に見えるかたち＝「証拠」に変えたものが恋愛指輪だというインフォーマントはやはり多く、男一〇人中八人、女二〇人中一五人にのぼった。

これはまあ予想通りの発見性に乏しい回答かもしれないが、筆者にとって少し意外だったのは、次の女子学生のような、ある種「古くさい」とも思える感覚がけっこう根強く残っていたことだ。

私の場合は、自分から指輪がほしいって言って。ほんとはペアリングのほうがいいんやけど、（彼は）アクセサリー系が嫌いやから、自分だけでしてて。でも、指輪見るたびに、私は彼のもの！　って感じがしてうれしい。

男性の所有物（「彼のもの」）としての女性という、フェミニストの神経を逆なでしそうな回答だが、同様の趣旨の発言は女性インフォーマント七人から聞かれた。ちなみに「彼女のもの」というような回答をした男性インフォーマントは皆無である。他愛なく思える恋愛指輪をめぐっても、現代の日本社会にも依然として強く残る男性優位的な力学が作用していることがうかがえよう。

ここで少しインタビュー結果の記述法について注釈しておきたい。インタビューをどう記述するかはけっこう難しい問題をはらむのだ。たとえば上の例で、インフォーマントが実際には「私は彼のもの！って感じがして…」でいったん発言を止め、調査者が「うんうん」とあいづちを入れた後で、「うれしいのよね」と続けていたとしよう。こうした休止や言いよどみは、「私は彼のもの」と感じてしまう自分に（うれしいながらも）それでいいのかとためらっていることを示しているかもしれない。しかし、調査者から肯定的なあいづちが返ってきたので「うれしい」と言い切ってしまったのかもしれない。(7)

このように、発言内容と同じくらい、言いよどみや沈黙などが重要な情報を示していることもありうる。それらをすべて忠実に再現しようとするとキリがないが、発言内容をまとめて記述すればいいというほど、単純なものではないことは心に留めておいてほしい。インタビューのなかから何を記述すべきものとして取りだすかは、調査者の問題関心と感度のよさにかかっている。

インタビュー結果から仮説を導く

本題に戻ろう。恋愛指輪が単なる恋人に贈る指輪とは異なるのは、第三者へのアピールが多分に意識されていることだ。たとえば、ある女子学生は次のように語っている。

> もし彼が（指輪を）つけてなかったら、もう、それは怒ります。指輪してたら周りの女の子にも、恋人がいるってアピールできるから、女よけになると思うから。私も彼氏以外（の男の人）と会うとき、指輪してたら変に誘われへんし便利やし。

こうした浮気防止機能にふれたのは、男性インフォーマント全員、女性は二〇人中一七人にのぼった。また、サークルによっては「つきあってるカップルは指輪するのが暗黙の了解のようになって」いる場合もあるという。つまり、浮気をしない（できない）ということが、先に紹介した真剣な愛情の「証拠」ともなり、つきあっているのに恋愛指輪をしていないと、交際の真剣さを疑われるような雰囲気（＝文化規範）すら、一部の集団には生じているようなのだ。

さらに、恋愛指輪のもつ他者へのアピールとしては、次のような指摘もあった。

地味な感じの人でも（左手薬指に）指輪してたら、きっと性格がすごくいいんちゃうかとか、何か魅力あるんやろなって想像したり。だから、自分も指輪してることで、周りの人によく見られるような気がすると思う。

別のインフォーマントもほぼ同様に、「指輪してるのを見ると、全然知らん人でも、どっちかって言うといい印象がプラスされるほうが多くて、最近そのことに気づいて、前はカレシと会うとき以外ははずしてたけど、それ以外でもするようになった」と語っている。こうした感覚は筆者にはまったく予想しえないものだったが、それと同時に、ふと思いあたるところもあった。

それは近年になるほど、友人などの身近な対人関係への志向が高まりを見せていることである。俗に人間関係の希薄化がよく叫ばれるが、各種の社会統計を見ると、友人関係は活発化の傾向にある。かつてと比べて友人数は増えているし、友人関係への満足度も上がっている。その一方で、友人関係が途切れることへの不安も高まっているように思える。学生に聞きとりをおこなっていると、「大学の食堂で一人で食べていると、友だちがいないように見られそうで耐えられない、ケータイでいっしょに食べる相手を絶対探す」といった声をよく耳にする。果ては「一人で食べるくらいならトイレの個室に隠れて食べる」という学生さえめずらしくない。

親密な関係――友人のみならず恋人も含め――を保持できるかどうか。価値意識のなかで、それがかなりのウエイトを占めるようになったのだ。恋愛指輪とは、そうした関係性重視の価値観と不安が反映された文化でもあるのではないか。それゆえに、恋愛指輪は親密な関係が保たれていることの「証拠」と見なされ、場合によっては「文化規範」ともなり、関係性価値を満たしていることを他者に積極的にアピールするツールにまでなるのではないだろうか。

これがインタビュー調査から探りだされた，恋愛指輪に関する新たな仮説である。

3　「恋愛指輪」についてアンケート調査する——量的アプローチ

量的／質的アプローチの対比

インタビュー調査が仮説探索に役立つひとつの理由は，そこから引きだされる情報の精細度の高さにある。1節で見た表3-1のような量的データに比べると，前節で見たインタビュー調査の結果は，生き生きとリアルに感じられるはずだ。それに対して表3-1のようなデータは，頭のなかで理屈はのみこめても，味気なく実感に乏しいように思えることだろう。それは恋愛指輪をめぐる多彩で潤沢なリアリティを，「結婚は恋愛の延長線上にあると思う」かどうか，「恋人に指輪をしてほしい」かどうか，という限られた面だけに切り縮めて取り扱うからである。アンケート調査でいかに質問を多くしようとも，得られる情報の精細度はインタビュー調査よりも基本的に低くならざるをえない。

しかし一方で，情報の収集できる範囲はインタビュー調査より広い。たとえば，恋愛指輪によって「私は彼のもの」と感じるような女子学生は，調査フィールドになった大学全体ではどれくらいいるのだろうか。日本の大学全体ではどうか。こうした情報を得るためにインタビューしてまわっていては労力がかかりすぎるし，実際問題として不可能なことも多い。この点——情報の精細度と収集可能範囲——で，量的なアンケート調査と質的なインタビュー調査は相互補完的な関係にあるともいえる。

またアンケート調査では，インタビュー調査の結果からは見えにくい関連が明らかになることもある。たとえば1節で論じたように，恋愛と結婚を同質的にとらえる意識は，恋愛指輪をすることに関連している可能性が考えられるが，インタビュー調査をどれだけ繰り返しても，恋愛指輪をする理由として「結婚は恋愛の延長線上にあると思うから」と答えるインフォーマントが出てくるとは思えない。それは当事者がおよそ意識（言語化）できないような種類の要因だからだ。こうした意識されにくい要因・関連をインタビュー調査であぶりだすには、おそろしく高度な力量が求められる。

調査で仮説を検証する

さてそれでは、前節で探りだした仮説をアンケート調査によって検証するプロセスを紹介していこう。(8) アンケート（調査票）を作るにあたって、まず注意すべきは、今回の場合でいえば、次のような形式の設問をしないことだ。

問X　あなたが恋愛指輪をする理由は何ですか？　次のなかからあてはまるものに、いくつでも○をつけてください。
1．結婚は恋愛の延長線上にあると思うから
2．恋人や友だちなどとの親密な関係は何より価値があると思うから
3．…………

この設問のばかばかしさについて、詳しく説明する必要はあるまい。いきなり「恋愛指輪」といわれても何のことだかわからないし、仮にわかったとしても、選択肢がなぜ指輪をする理由になるのか、回答者には意味不明だ。しかし、ここまでひどくはなくとも、初心者に設問を考えさせると、これに近い設問案が実際に出てくることがある。自分にわかることは回答者にもわかると、知らず知らずのうちに思いこんでしまいがちだからだ。アンケートを作ったらまず、第三者（できればアンケート調査に詳しい専門の先生など）に、意味のわからない・答えられない設問がないか、チェックしてもらうことをすすめる。

また、この例では、仮に設問の意味が回答者にわかったとしても、まだ大きな難点が残っている。恋愛指輪をしている人だけへの設問の形式になっているため、していない人の情報が得られないことだ。恋愛指輪をしている人

の九割が「結婚は恋愛の延長線上にある」と答えたとしても、していない人も九割がそう思っていたとしたら、恋愛指輪をすることと結婚−恋愛の同質性意識に関連があるとはいえない。仮説検証のためには、比較対照がおこなえる形式で設問することが決定的に重要なのだ。これもあたりまえに思えて、案外アンケート初心者の陥りがちな落とし穴である。

今回の場合でいうと、適切な設問形式は、たとえば次のようになる。

問X　あなたに恋人がいたとしたら、(a)恋人には左手薬指に指輪をしてほしい、と思いますか？　また、(b)自分の左手薬指に指輪をしたい、と思いますか？　あてはまる番号に、それぞれ1つずつ○をしてください。

(a)　恋人には左手薬指に指輪をしてほしい　　1．はい　　2．いいえ
(b)　自分の左手薬指に指輪をしたい　　1．はい　　2．いいえ

問Y　あなたは、結婚は恋愛の延長線上にあるものだと思いますか、それとも別ものだと思いますか？（1つだけ○）

1．延長線上にあると思う　　2．別ものだと思う

問Z　あなたは、親しくつきあえる身近な人がいないならば、生活や人生には何の価値もないと思いますか？（1つだけ○）

1．何の価値もないと思う　　2．そんなことはないと思う

この問X（のa、b）に「はい」と答えた人たちが、「いいえ」と答えた人たちに比べて、問Yで「延長線上にあると思う」と答える率が高かったり、問Zで「何の価値もないと思う」と答える率が高かったりすれば、それぞれの仮説を支持する証拠になるわけだ。

また、多変量解析という手法を使えば、恋愛指輪をすることに（問X）、結婚−恋愛観（問Y）と関係性価値観

（問Z）がそれぞれ、どれくらい関連しているかを分析することもできる。こうした複数の要因の関連構造をまとめて分析できることも量的なアンケート調査の利点のひとつといえる。詳しくは統計学の入門書を読んでほしいが、文系の読者には高橋信の『マンガでわかる統計学』シリーズがとりくみやすいだろう。マンガだからといってレベルを落とすことなく、統計学の基本が丁寧にわかりやすく解説されている。ただし読み進める順序としては、シリーズ三冊目の『因子分析編』（高橋 2006）の1章と2章（ここで社会調査法の基本中の基本が説明されている）を読んでから、一冊目、二冊目（高橋 2004, 2005）に戻るとよい。また、調査票の設計、サンプリング、実施、分析の全般にわたって解説した入門書として読むべき一冊を挙げるとすれば、森岡（2007）をすすめたい。

さてこうして作りあげた調査票を対象者に配り、得られた回答をパソコンで入力・集計すると、[9]表3-1（67頁）のような結果――クロス集計表という――が得られる。先のような設問形式にしたおかげで、クロス集計表による比較対照が可能になり、恋愛指輪（問X）を、結婚-恋愛の同質化（問Y）という社会的文脈に位置づけることが適当かどうか、具体的な証拠（仮説検証の結果）が得られるわけだ。

調査結果の信頼性を見きわめる

しかし、こうしたクロス集計表などに示される結果は、それだけではまだアンケート調査のゴールではない。次に必要とされるのは、その結果がどこまであてになるものなのか、妥当性・信頼性を見きわめることである。表3-1の女子学生に関する結果を例にとって説明しよう。

結婚は恋愛の「延長線上にあると思う」女子学生のうち、恋人に恋愛指輪をしてほしいという者は五三％、それに対して「別ものだと思う」学生では三三％であり、たしかに二〇％の差がある。ただ、「別もの」派の学生は全部で二四人しかおらず、そのうちの三三％ということは八人にすぎない。あと四人増えるだけで五〇％になり、「延長」派の五三％とあまり変わらなくなってしまう。そんな四人程度のもたらす違いでもって、「延長」派と「別もの」派には、恋愛指輪に関する差があると、はたしていえるのだろうか。

この問題には、統計学の「検定（test）」という分析手法を用いて答えることができる。検定とは、調査対象となりうる集団全体（母集団）では差や関連がないのに、実際に調査した対象者（標本《サンプル》）ではたまたま差や関連が出てしまう確率がどれくらいあるかを計算する方法だ。社会統計学では一般的に、そうした調査誤差の範囲内にある確率が五％をこえると、「差があるとはいえない」と見なす。ちなみに表3-1の結果を検定すると、この規準をクリアしないので「差があるとはいえない」ことになる。

ただし、検定によって調査結果の信頼性を評価するには、そもそもサンプルが母集団から無作為抽出（random sampling）されていることが前提になる。調べたい母集団が、今の日本の大学生であれば、大学生全員のリストからくじ引きのような方法で偏りなく対象者《サンプル》を選びだす必要があるのだ。この条件を満たさない限りは、たとえ検定によって規準をクリアする結果が得られたとしても、せいぜいが「仮に無作為抽出でおこなわれた調査の結果だとすれば」という限定付きの参考値にすぎないのである。

筆者が講義の出席者におこなったアンケートは、日本の大学生全体どころか、その大学の学生全体についてさえ、無作為抽出されたサンプルではありえない。それゆえ、どれだけ高度な統計学的分析を駆使しても、その結果の信頼性・妥当性はかなり限られたものにしかならないのである。それどころか、量的調査の専門家のなかには、無作為抽出によらない調査の結果は「ゴミ」でしかないとまでいう人もいる。ならば、無作為抽出ができない限り、アンケート調査はあきらめて、インタビューなどの質的調査に徹したほうがいいのだろうか。

4　量的／質的の対立の向こうへ

社会調査と一般化可能性の問題

しかし、こうした「ゴミ」批判は、インタビュー調査にも向けられる性質のものである。一部のインフォーマントから得られたインタビュー結果が、どこまで集団全体にあてはまる――一般化できる――か、その点に同じ困難をかかえているからだ。このような無作為抽出至上主義に対して、返す刀としてふたつ応えておきたい。

ひとつは、無作為抽出によらない一般化の可能性である。前節のアンケートを筆者が勤め先の大学でおこない、これを読んで興味を持ったあなたも自分の大学でおこなったとしよう。その結果、2節で探りだされた新たな仮説に関して、親密な関係性を重視する価値観（問Z）を強く持つほど、恋愛指輪をしたい・してほしい（問X）と思う傾向が、両大学ともに見られたとすれば、それは一般化できる可能性が高くなったと考えられるはずだ。

この仮説（問Xと問Zの関連）の検証結果を私はここまで紹介してこなかったので、気になっている人もいるだろう。それなら、ぜひ自分で調査してみてほしい。アンケート調査でなくても、インタビュー調査でもよい。私が示した仮説ではなく、あなたが組み立てた仮説による調査でもよい。そして、調査結果をインターネット上で公開したり投稿したりしてほしい。調査研究とはそもそもひとつの調査で完結するものではなく、ある種の共同作業として知見を積み重ねていくものであり、そのプロセスにこそ醍醐味がある。私があえてここで仮説の検証をおこなわないのは、そのプロセスへの参加の呼びかけのつもりである。

ふたつめの刀は、量的／質的調査の本質により深く関わる問題である。すなわち、社会調査とは、（量的な）一般化の可能性がなければ、果たして意味のないものなのか、という問題だ。

たしかに社会学はそもそも、一人一人の個人をこえた社会（集団）を研究対象にする学問である。それゆえ、たとえばインタビューしたなかに「恋愛指輪をしないと悪魔に取り憑かれて死んでしまうのだ」というインフォーマントがいたとして、それが日本社会でただ一人であったとしたら、（精神医学的にはともかく）社会学的に重要な調査結果とは、とてもいえそうもないように思える。

だが逆に、次のように問うこともできる。日本の若者すべてを調査しつくし、〇%が恋愛指輪をしており、もっとも大きく関連する要因は関係性重視の価値観、次に関連する要因は……等々という、若者集団の全体像・一般像がわかったとしよう。しかし、それは調査をするまで、だれも知らなかった社会像だ。知らないままに、どの若者も恋愛指輪をめぐるそれぞれの社会的現実《リアリティ》を生きていたはずだ。だれも知らず、だれにも生きられることのなかった社会像。そんなものは調査によって作りだされたある種の仮構にすぎないのではないか。それはそもそも初めから、社会なるものが現実に人間に生きられる像・ありようをつかまえ損ねてしまっているのではないか。

他者の理解可能性を開くために

この点で筆者は、社会学がまず本来的に照準すべきは、個々の人間によって生きられた社会的現実であり、また、そこにアプローチするためには、量的調査よりも質的調査にプライオリティがあると考える。その際に重要なのはまず、（質的調査から得られる精細度の高い情報によって）それぞれの人——他者——がいかなる現実を生きているのかを理解すること、より精確にいえば、理解の様式を開くことである。その理解（の様式）が実際どこまで一般化できるかは、この段階ではさしたる問題ではない。ただ一人の他者であれ、その理解可能性を開くこと。それこそが、私たちの社会的な生のいとなみの根底にあるものであり、社会学の根本問題でもあるのだから。

そこで次に問題になるのは、いかにして他者の生きる現実の理解可能性を開きうるのかという、そのこと自体である。人はそれぞれに個別の現実を生きている。が、それが完全に個別的な、その人だけの現実であったとしたら、妄想と変わるところはなくなってしまう。たとえば先の「恋愛指輪をしないと悪魔に取り憑かれる」というインフォーマントを考えてみればよい。このような場合、おそらく私たちは、なぜかはわからないがそう思いこんでいる人なのだ、と理解を断念せざるをえないだろう。

だが仮に、関係性重視の価値観を持つ人ほど恋愛指輪をしたがることがアンケート調査から明らかになっており、また、このインフォーマントが対人関係に過敏で、大きな不安をかかえている人だったとすれば、どうだろうか。関係性への敏感さが恋愛指輪へと結びつくという一般的な理解の様式のもとで、このインフォーマントの生きる妄想的な現実を少しなりとも理解する（共感はできないにせよ）可能性が見えてくるのではないだろうか。

個別的な現実のなかに、個別性を超えた社会的な色合い《アスペクト》を認めることができたとき、初めてそれは理解可能な社会的現実となる。そのような色合いを与える作用・力のありようを推し測るための手がかりを、量的な調査は与えうるのだ。繰り返しになるが、そこから推し測られる作用・力というのは、たしかにある種の仮構ではある。しかし、その仮構を通して、個々の他者の生きる現実を理解する新たな可能性が開かれるなら、それは社会（学）的に意義のある仮構といえるはずだ。

若者世代とその文化が、年長世代にとっては「理解できない」他者として描きだされることの多い現在、その理解可能性を開いていくことはきわめて重要な課題であるだろう。量的にせよ質的にせよ、社会調査とは、単に仮説や理論を探索・検証する手段なのではなく、他者の理解可能性を開こうとする実践にほかならない[10]。たかだか恋愛指輪と思えるような対象であっても、その実践は十分になしうるのである。

注

（1）本書でも第5・9・13章においてはアンケート調査の、第1・7・8章においてはインタビュー調査の結果に基づいた分析が展開されているので、ぜひこうした視点からも見比べてみてほしい。

（2）NHK放送文化研究所編、二〇〇四、『現代日本人の意識構造［第六版］』日本放送出版協会、四五～四九頁を参照。

（3）『新明解国語辞典』（第五版）三省堂より。

（4）統計学の用語で、仮説を「支持する（support）」結果とは、仮説から導かれる予想に合った結果のことをいう。逆は、仮説を「棄却する（reject）」という。

（5）川上しをり「なぜ未婚の若者たちが左手薬指に指輪をするのか」（関西大学社会学部辻大介ゼミ二〇〇六年度卒業レポート）。

（6）それに対して、決まった質問をして答えてもらう（答えを選ばせる）形式のものを「構造化面接」という。

（7）この例の場合、「彼のもの！って感じがしてうれしい」という調査結果はインフォーマントのみから引きだされているのではなく、調査者が肯定的なあいづちを返すという相互行為のなかで生み出されているといえる。このように、調査者をインフォーマントと同等に相互行為に参加し、インタビュー（結果）を協同制作する者ととらえなおす観点から、「アクティブ・インタビュー」という理論・方法論も展開されている。詳しくはHolstein and Gubrium（1995＝2004）を参照。

（8）このように、質的調査によって探索された仮説を、量的調査によって検証する、というやり方が一般的であるわけではない。逆に、量的に探索→質的に検証というやり方もあるし、量的－量的、質的－質的というやり方もある。また質的アプローチの調査では、仮説探索と検証のプロセスを意識的に繰り返すなかから理論を構築していく（理論へと収束させる）「グラウンデッド・セオリー」と呼ばれるアプローチがある。詳しくはまずGlaser and Strauss（1967＝1996）を読んでほしい。

（9）入力データの分析にはSPSSやSASといった統計ソフトを用いると便利だが、大学などに使える環境がなければ、エクセルなどの一般的な表計算ソフトでも最近はかなり高度な統計分析ができる。またインターネット上では、「R」という統計のフリーソフトも公開されている。各ソフトを用いた統計分析については、数多く出版されている入門書や、ネット上の解説サイトを参照してほしい。

（10）社会調査とはいかなる実践なのかを考え進めたい読者のために、石川・佐藤・山田（1998）、今田（2000）を挙げておく。

文献

Glaser, Barney G. and Anselm L. Strauss, 1967＝一九九六、後藤隆・大出春江・水野節夫訳『データ対話型理論の発見――調査からいかに理論をうみだすか』新曜社。

Holstein, James, A. and Jaber F. Gubrium, 1995＝二〇〇四、山田富秋・兼子一・倉石一郎・矢原隆行訳『アクティブ・インタビュー』せりか書房。

今田高俊編、二〇〇〇、『社会学研究法――リアリティの捉え方』有斐閣。

石川淳志・佐藤健二・山田一成編、一九九八、『見えないものを見る力』八千代出版。

河西宏祐、二〇〇五、『インタビュー調査への招待』世界思想社。

森岡清志編、二〇〇七、『ガイドブック社会調査』（第2版）、日本評論社。

永江朗、二〇〇二、『インタビュー術！』講談社現代新書。
高橋信、二〇〇四、『マンガでわかる統計学』オーム社。
――、二〇〇五、『マンガでわかる統計学［回帰分析編］』オーム社。
――、二〇〇六、『マンガでわかる統計学［因子分析編］』オーム社。

第4章　文化の変遷への視座
――構築主義と言説分析

岡本朝也

恋愛からビジネスまで、この世のあらゆることと同様に、研究活動も地道な積み重ねから始まる。だが、それだけではつまらない。自分の色を出して「作品」と呼べるものにしていきたい、と感じ始めた時こそ理論について考えてみる時機である。理論を使って分析することで、私たちは丹念に集めてきた事実の蓄積を研究という名の作品に変えることができる。

本章では、特に社会や歴史とのつながりを重視する理論を紹介する。人に歴史があるように、殺人事件の陰に偶然と思惑の連鎖があるように、文化現象の背後にも歴史の積み重ねや人々の相互作用がある。本章では、それらを研究に組み込むための理論の原理と、それをオリジナルとは違う目的に適用した試みの例を取り上げる。ここで、理論を「使いこなす」ということの意味を摑み取ってほしい。そして、自分の研究対象に適用した場合にどうなるか、ぜひ考えてみてほしい。

1　なぜ理論が必要なのか――「背後にあるパターン」への注目

私たちはなぜ文化を研究するのだろうか？　それは、何かを理解する能力があり、それを使って何事かを創り出したいからだ。ヒーローと怪人の役割を決めて日が暮れるまで遊び、泥のダンゴと葉っぱのお皿で食卓を演出したあの日以来、私たちはいつも理解と創造に魅力を感じてきた。今や、その能力を統合する時がやってきたわけだ。単に理解するだけでなく、それを自己表現に結び付けること、漠然と自分の考えを述べるのではなく、証拠と論理に基づいて議論を組み立てること、研究活動の目的の少なくとも一部はそういったものだ。研究対象となる文化はいうまでもなく創造的な行為だが、オリジナルなかたちで個性を表現するという点では、文化研究もやはりそうなのである。

理論の必要性

社会（科）学の研究には、一般的なルールが幾つかある。特に、先行研究の検討と対象の調査についての手順は非常に重要だ（本書でも多くの章でこれらのルールに言及しているので、注意深く読んでマスターしていただきたい）。だが、研究のルールは探求を始めるための前提であるにすぎない。私たちの目的は、さらに先に進んで自分の研究を創造することなのだ。「なぜそのような慣習がいまだ続いているのか」、「その文化的事件はどうして起こったのか」、「その建物が造られて、いまだ多くの人がその地を訪れているのはなぜか」、そうした問いに答え、ある文化現象に対する見解をまとめ上げるためには、単にデータを集め、先行研究から導き出される仮説を検証して命題を確立するだけでは足りない。それらを素材として使って、説得力のあるストーリーにまとめ上げるためのもの、すなわち理論が必要になる。

だが、なぜ創造的な行為のためにすでに存在している理論を知ることが必要なのだろうか？　ひとつの答えは、どんな人でもすべてを自分で作り出すことはできない、というものだ。ほとんどひとつの例外もなく、研究は先行する試みをアレンジすることによっておこなわれる。これまでに使われてきた理論を新しい対象に適用したり、古い理論を改良して対象を解釈しなおしたり、というように。「まったく新しいもの」の多くは、他領域の理論の導入や新しい対象の発見によってもたらされている。ある意味では、研究における創造的行為とは、理論のアレンジと組み合わせ方の工夫に他ならない、ともいえるのだ。そして、これまでに作られてきた理論には、色々な天才的な発想がつまっている。これらを無視することは自分の発想の範囲を狭め、避けられるミスを繰り返すことにつながる。

理論をしっかり知る理由のもうひとつは、アレンジの難しさだ。理論と対象の組み合わせは機械的にできるものではない。対象に合わせて理論を調整（というよりも大改造）しなければならないことは珍しくない。そのためには、研究対象を熟知することはもちろん、理論にも精通し、それを自分のものにしていかなければならない。組み合わせの試みを創造的だといったのは理由のないことではない。それは最大限の創意と工夫を要求するのだ。

本章では、多くの社会学理論のなかから、構築主義と言説分析という理論を紹介する。まず、これらの理論の発想の原点とも呼べる、構造主義に眼を向けることから始めてみよう。

構造主義

紙に、直角三角形を書いてみよう。何も難しいことはない。定規とペンがあればすぐにできる。次に、これを切り抜く。そして白い壁の前に立て、こちらから懐中電灯で照らしてみる。壁には黒い直角三角形の影が浮かび上がるはずだ。光源の位置を少し変えてみよう。前後に動かすと壁の三角形は大きさを変える。では、前後左右に動かすとどうなるか。そう、今度は形が変わるのである。斜めから光を当てれば、影はもう直角三角形ではなくなる。別な角度から光を当てれば影は二等辺三角形になるだろう。ただし、「三つの頂点と三本の辺を持つ」という基本原則は失われることはない。それぞれの頂点と辺に名前をつけておけば、その相対的な位置関係も変化しないことがわかるだろう（たとえば、辺ABは常に頂点AとBの間にある、といったように）。

これは構造主義の原型のひとつとなった、射影幾何学と呼ばれる数学の分野のごくごくさわりの部分だ。数学的な詳細にこれ以上立ち入ることは避けるが、例でいう原型となる三角形、あるいは「三つの頂点と三本の辺を持つという原則」が、構造主義でいう「構造」に相当するものだと考えてもらって差し支えない。観察されるさまざまな現象が影であるとすれば、その背後に潜む原理が構造である。つまり、構造主義的な社会学理論とは、表面的なさまざまな出来事（たとえば、贈り物を相互に繰り返す人々の行為）の背後にひとつのパターン、あるいはシステムが存在すると仮定して、それを発見することで人々の行動や社会現象を分析しようとする（「互酬性の構造」の発見）ものなのである。

ここで、構造主義を持ち出すのは、その「一見ばらばらなものの背後にひとつのパターンを見つける」という発想法が文化の分析に役立つからだ。構造主義は元々文化人類学の世界で使われてきたものなので、社会学に応用するには色々と難があるのだが、まず発想法に慣れるという点では役に立つ。以下で、簡単にその思考法をフォローしてみよう（なお、構造主義についてより詳しく知りたい読者は、橋爪大三郎のコンパクトな入門書（橋爪 1988）を参照されたい）。

レヴィ＝ストロースの研究

社会科学に構造主義が導入されたのは、フランスの人類学者、クロード・レヴィ＝ストロースの『親族の基本構造』（Levi-Strauss 1949＝2001）に端を発する。きわめて乱暴に要約すれば、この著書でレヴィ＝ストロースがおこなったのは、世界各国の先住民の婚姻規則を「婚姻を通じて集団間の交流を維持する構造」（女の交換システム・原理）として説明するということだった。婚姻規則とは、簡単にいえばインセスト（近親婚）タブーの拡張版である。現代の日本人はこのタブーによって、両親や兄弟、祖父母やオジ・オバとの結婚を禁じられているのだが、人類学者が調べてきたような先住民の社会には、より複雑な婚姻規則が存在する場合がしばしばある。たとえば、「交叉イトコ婚」と呼ばれるようなものがそれだ。この規則では、結婚相手は「父親か母親の、異性のキョウダイの子ども」に限定される。あなたが男性であれば、「母親の兄弟の娘」としか結婚できない。レヴィ＝ストロースの最初の発見は、「（父方の居住集団を前提とすれば）交叉イトコ婚は必ず他の集団への嫁入り／嫁とりを意味すること、そして交叉イトコ婚の規則がある限り、「この交換は自動的に連続する」ことを見出したことだった。つまり、交叉イトコ婚によって、集団と集団の間には、婚姻に基づく安定した関係が作られるというのである。[1] レヴィ＝ストロースはさらに、さまざまな民族集団に見られる婚姻規則に同様のシステムが存在し、ふたつ（またはそれ以上）の集団に関係を作っていることを示した。つまり、レヴィ＝ストロースは、「多様な先住民の婚姻の規則」という文化現象を、「結婚を通じた集団間のつながりを維持する」という共通の構造（原型・システム）によって説明したのだ。

モードの体系

レヴィ＝ストロースの構造主義的研究は、その発想や手法の斬新さによって人類学や社会学の世界に衝撃を与えた。しかし、人類学の予備知識を十分身につけるまでは、それがどうやって現代社会の文化の分析に応用できるのかはわかりにくい。そこで、もうひとつ、応用例を紹介してみよう。今度はフランスの記号学者のロラン・バルトが『モードの体系』（Barthes 1967＝1980）でおこなった、ファッション雑誌での衣服の描写の分析である。バルトが取り上げたのは、ファッション写真のキャプションだった。それらの文章の背後にあるモード（流行）の構造を彼は解明しようとしたのだ。

バルトはまず、ファッション写真に添えられた文章（テクストと呼ばれる）をふたつのタイプに分類する。ひとつ目は、「集合A」と名づけられるもので、「箱根はもうすっかり秋の空気。程よいカジュアル感も魅力的なケープジャケットが大活躍です」（JJ 2007.9：173）[2]のようにあるシーンと衣服を結び付ける。もうひとつは、「集合B」と名づけられ、「リラックスシルエットのキャミはモチーフネックレスを使って上品可愛い着こなしに」（JJ 2007.9：220）のように、ある衣服の描写だけをおこなう。バルトによれば、このタイプのキャプションは「ある衣服がモード（流行）である」ことを表現している。したがって、文章は衣服の描写である部分（衣服のコード）と、衣服を何かに結び付ける部分（レトリック）にわけられる。

『モードの体系』で構造主義的手法を使って分析されているのは、レトリックの部分である。まず、「集合A」の文章について、衣服がどのようなシーンやイメージと結び付けられているかが分析される。そこでは、「文化」（「クラシック音楽のコンサート」、「大学の授業」などの芸術、教養を象徴する要素）と「愛情形態」（「よい」、「かわいい」というキーワード）が多用される。バルトはこのふたつをあわせて、〝教育的で子どもじみた〟（崇高であり同時に子どもっぽいという）女性像が提示されていると論じる。その他、職業、性格、趣味などにもはっきりした傾向があり、全体として中流階層の女性の姿が理想化されて描かれているという。また、このタイプの文章のもうひとつの特徴は、「ディティール」すなわちアクセサリーなどのパーツの使用法に触れている部分が多いことである。つまり、どうすれば「モード」が手に入るかが具体的に示されているのだ。

バルトはさらに、彼のいう「貧しいレトリック」すなわち、「それがモードだ」という暗黙のレトリックしか持たない「集合Ｂ」の分析にうつり、こうした表現は「モード」がモードである理由の説明を拒否するものだと分析する。集合Ａの場合には、衣服はある世界観に溶け込んでいるからモードである、と説明された。だが、集合Ｂの場合には、衣服は「モードであるからモードである」としか語られないのだ。

モードの構造

したがって、モードの描写には全体としてふたつの要素があることになる。そのひとつは、よく親しまれた価値観と結びつき、少々の工夫で手に入れることができるものとして流行の衣服を描写する。もうひとつは、読者の世界観に媚びず、有無をいわせない権威として「モード」の例を示す。こうした例は、対象となる衣服や引き合いに出されるイメージを入れ替えつつ、際限なく繰り返される。これがモードの構造である、とバルトはいう。「高みにあってなかなか手が届かないあこがれ」として、権威としてのモードを示す部分と、「共感できる部分が多く、実現も可能である」親しみやすいものとしてのモードの性質を示す部分とからなるのが、「モード」というものなのであり、それゆえに流行は人々をひきつけつつ、飽きられることなく存在できるのだ、というのである。

この、バルトのモードの構造の分析には、構造主義的手法のメリットとデメリットがよく現れている。一方で、「現象の背後に潜む安定したパターン（構造）を見つけ出し、それをより大きな枠組みのなかに位置付けて理解する」という構造主義の特徴のおかげで、明快で一貫した説明がされている。ファッション雑誌の文章にはさまざまな要素が含まれるが、それらにあまり惑わされることなく、しっかりとモードの本質に迫ることができる。これがメリットである。しかし、過度の一般化のために説明力に乏しくなるという欠点も、ここには表れている。ひとつの構造から多様な現象が生み出される理由は説明されていない。実現できそうな憧れとモードを組み合わせる必要があることは明らかでも、なぜ「箱根」と（「軽めのカシミア」ではなく）「ケープジャケット」のペアでなければならないのかは説明できないのだ。

このような特徴のために、今日では構造主義をそのままのかたちで分析に使うことは、研究の手法としては素朴すぎると考えられている。とはいえ、多様な現実の背後に明確な説明原理を求める、という発想そのものは有効であり、魅力を失っていない。

2　構築主義――相互作用の現場へ

構造主義は「構造というものが存在する」と主張する。だが、それはどこにあるのか。これは素朴に見えて意外に含蓄のある問いである。それがさまざまな利害や事情によって成立した関係性に基づくというのなら、「存在している」という言い方は馬鹿げている。人間の身体に刻まれた行動や思考のパターンに基づいているという主張は、文化や流行が本能に基づいているという意見と大差がない。ならば「構造の存在」という前提を諦めて、関係性を直接調べればよいような気がしてくる。そうなったら、構築主義の出番だ。

構築主義とは

構築主義は、ある現実はそれについて語ることによって構築される、とする考え方だ。構築主義の理論によれば、普通、行為の原因だとされる物事は、行為や出来事を説明するために後から持ち出されるものに過ぎない。文化も、（たとえば派手なファッションをよく見かけると思っていたら、それが「コギャル」と呼ばれるようになる、という場合のように）「あることが生じること」と、「それに名前をつけること」から成り立っているので、この理論を応用して研究することができる。

構築主義の理論は一九七〇年代にアメリカで生まれた。その直接の祖先は、ラベリング論と知識社会学、さらにエスノメソドロジーに求められるが、さらに遡れば、観念的なもの一切を否定するアメリカ社会科学のプラグマティズムの伝統にたどり着く。つまり構築主義はアメリカ社会学の伝統を継ぐものであるといえるだろう。

構築主義の最初の成果は、社会問題の構築主義として登場した（Spector and Kitsuse 1976＝1990）。従来の社会問題研究に疑問を投げかけた彼らは、「社会問題はどうやって起きるか」という問題設定を、「何が社会問題と呼ばれるのか」という問いに変換した。その結果、社会問題は誰かがそれを問題だと主張し、その主張が世間の注目を集めることによって問題だと認識されていくという、問題の社会的構築過程が明らかになったのだ。

社会問題の構築主義が分析の素材としたのは、メディアや出版物に現れた人々の発言や、実際のやりとりだった。構築過程は、実際の相互作用のなかにある。社会問題はどこかに「もの」のように存在するのではなく、何かがいわれるたびに、逐次的に構築されるのだ。また、「主張」「行動」がおこなわれた後に、「適切な説明材料の選択」がなされて「行為」「主張」の説明がおこなわれ、それが組織化されて次の「行為」「主張」を生み出してゆく、というプロセスを想定できるとすれば、対象を社会問題に限定する必要はなくなる。現在では、構築主義は、「社会現象」全般を扱う理論に成長しているのである。

構築主義は、社会事象の原因や原理を追求しないという点では構造主義と異なっている。しかし、現象そのものに注目して分析をおこない、安易な因果関係論を排して本質に迫ろうとするという点では、多くの共通点があるといえる。それらがどのようなものであるのか、以下に実例を見ることにしよう（なお、構築主義に関してより詳しく知りたい読者は以下の書籍を参照のこと。マニフェスト的著作として、Spector and Kitsuse 1976＝1990、その後の発展をまとめた Burr 1995＝1997、構築主義のコンパクトな入門として千田 2001 と中河 2005）。

構築主義的な研究の例

構築主義的な研究の実例として、本章ではアメリカの社会学者、ジェイバー・F・グブリアムとジェイムズ・A・ホルスタインの共同研究『家族とは何か』(Gubrium and Holstein 1990＝1997)をとりあげる。家族は一般に文化現象とは見なされないが、最近になって知られるようになった社会現象でも、特定の個人や集団が作り出したものでもないので、構築主義の応用可能性を測る素材としては適しているといえよう。

彼らが使用するデータは、家庭内の問題を扱う社会科学的な研究や医療・福祉の現場でのフィールド調査から得られている。まず彼らはそこで交わされる会話の記録や論文、エッセイなどから家族について言及したものを収拾する。こうした現場では、たとえば、「今、彼女には四六時中見張りをする人が必要だと思います。……現時点では病院のほうが、彼女の家の現状よりずっと家族だということになるでしょう」、「家がないところに家族はない。……彼女は今、あまりたいした家族を持っていないけど、しかしそれは、ミルフォード(引用者注：病院の名)よりはずっと家族だ」(Gubrium and Holstein 1990＝1997：261-262)といったような会話がかわされていた。

重要なのは、これが「家族の定義の確認」ではないということである。ホルスタインとグブリアムは、家族のイメージはあらかじめ与えられているのではなく、こうしたやりとりの中で構築されるのだというのだ。この主張を実証するために、彼らは、得られた発言の共通点や相違点をしらべ、研究者の論文、家族のメンバーの発言、福祉や行政の組織という現場、司法や政治の場でなされる決定などにおける家族イメージを分析した。

二人の研究では、まず一般的な家族イメージとして、研究書などに見られる家族イメージが明らかにされる。そこには、①家族には独立した固有の秩序がある(家族は実在する「もの」であるという〝物象化〟)、②家族は世帯の内にある(家族は「自然の」「ネイティブな」「プライベートな」領域であるというイメージ)、③家族のメンバーは、家庭内の出来事をよく知っている(特権的な知識のイメージ)が見出される。グブリアムらは、こうした家族とは何である(べき)かというイメージの構築過程、あるいは構築されたイメージそのものを「家族プロジェクト」と呼び、その過程を追跡した。

社会現象としての家族

グブリアムとホルスタインが調査した福祉や行政の現場では，「誰がその人を気にかけるのか?」「誰が世話をするのか?」「その関係はどのくらい長く続くのか?」という問いがしばしば発された。こうした問いには，「家族がいるから世話をしてくれる」という答えや，「長く続いているので家族になっている」という反論がおこなわれる。グブリアムらは，これらのクレイムによって（つまり，常識的な問いという「挑戦」に応じるかたちで），家族は情緒的・保護監督的・持続的な人間関係であるというイメージが構築されていると主張する。また，「家族」がどのようである（べき）かという考えは，階級，集団，組織によって異なり，さらにさまざまなやりとりや交渉のなかでも変化する。重要なのは，それらの主張の内容ではなく，こうしたプロセスを通じて，家族はそれ自体が感じ，考え，ふるまうことのできる「もの」として認知されていくようになるということだ。「家族はどうあるべきか」という議論が，家族を「もの」であるかのように見せるのである。

医療や福祉の関係者はまた，会議などで「家族が存在する場所」としての世帯について検討することもしばしばあった。そうした現場では，家のなかの乱雑さ，家屋の状態，世帯のある場所，物理的なスペース（居住人口が多過ぎる，あるいは少なすぎること）などが取り上げられ，しばしば（外から直接見ることができない）私生活の様子を解釈し説明するための試みがおこなわれた。しかし，にもかかわらず，家族のイメージは私生活そのものに起因するわけではない。それは，特権的な知識の扱われ方を見ればわかる。メンバー自身，あるいは種々の関係者によって，家族のメンバーは家族に特権的な知識を持っている（家族のことを一番よく知っている）とされる。しかし，現場ではそうした主張は，家族のメンバーの見解の正当性の根拠になるのと同様に，専門家のほうがかえって客観的に判断ができる，というクレイムの一部になることもあった。さらに重要なことに，家族のメンバー自身が，他の見解を受け入れるために自らの意見の特権性を放棄することすらあったのである。つまり，メンバーが特権的な知識を持っているからといって，家族の状態に関する解釈や説明がいつもそれに拠るわけではなく，色々な交渉や駆け引きが重要になるのである。

したがって、家族の定義や意味づけは、それにかかわるさまざまな個人の関心や文脈との関連、つまり社会的に組織化された選択肢と経験による枠付けによっておこなわれるといえる。「……誰が家族かということを、それにかかわる当事者たちをめぐる多様な制度化された状況に埋め込まれたさまざまな主張と、そうした主張を行う人たちからきりはなすことはできない」（Gubrium and Holstein 1990＝1997：249）。つまり、「家族をめぐる経験の意味は、『家族』の場所であるプライベートな世帯にではなく、家族の用法の様々な領域に結び付けられる」（Gubrium and Holstein 1990＝1997：264）のだ。では、家族以外の場所で「家族の意味」が生成されているとしたら、その実態はどういうものなのか。ホルスタインとグブリアムが上げている具体的な例を見よう。人々は自分が社会規範にしたがっていることを強調するために、しばしば家族に言及する。たとえば女性政治家は、自分自身の家族を政治よりも優先させていることを演説で強調するし、経営者は自分の会社が「家族的な企業」であると主張する。アフリカ系アメリカ人のコミュニティや刑務所で見られる擬制家族も、自分たちの関係を家族に喩えることで承認を得ようとする例である。また、立候補を断念する政治家は、「家族を思いやって」という理由を持ち出すが、これはメディアの追及を回避するための決定打となっている。司法や少年審判の場面でも、家族の存在が情状酌量の理由となったり、非行対策として「家族を直す」ことがおこなわれたりする。

このような場面では、ある事象と家族の結びつきが記述とともに生み出されており、同時に社会生活のあり方も制御されていると指摘される。人はいわば、家族を大切にするように仕向けられているのだ。家族の意味や定義はそのようなダイナミックなプロセスの一部であり、そのなかに特定の家族像が常識であるかのように見なす、ということが含まれているのである。

以上を踏まえて、グブリアムとホルスタインは、現在のアメリカ社会では、「家族・家・世帯・家庭・プライバシー」がひとつのセットにまとめ上げられ、家族言説という共有された理解のパターンをつくっている、と結論する。しかし、これらをどう結び付けるのかは決まっておらず、具体的な意味は、「その場で直面する個々の事柄から生まれ」（Gubrium and Holstein 1990＝1997：309）、「共有された理解に照らしてなされた具体的な解釈の寄せ集め」（Gubrium and Holstein 1990＝1997：310）であるために、一貫性を欠く。そのため、家族についての記述は時として矛盾し、クレイムが衝突することがある。この矛盾を解決するのは、「家族が固有の実態をそなえた『もの』である」とする認識である。「家族という『もの』、あるいは『家族のプロトタイプ』に言及するとき、それは、家族がはっきりと固有の形態と形式をそなえた『もの』だといっていることになる。この固有の実態には、時と場所によって変化し、それに代わるさまざまな形がありうる」（Gubrium and Holstein 1990＝1997：314）というのが、現代社会における家族という現象の姿だというのである。

構築主義の方法

グブリアムとホルスタインが一貫して指摘するのは、「家族」イメージの構築は、自分の行為や他者との関係を解釈・理解し、さらに自他の新たな行為を生成・統制するためにおこなわれる、ということである。この研究では、「家族のイメージ」が徹底して追求される。二人は、膨大な量の資料を収集し、それらを「発言者」「関連するテーマ」「発言が行われた場所」に分類し、一般常識、実践の場、制度、社会統制場面で構築される家族概念を追跡したのである。

その結果として明らかにされるのは、実は「家族の実体」というのはどこにもない、という結論である。ひとつのはっきりした家族概念ではなく、一群のイメージ（「共有された理解のパターン」）と家族が「もの」として存在するという観念が存在するというのだ。家族が話題になるたびに、この構図の上にいくつもの立場や思惑が重ねあわされ、多様な家族イメージがそのつど生成される。

構築主義的研究のひとつのポイントは、上記のような図式の成立原因について、直接の探究をおこなわないことである。それは、これらの図式や目的が「家族の構築」の場でいわれたり書かれたりしたものではないからだ。もう一度、構築主義の伝統を思い出してほしい。社会問題の構築主義が問題の「原因」ではなく、「あることを問題だと定義する行為」に目を向けたのは、「原因―結果」の結びつきが常に後付けであることに気付いたからだった。

ならば、構築主義が「真の原因」を追い求めるのは自己矛盾になる。したがって、家族は実在せず、社会のさまざまな場面で構築される、というのが最終的な結論となる。要するに構築主義はプロセスの記述に徹するのである。(3)

構築主義のメリットとデメリット

グブリアムとホルスタインの研究には、構築主義のメリットとデメリットがはっきりあらわれている。構築主義は、構造主義が単一の原理を探究するのに対して、現象を複数の原理によって解明することを志向する。これによって、対象となる現象をより実証的に、またリアルに把握することが可能になる。これが最大のメリットである。

他方、構築主義のデメリットは、「原因」の追求をおこなわないために、直接観察される相互作用過程以外のものを視野に入れがたいことである。たとえば、社会制度や経済のシステム、価値観などの影響は(それが相互作用プロセスの一部として現れるのでない限り)、分析の枠組みには入れられない。そのため、「なぜそれが起こったのか」という問いに、一般的な解答を与えられない。

3　言説分析――構造の形成と変動

構造とは呼ばれないが、構築主義もある種の図式を想定することがある。たとえば、「家族・家・世帯・家庭・プライバシーからなる家族イメージ」のように。だが、それらがなぜ成立したのか、どうして存在しているのかが問われることはない。そのもどかしさを解消してくれるのが、言説分析である。

言説分析とは

言説分析は、構造主義を現代社会の分析に応用しようとする試みのひとつして生みだされた。「言説」分析という名がついているのは、創始者であるミシェル・フーコーが「いわれたこと、書かれたもの」の分析にこだわったからだが、構築主義のように言葉のやりとりに閉じこもるわけではない。言説分析は言説の外部にあるものも扱うことができる。言説分析は、言葉を通じて複雑で変化や変動に富んだ現代社会に迫ってゆこうとするのだ。言説分析の素材となるのは、（あるテーマに関して）「いわれたこと、書かれたもの」である。ここで、言説はその背後にある構造だと見なされる。いわれたり書かれたりしたものは、ある思想を表現しているが、さまざまな人によってさまざまな場所でいわれたにもかかわらず、不思議に似通っていることがある。このとき、言説分析はそれらを生みだすものをとらえようとするのだ。「誰もが、同じようなことを語るのはなぜか？」というのが言説分析の問いである。幾つもの語りに共通の特徴が見られるとき、その背後にある構造（「言説」と呼ばれる）が探究されるのだ。

言説分析と構造主義との違いは、言説分析の理論では、言説（構造）が他の言説との相互作用関係のなかで成立し、変容し、消滅すると考えることである。構造主義は比較的変化の少ない社会を扱う文化人類学の理論であったため、構造の変動についてはあまり考慮しなかった。それに対して言説分析は変化を受け入れ、その背後にある物質的条件をも視野に入れようとする。このような視角を持つため、言説分析はしばしば歴史的な探究となる。あるひとつの現象を理解するために、複数の構造の作用のなかから新しい構造が生まれてくるプロセスを歴史的に探索するというのが、言説分析の基本的なスタイルである。

たとえばフーコーの『監獄の誕生』では、「犯罪者を拘束して、規律正しい生活を送らせることで更正させる」という、刑務所の言説が研究されている。フーコーが指摘するのは、この言説の成立の背後には、ふたつの言説の融合があるということだ（それ以前には、もちろん、懲役刑による犯罪者の更正という思想は存在しなかった）。そのひとつは一九世紀の初頭に成立した、処罰に関する言説で、それまでに存在した多様な刑罰（応報的な身体刑、追放、流刑など）を監禁刑へと一元化する。この言説は、フランス革命前後の権力のあり方の変化に伴って成立した。もうひとつは、巧妙な監視システムによって規律を訓練し、個人が自発的に規則を守るようにしようという思想である。この言説はもともと修道院での修行に関係していたのだが、近代に入ると軍隊や工場などにも普及するようになった。このふたつの言説が「化学反応」を起こして作られるのが刑務所の言説である、とフーコーは分析するのだ。

言説分析の基本的な方針は「言説の成立を他の言説との関わりで追跡すること」、「そのさい、社会の変化を考慮に入れること」のふたつだといえよう。反面、構築主義の理論のように言説の成立の瞬間に迫ることはおこなわれない。そのため、人々が活動する現場そのものというよりも、雑誌や本などの文献資料を使って研究をおこなうことになる。網羅的に集めたテクストの相互関係を確認し、さまざまな言説が影響しあい、変化し、成立し、消滅してゆく「言説空間」を再現しようとするのが言説分析での手法である[4]（言説分析についてより詳しく知りたい読者は、以下の書籍を参照されたい。フーコーのもっとも平易な入門書として桜井 2001、言説分析を明解に説明したものとして内田 2005（第5章）と赤川 2005、フーコーの方法論全体のもっとも明晰な解説として Deleuze 1986＝1987）。

言説分析的な研究

では、言説分析の理論を応用した研究の例を見てみよう。取り上げるのは、フランスの社会学者、ジャック・ドンズロの『家族に介入する社会』（Donzelot 1977＝1991）である。タイトルからもわかるように、この研究も家族を扱ったものなので、グブリアムとホルスタインの研究との対比で、構築主義と言説分析の違いがより明確になるだろう。

ドンズロは、実際、ホルスタインとグブリアムとよく似たところから研究をスタートさせる。彼が解明しようとするのは、現代社会における家族の地位、すなわち、生活の質を決定し、人々の精神のあり方を左右し、子どもを養育するものとしての家族の定義である。しかし、その方法はまったく異なっている。構築主義が現場での調査を重んじるのに対し、言説分析の手法をとるドンズロは多数の文献を要約することからはじめる。しかも、研究対象は現代の家族なのに、彼はまず一八世紀の言説空間を分析するのだ。

ドンズロは現代（フランス）社会の家族言説は、家族の精神分析的な「健全さ」や「生活の質」の高さを追い求め、メンバーの精神的健康の保持をほとんど唯一の判断基準にするという特徴を持つと指摘する。子どもにトラウマを与えない「よい関係性」を築くことと、家族全体が「社会への適合」を達成することだけが課題になり、従来いわれていたような、「法律婚／事実婚」の対立や「核家族／多世代同居」の対立などは問題にされないというのだ(5)。ここでは、家族が自由によりよい生活をめざして努力しながら、同時に社会の命令にもしたがうという構造が見られる。これはどのようにしてつくられたのだろうか。

国家と家族――強制から協力へ

ドンズロはまず、一八世紀から一九世紀にかけておこなわれた、家族への強制に注目する。一八世紀のフランスでは子どもの教育への関心が高まり、子どもの育て方に関する書物が多く書かれた。この背後にはポリスと呼ばれる政策があり(6)、国家による家族への働きかけがおこなわれた。ドンズロはこの時代に書かれた家族に関するさまざまなテクストを分析し、一九世紀頃には国家と家族の間にある種の取引関係のような構造が成立していたと指摘する。そこでは、国家は法律を整備して男性と女性と子どもを平等に扱うことで個人に対して権利を保証するとともに、貧しい家族に対する援助をおこなう。一方、家族はその代償として「道徳的」な生活をおこなうことや(7)、子どもの養育・教育（働かせずに学校に行かせること）などの義務を負う。これらに反した場合には、国家による生活への介入と監視（生活保護）がおこなわれ、最悪の場合には夫、妻、子どもが刑務所や保護施設に収容されてばらばらにされる。つまり、家族は国家（社会）のために、有用な人材、善良な市民を生み出すように強制されることになるのである。

このようにして、二〇世紀に入る頃には家族への国家の介入を当然のものとする考えが普及した。しかし、現代の家族言説の特徴である、家族の自発的な協力はどのようにして確保されるようになるのか。ドンズロはふたつの言説の作用を指摘する。

そのひとつは、家族に対する規制の言説である。この構造の中心にあるのは少年裁判所だが、少年裁判所は現代では処罰を下す場所ではなくなっており、裁判官と家族、弁護士、検事、専門家が対立することもない、とドンズロは指摘する。家族は子どもを矯正するための制度の一部になっているのだ。裁判所の判決、専門家の中立て、家族の意見などに見られるこうした言説は、制度の変化と社会の変化の両面によって成立したとドンズロはいう。

制度の面で指摘されるのは、二〇世紀に精神分析が重んじられるようになる、という事実である。一九世紀末には、精神医学的な調査は、裁判官が少年に処罰を与えるかどうか迷った時にだけおこなわれる補助的な手段にすぎず、精神分析の出番はさらに少なかった。しかし、次第に児童精神医学の書物において「学校での行動」と「家族の中にある障害の原因」が強調されるようになり、一般の家庭でも（子どもを学校で成功させるための）精神分析に基づく生活指導への関心が高まるようになる。この矯正と指導への関心が次第に裁判にも取り入れられ、裁判官が矯正可能性のみにしたがって判断をおこなうようになったのだ。

ドンズロによれば、こうした変化は、社会の変化への対応でもある。かつて人々は、家族がばらばらにされるのを恐れ、当局による監視や施設への子どもの収容を避けようとして、親の生活態度を改めたり子どもを監視したりするという家族の役割を引き受けていた。しかし、人々が経済的に自立して離婚を恐れなくなり、精神病や自殺による家族崩壊のケースが裁判所に持ち込まれるようになると、従来の司法によるコントロールは力を失う。このため、「子どもを正常に育てる」方法を指導する心理学的介入が要請されるようになるというのである。

精神分析の普及と家族言説の成立

ドンズロが指摘する第二のものは、家族と社会の関わり方についての言説の変化である。この領域で起こった変化によって、かつて聖職者と医師が個別に扱っていた、性・夫婦関係・教育・社会適応の問題がひとまとめにされてカウンセラーと精神分析医のもとで処理されるようになる。

精神分析が普及するきっかけとしてドンズロが注目するのが、二〇世紀初頭に公教育が普及したことに危惧を抱く（主にブルジョワ階級の親たちからなる）団体が登場したことである。そうした団体はすべての階級の子どもたちが同一の教育を受けるようになったことに疑問を呈し、子どもが労働者階級の悪弊に染まらないために、性と道徳についての家庭教育の必要性をとなえた。こうして家庭での教育技術への需要が生まれ、二〇世紀半ば以降になって精神分析がこれに応えるようになるのである。また、精神分析的な手法（カウンセリング、家族療法）が親たちに受け入れられたのは、それが判断ではなく改善や適正化を試みるものであったことも大きいとドンズロは指摘する。親たちは子どもを社会や学校で成功させたいと考えてはいるが、そのために子どもが非エリートコースに選別されたり、教育のために家族から引き離されたりするリスクを冒すことは望まない。これに対して精神分析は何も押し付けず、主体的な判断に基づく関係の調整だけをおこない、親たちは子どもの成功のために進んでそれにしたがう。この手法は、私生活への介入を嫌う戦後的な風潮に合致すると同時に、家族や教育の規範に対する自発的な協力を確保するものでもあるのだ。(8)

このようにして、家族を規制したという国家の思惑と、最大限の自由と成功を確保したいという家族の思惑とが、精神分析を通じて結びつく。そして、その言説では、家族の精神的な健全性だけが問題とされるのである。

言説分析のメリットとデメリット

ドンズロの研究に明確に現れているように、言説分析は現在と過去のテクストを収集し、その背後にある構造の系譜をたどる、という手順を基本としている。ドンズロの研究では、現代の家族言説の延長上に保護複合体や家族主義が発見され、それが博愛主義や義務教育、平等主義から繋がっていること、そしてさらには秩序維持政策にまで遡れることが示された。これによって、家族の自由と社会規範の強制が両立していることが明らかにされるのだ。この理論のメリットは、このように、社会現象の性格の分析とその因果論的な説明が同時におこなえることである。つまり、構築主義からは放逐されている「なぜそのようになっているのか」という問いに、言説分析は答えることができるのだ。

一方、言説分析のデメリットは、社会現象の現場に立ち入られないことである。言説分析の素材はテクスト、つまり「いわれたり、書かれたりしたものの記録」であって、現象そのものではない。そのため、言説分析は時として人間の相互作用関係の機微を見逃し、言説を安直に社会や経済、政治体制などと結び付けてしまう。「今日、言説分析と証するものの多くが、分析する者の恣意的な解釈学に終わっている」（内田 2005：135）といわれるのは、ゆえのないことではない。言説分析においては、何よりも資料の徹底的な収集と解読が求められるといえよう。

4　まとめ——どのアプローチを使うべきか？

本章では、調査結果を研究にまとめるための理論について見てきた。多様な現象の背後にあるものに目を向けるという構造主義の手法を現代社会や文化の研究に応用する理論としては、相互作用プロセスに注目する構築主義と、言説とその生成に着目する言説分析とが存在する。現象のメカニズムや背後にあるシステムに焦点を当てる研究をおこなう場合には、このどちらかを選択すべきだろう。では、どちらを選ぶのがよいだろうか？

もういちど、構築主義と言説分析のメリットとデメリットを確認してみよう。構築主義のメリットは社会現象が起こっている現場にアプローチできることだった。一方、デメリットは制度や全体社会を視野に入れにくいことである。また、言説分析のメリットは対象となる現象がなぜ起こるのかを因果論的に説明できることであり、デメリットは現象のリアリティを捉えきれない場合があることだった。したがって、端的にいえば、理論の選択は解明したい現象のタイムスパンによってなされるべきであるといえる。どちらかといえば短い期間に起こる現象を対象とし、そのリアリティに深く踏み込みたい場合は構築主義が、比較的長い期間にわたって現象を追跡し、その動向を大局的にとらえたいなら、言説分析が適しているだろう。(9)

いずれにせよ、その研究で何を解明したのかを自分が理解していることが最も重要であることはいうまでもない。ただし、これは（あまりにも当り前であるために見逃されがちなことだが）決して簡単なことではない。何に興味があるのかは直感的にわかるが、どの側面にということになると、テーマに精通することが必要になってくる。そして、それができて初めて理論の選択が可能になるのだ。それゆえ、本章はおよそ理論の紹介には似つかわしくない提言で締めくくられる。まず、自分の研究対象にひたりこもう。フィールドに通い詰め、すべての感覚を動員して対象を観察しよう。図書館、美術館、博物館を漁って、あらゆる資料に目を通そう。すべては、そこから始まるのだ。

注

（1）一人の男性のケースを考えてみよう。交叉イトコ婚のルールの下では、この男性は母方のオジの娘と結婚する。男性の一族をA族、女性の一族をB族とすると、この2人の間に生まれた男の子は、自分の母親の兄弟の娘、すなわちB族の娘と結婚しなければならず、以下この家系に生まれる男性すべてが同様である。つまり、A族の男性とB族の女性が結婚するという構造が固定化されることになる。

（2）バルトの著書には一九五〇年代のフランスの雑誌から取られた例が示されているが、今日の私たちには難解である。ここでは日本のファッション雑誌『ＪＪ』（二〇〇七年九月号）からの引用文に置き換えた。

（3）本書では、レトリック分析をあつかった第11章で、女性ファッション誌読書欄のやりとりから彼女たちの「個性的なファッション」が構築されるさまを描いている。

（4）本書では、第9章で、情報誌の記事やマンガ表現における親子関係の言説に触れている。

（5）こうした主張は、日本でも雑誌記事や家族についての啓蒙書などによく見られる。

（6）「秩序維持政策」とも訳される、一八〜一九世紀にヨーロッパ各国でおこなわれた政策。産業革命の進展に伴って、国力増強のためには上下水道の整備や疫病対策、貧民の追放などの公衆衛生、栄養状態や生活習慣などの国民生活の改善が必要であるという認識が高まり、国家がそれを強制的におこなうようになった。こうした政策を総合的におこなうために整備された官庁が内務省であり、その出先機関が警察である。

（7）ここで問題にされたのは「放縦」と「怠惰」、すなわち同棲関係の繰り返しと、労働者が仲間とともに飲み歩くことだった。国力を高めるために、「健全な家庭」を築かせることが目標になっていたのである。

（8）こうした風潮は、二〇世紀前半にヨーロッパ各国を覆った全体主義的な風潮への反動（その代表例がドイツのナチス政権である。フランスにも全体主義的な政党や政府が存在した）として生まれた。

（9）両者の併用、あるいは折衷的な方法の使用はお勧めしない。Aで未解決となった問題にBで決着をつけるという方法を誰もが思いつくのだが、実際にはAが提出した解答をBが否定し、Bの存在意義をAが消し去るというような結果になりがちだからである。また、論文が長くなりすぎるという欠陥もある。

文献

赤川学、二〇〇五、「言説の歴史を書く――言説の歴史学の作法」盛山和夫・土場学・野宮大志郎・織田輝哉編『社会への知――現代社会学の理論と方法』下、勁草書房。

Barthes, Roland, 1967＝一九八〇、佐藤信夫訳『モードの体系――その言語表現による記号学的分析』みすず書房。

Burr, Vivien, 1995＝一九九七、田中彦一訳『社会的構築主義への招待――言説分析とは何か』川島書店。

Deleuze, Gilles, 1986＝一九八七、宇野邦一訳『フーコー』河出書房新社。

Donzelot, Jacques, 1977＝一九九一、宇波彰訳『家族に介入する社会』新曜社。

Gubrium, Jaber F. and Holstein, James A., 1990＝一九九七、中河伸俊・湯川純幸・鮎川誠訳『家族とは何か』新曜社。

橋爪大三郎、一九八八、『はじめての構造主義』講談社。

Levi-Strauss, Claude, 1949＝二〇〇一、福井和美訳『親族の基本構造』青弓社。

中河伸俊、二〇〇五、「『どのように』と『なに』の往還――エンピリカルな構築主義への招待」盛山和夫・土場学・野宮大志郎・織田輝哉編『社会への知――現代社会学の理論と方法』下、勁草書房。

桜井哲夫、二〇〇一、『フーコー』新潮社。

千田有紀、二〇〇一、「構築主義の系譜学」上野千鶴子編『構築主義とは何か』勁草書房。

Spector, Malcolm, and Kitsuse, John I., 1976＝一九九〇、村上直之・中河伸俊・鮎川誠・森俊夫訳『社会問題の構築主義――ラベリング理論をこえて』マルジュ社。
内田隆三、二〇〇五、『社会学を学ぶ』筑摩書房。

第Ⅱ部

のめりこむメディア文化

第5章　なぜケータイにハマるのか
――メールコミュニケーションの社会学

鈴木謙介

携帯電話は、いまや一億台時代に入り、「ケータイ」という、私たちのライフスタイルそのものの基盤となるような情報通信機器になった。一方、その急速な普及に伴い、携帯電話を手放せなくなる「ケータイ依存」という現象が若者の間に広がっているとも指摘されるようになった。この章では、ケータイ依存とはどういう現象なのか、とりわけ若者がケータイメールでのやりとりから抜け出せなくなってしまう理由は何なのかといったことを考察していく。

端末が高機能化しているにもかかわらず、私たちがメールという文字通信手段を手放せないでいる理由は、それが「私」という存在を私らしく演出することのできるものだからだ。だが他方で、そうやって広がった人間関係から、実は疎外されているのではないかという不安も、そこには生じている。ケータイ依存の要因は、そうした「自分は孤立しているのではないか」という不安なのである。

1　メール端末化するケータイ

ケータイで何をしますか

私たちは、日常生活でよく「ケータイ」という言葉を使う。そしてそれが、「携帯電話」を意味することに、何の疑問も持っていない。今では辞書にも「ケータイ」という項目があるくらいだ。

だが、固定電話のことを「イエデン」とは呼んでも「固定」とは呼ばないし、「公衆電話」のことを「公衆」と略すこともないだろう。「携帯電話」だけが「電話」という、もっとも重要であるはずの単語を失い、「ケータイ」と略される（そしてこの言葉はすでに海外にも「kei-tai」として輸出されている）。

それはおそらく、私たちにとってケータイが「電話」にとどまらない道具になっているということの現れである。あの小さな端末のなかには、取扱説明書数百ページ分の機能が詰め込まれており、私たちは、そのすべてを「携帯」して歩いている。特に、『ケータイ白書２００６』のデータでは、「携帯電話でよく利用する機能」のうち、「通話」と答えたのは六六・八％であるのに対し、「メール」と答えた人は一〇〇％（！）となっている。もはや私たちは、ケータイを電話としてではなく、メール用端末として利用しているのである。

さらに、一九九九年の「ｉモード」の登場以降、携帯電話から接続するインターネットも、重要な意味を持つようになっている。先の「メール」が、電子メールとして送受信できるようになったのも、携帯電話がインターネット接続できるようになったからであり、昨今では、掲示板やブログ、ＳＮＳなどのコミュニケーションサービスを用いる利用者も増加している。また、画像、動画、音楽、テキストなどのコンテンツ配信も、身近なものとして定着しつつある。

すでに一億台時代に入り、「一人一台」が当たり前のものになろうとしている携帯電話。その特異性は、ことネットに関する限り、パソコンと比較したときに明らかだ。総務省が実施している通信利用動向調査によると、平成一七年度で、パソコンからのネット利用者は六六〇一万人、対して「携帯電話・ＰＨＳ及び携帯情報端末」からの利用者は六九二三万人となり、初めて携帯電話からの接続がパソコンを上回ったことが話題になった。平成一八年度は、パソコンから八〇五五万人、携帯電話から七〇八六万人となり、再びパソコンからの接続が携帯電話からの接続を上回ったが、両方を併用している利用者は六〇九九万人と全体の七割にも達している。また、日常的に利用するのはパソコンか携帯電話かという点が、ここからでは明らかでないため、単純に数字だけで両者を比較することができないということにも注意しなければならない。

「ケータイ」は普遍的な現象か

これほど普及したのだから、世界中の誰もが始終携帯電話を使っているのは当たり前だと思うかもしれない。だが、携帯電話でネット接続をしたり、eメールのやりとりをしたりするというのは、けっして「当たり前」の利用法ではない。たしかにiモードは海外でもサービスとして展開されているし、WAP（Wireless Application Protocol）と呼ばれる携帯電話からのネット接続サービスも、多くの国で利用可能だ。日本で使っている携帯電話をそのまま海外に持って行っても利用できる機種も増えてきた。

しかし、メールに関していえば海外で主流なのはSMS（Short Messaging Service）という、一四〇字までしか送受信できないものだし、メールと通話の比率でいえば、通話の方が主流である国・地域も多いのだ。

なぜこうした違いが生じるのか。「ケータイは日本人の生活に合っている」という文化論的な説明もなされているが、むしろ重要なのは、携帯電話が普及してきた歴史、市場の構造、経済的な条件の違いの方だ。

日本で「携帯電話」と呼ばれる商品が登場したのは一九八七年のこと。その後一九九四年に端末の買い切り制がスタートした。そしてキャリアの再編、通話料の値下げなどを経て、二〇〇一年には契約台数が六〇〇〇万台を突破し、固定電話の回線契約数を上回ることになる。

この過程で重要だったのが、「ゼロ円端末」「一円端末」などといわれる超低価格の端末が市場に出回ったことだ。携帯電話の開発費は、一台あたり数億円、端末価格は定価で五～八万円するのが普通なのだが、自社の回線利用者を増やしたい携帯電話事業者が、あとあと通話料で開発費を回収することを見込んで、販売店に対して「販売奨励金」を支払っていたために、こうした大幅な値下げが可能になった。

結果として日本では、高機能な最新の機種を、誰もが安価に手に入れられるという条件が生まれた、iモードや着うた、ゲームなどの最先端の機能を多くの人が利用するようになったのは、端末の普及の段階でのハードルが低かったからだ。これに対して海外では、販売奨励金が禁止されたり、もともと定価で端末を販売していたりするケースが多く、最新の機能を利用するためにはかなりの負担が必要になる。そのため、多くの地域で携帯電話といえば「金持ちのシンボル」だったり、「通話とＳＭＳしかできないもの」だったりするという状況が長く続いたのである。

昨今では、「ブラックベリー」や「サイドキック」といった高機能端末も、アメリカを中心に人気だ。しかしこれらの端末は三〇〇～五〇〇ドルもするので、日本のように簡単には乗り換えられない。また、これらの端末は「スマートフォン」と呼ばれる、パソコンに近い機能を有したものだということにも注意する必要がある。日本の携帯電話は、音楽プレーヤーやカメラ、ゲームといった、若者が普段から持ち歩くデバイスを吸収するかたちで高機能化していたが、多くの場合、その音楽やゲームは携帯電話でしか利用できない。つまり、パソコンと互換性のない、携帯電話独自の機能や環境が発達してきたのである。

このため、海外では「パソコンに近い、高価格で高機能の端末か、低価格で通話が中心の端末か」といった経済的格差に基づいた棲み分けが生じるのに対し、日本の場合「パソコンを中心に使う人か、ケータイで何でも済ませる人か」といった差が生じる。冒頭に挙げた総務省の調査も、そうした日本独自の環境を反映したものだといえるだろう。こうしたグローバル・スタンダードから取り残された日本の携帯電話市場に批判的な人は、それを「日本のガラパゴス化」などと呼ぶこともある。

「ケータイ依存」と思春期の若者

日本の「ケータイ」文化を論じる際には、前提として、その独自性が市場の違いから生まれたものであることを押さえておかなければならない。では、そこで生まれた文化とはどのようなものか。ここでは、一〇〇％の利用率を誇る「メール」の文化を中心に見ていくことにしよう。

ケータイのメールに関してよくいわれるのは、若者が始終メールをやりとりしていることを問題視する、いわゆる「ケータイ依存」の問題だ。たしかに、ケータイをいつも手放すことができないとか、メールのやりとりをいつまでも続けて終わることができない状態を「ケータイ依存」と呼ぶなら、こうした振る舞いは、特に若い世代でよく目にするところだろう。

警察庁の調べによると、『青少年の意識・行動と携帯電話に関する調査研究』の調査期間中に警察に検挙された女子中学生のうち八四・七％が、「ケータイがないと落ち着かない」と答えているという（警察庁 2004）。この「データ」に示唆されているように、ケータイに依存する心理は、どちらかというと「不良」や「下流」といった、個別の利用者自身の問題へと回収される傾向がある。

しかしながら、こうした見立ては恣意的なものだといわざるを得ない。ケータイのせいで「ケータイ依存」が生じるのか、それとも別の要因によるものなのかといったことは、ここからは明らかにはならないし、たとえ一部であるとしても、若者たちが「ケータイ依存」によって何を得ているかということも不明確なままだ。「携帯電話の電磁波で脳がおかしくなってしまったのだ」という極端な立場を採らない限り、ケータイ依存にも、何らかの合理的な理由が存在するはずである。

それを解き明かすヒントのひとつに、「ケータイ」と「若者」という組み合わせが、依存を招いているのではないかという見解がある。リチャード・リンとビアギッテ・イットリは、ノルウェーにおける一〇代の若者が、携帯電話のＳＭＳを通じて互いの仲間関係を確認し合う作業を必要としていることを明らかにしている（Ling and Yttri 2002＝2003）。

彼らがインタビューしたある少女は、次のように述べる。

もし、私がメッセージを受けとったら、すごく読みたくなるの。私はみんなとつながっていたいの。そう、だから、もしシャワーを浴びていてメッセージをもらったら、絶対に読まなきゃならないの。もし、私がメッセージを送って、すぐに返事が返ってこなかったら、それはもう悲惨よ。（Ling and Yttri 2002＝2003：193-194）

別の研究では、フィンランドの若者がやりとりした次のようなメールが紹介されている。

私トニにメッセージ送った後本当にストレス溜まっちゃった。送るんじゃなかった！　何も返してこない！　もうおしまいかしら。明日のこと心配してる？

がまんがまんわが友よ！　もしかしたら彼は遊園地から戻る最中でまだ返事する時間がないのかも。

（Kasesniem and Rautiainen 2002＝2003：220-253）

現代社会において思春期は、同年齢の若者同士のコミュニケーションを通じて、社会との関わり方を学ぶ時期に当たる。そのため、同年齢集団のなかでうまくやっていけるかどうかという問題は、彼らにとってもっとも重要なものになるのである。上記のような感想やメールのやりとりは日本でも日常的な光景だが、これは、「ケータイ依存」が、市場構造の特殊さにもかかわらず、日本を含めて世界的に見られる普遍的な現象であることを意味する。おそらく、メールを通じて友人と「繋がりうる」状態を維持しておくことが、「ケータイ依存」の大きな要因になっているのではないだろうか。

文字通信の持つ意味

そのことを検証する前に、ではなぜ、その「繋がりうる」ことを維持する手段が、メールという文字通信になっているのかについて考える必要がある。繋がりうる状態を維持するというなら、近所に住む友人やクラスメートとはいつでも会えるはずだ。だがケータイメールのやりとりは、多くの場合で家族や友人といった「親密な相手」とおこなわれている（モバイル・コンテンツ・フォーラム、インプレス編 2006）。なぜわざわざ親密な相手と、メールでまで「繋がりうる」状態を維持し続けなければならないのだろうか。

ここで注目しなければならないのは、「文字通信」というメディアの特性だ。よくメールの利点として、相手がどんな状況でも好きなときに送受信できるということが挙げられる。しかしながら、上に見る例では、メールの返信は、受信後すぐにおこなわなければならないとされており、この「相手の状況を気にしないで済む」という特性は活かされていない。しかも、相手と始終繋がっていたいのであれば、電話をかけるという手段もあるはずだが、なぜかメールの方が優先的に使われているのである。

大きな要因として、通話とメールでは、通信料金は後者の方が安いという事情がある。しかし、それだけでこれほどまでにメールが普及するだろうか。そこには、「文字」というメディアでなければなしえない「何か」があり、それがメールの方を優先的に利用する要因となっているのではないか。

実は、文字通信という手段に注目する限り、それが普及し始めたのはケータイよりも早い。一九九〇年代に流行した「ポケベル」は、その先駆けといっていいだろう。ポケベルは一九六八年に当時の電電公社（後のＮＴＴ）がスタートさせたサービスで、当初は、外回りの会社員に、会社に連絡せよということを伝えるために、音が鳴るだけの機器だった。そこに数字表示、文字表示機能が追加されていく過程で、若者が友人同士のコミュニケーションツールとして用い始めた。実際、二〇〇〇年頃までは、携帯電話（ないしＰＨＳ）とポケベルの「両刀使い」は、若者の間では普通のふるまいだった（岡田 2001）。言い換えれば、現在の携帯電話は、このポケベルの文字通信機能を吸収した「メーラー」としての役割も果たしているのである。

そのため、ポケベルの文字通信には、現在のケータイメールを分析するに当たって興味深い現象がいくつか見られる。ここで紹介したいのは、文字通信における「記号」の持つ意味が重要だったということだ。

一九九六年一一月にＮＨＫ総合テレビで放送された番組「ベル友　12文字の青春」は、個人情報誌（出会い系サイトの雑誌版のようなもの）に自分のポケベルの番号を公開した高校生の男子を追ったドキュメンタリーだ。そのエンディングでは、ポケベルのやりとりを通じて仲良くなった女子高生と初めてのデートの後、彼女から届いた「おやすみ」のメッセージに「♥」が付いていたことで大喜びする彼の姿が映し出されている。

なぜ、ハートマークのある／なしがそれほど重要なのか。それはもちろん、デートの結果、彼女が彼に対して好印象を持ったことが、そこから読み取れるからだ。だが、ハートマークそのものは、単なる記号に過ぎない。彼はなぜ、記号であるハートマークにそこまでの意味を読み取り、大喜びできたのか。そのことが明らかになれば、私たちが「文字通信」で、親しい相手と「繋がりうる」関係を維持しようとするのかという問題の本質も見えてくるはずだ。そこで以下では、「文字によるコミュニケーション」が、人間関係にどのような影響を与えるものであるのかという点を、過去の研究を通じて見ていくことにする。

2　インターネット初期のコミュニティ

テキスト時代のインターネット

ケータイ依存に関する研究は、まだ日本でも始まったばかりだといえるが、似たような現象である「ネット依存」に関する研究は、これまでもさまざまな蓄積がある。もちろん、ネット依存とひとくちにいっても、インターネットの技術や流行は頻繁に変化するし、利用者も増え続けているので、過去の研究がそのまま現在でも通用するかどうかはわからない。ただ、ケータイメールを中心とする依存状態を分析するのには、ネット依存に関する研究は参考になる部分もある。というのも、文字メッセージを中心とするケータイメールは、テキストと簡単な画像くらいしか表示できなかった初期のインターネットと似た環境に置かれているからだ。

心理学者のパトリシア・ウォレスは、インターネット依存が一九九〇年代の後半、ネットの普及につれて問題になってきたことを指摘している（Wallace 1999＝2001）。彼女によると、「長時間の利用や強迫的な過剰利用」という依存状態がどのくらいの割合で生じているのかは、調査や研究者によってまちまちだが、そこには心理学的な要因を見出せるという。

鍵になるのは、「同期性」だ。ネット依存の状態にある人々がとりわけ「ハマる」のは、チャットなどのリアルタイムなコミュニケーションである。そこに彼女は、心理学でいう「オペラント条件付け」の兆候を見て取る。つまり、自分の書き込みに続けて、すぐさま応答（レス）が返ってくるかもしれないということが、彼ら・彼女らをネットに釘付けにしている要因だというのだ。

たしかに、メール依存の状態でもよくいわれるのは、お互いが相手のメールに返信を続けてしまい、その応酬を終えられないということだ。ここでもコミュニケーションの「同期」、つまり自分と相手がリアルタイムでやりとりをしているということが重要になっている。

もうひとつ、テキスト時代のインターネットで注目されたものに「MUD（Multi-User Dungeons）」がある。MUDとは、テキストだけでプレイするオンラインゲームで、よくあるロールプレイングゲームのように、プレーヤーが戦士や魔法使いになって、架空の世界を冒険するというものだ。そして、現在のオンラインゲームでも見られることだが、そこではゲームをプレイすることだけでなく、参加者同士でゲームと関係のないコミュニケーションを楽しむこともできた。そのため、MUDは単なるゲームというよりは、オンラインの仮想コミュニティであると見なされていたのだ。

MUDに関する多くの研究は、現在においてもインターネットの社会を分析するのに有用な知見を持っている。だが、ここで注目しなければならないのは、そこでおこなわれていたコミュニケーション、とりわけオンラインで「自分」をどのように演出するかについての、興味深いふるまいだ。

オンラインでの自己提示

MUDの研究者たちが特に注目したのは、プレーヤーたちのオンラインでの性的な振る舞いだ。臨床心理学者のシェリー・タークルは、「ガーゴイル」というMUDのなかで仲良くなった「ウィンターライト」という女性プレーヤーとの「結婚式」を挙げた、ステュアートという学生の話を紹介している。彼はオンラインでは「アキレス」という名前だった。

ふたりの最初のヴァーチャル・デートで、アキレスはウィンターライトを、ステュアートの寮のそばにあるイタリアン・レストランに連れていった。彼はしょっちゅう、女性とふたりでそこに行く空想にふけっていたのだ。彼はMUDのコマンドを巧みに組み合わせて、レストランでのロマンチックな夕べをシミュレートしたという。コマンドを通して、空港までリムジンでウィンターライトを迎えにいき、ホテルの部屋まで送り、シャワーを浴びた彼女とレストランに向かった。（中略）

現実生活でのステュアートは、健康上の問題や、内気で世間離れしていること、経済的に余裕がないことなどから圧迫を感じていた。ガーゴイルにいればそういう障害を無視することができるのだ。少なくとも一時的には。（Turkle 1997＝1998：260-263）

匿名のネット空間だからこそ、現実の条件を超えてさまざまなふるまいをおこなうことができるというのは、今でもよく目にする現象だ。だがここで私が強調したいのは、そこで「結婚式」がおこなわれるということだ。もちろんこの結婚はオンラインだけのものであり、MUDの参加者の間でしか意味を持たないものだ。だが、こうした出来事は何も特別ではない。それどころか、テキストだけとはいえ、MUDではセックスや乱交、スワッピング、レイプなどありとあらゆる「ヴァーチャルな」性行動がおこなわれていたのである。

オンラインでのコミュニケーションが持つ性的なふるまいの意味を考えるとき、そこでジェンダーが果たす役割は非常に重要なものになる。メディア学者のアルケール・ロザンヌ・ストーンが紹介している、サンフォード・レヴィンという男性の精神科医の例を見てみよう（Rosanne Stone 1995＝1999）。レヴィンはふとしたきっかけで、MUD上で女性として振る舞うことの面白さに気付いてしまった。女性として振る舞っていれば、オンラインの女性のプレーヤーたちが、男性にはけっして明かさないような「女同士の秘密」を容易に明かしてくれるのだ。

「ジュリー」という名前の、障害を持った心理学者という設定でMUDに参加するようになったレヴィンは、やがて大きな困難に突き当たることになる。現実の世界では健常者の彼が障害を持った女性を演じ続けるうちに、

「ジュリー」の振る舞いが、障害を持った人のそれとしては不自然であると、周囲に感づかれ始めたのだ。しかしすでに多くのオンラインの友人を持っていた彼は、どうしても「ジュリー」としての自分を捨てることができなかった。それどころか、現実の自分を反映させた「サンフォード」というプレーヤーでMUDに参加しているときには、彼はオンラインでの友人を作ることができなかったのである。

これらの事例は、オンラインでの「自己」が、それを演じている個人にとってどのような意味を持つのかについて、さまざまなことを教えてくれる。ひとつは、オンライン上の自己の方が、現実の自己よりも大きな存在になってしまうことがあり得るということだ。その理由は、私たちの「アイデンティティ」が、他者からの「承認」を通じて獲得されるという点にある。つまり、オンラインで提示された自己像が、現実の世界よりも強い承認を得てしまったとき、その個人にとって、どちらが本当の「自分」と呼びうるのかわからなくなってしまうのである。友人たちの間で「おもしろキャラ」として認知されてしまったために、「本当の自分は暗い人間なのに」と思っていても言い出せない、という場合を考えれば、こうしたことがまま起こる現象であることはわかりやすいだろう。

もうひとつの興味深い点は、そこで提示される自己像が、オンラインの場合、現実の自分と大きくかけ離れているものにもなり得るということだ。ネット上でジェンダーを偽ってふるまう人のことを、日本では「ネカマ」と呼ぶが、そうした人々はインターネットの初期から、海外でも多く存在していた。そして、そこではレヴィンのような悲劇ばかりが起こるのではない。現実の世界と異なる性役割をオンラインで演じることで、普通に生きているだけでは知ることができない体験を得て、視野が広がるということもあったのだ。

人間を現実から解放するインターネット

オンラインでの性行動に注目が集まった理由は、逸脱的な振る舞いやジェンダーを偽ることが、現実世界より容易だからだ。現実とオンラインの間の距離が、特に性行動に関しては、著しく広いものになり得るのである。

もちろん、そうした振る舞いに対する批判も、ネットの内外に存在していた。ジェンダーを偽っていたことが明らかになれば、周囲から手ひどく非難されることもあるし、オンラインで起きた「レイプ事件」を、現実の事件と同じくらいのショックを持って受け止める人もいた。だが、ここで挙げたような心理学者やメディア研究者や、その研究に登場するオンラインの住人たちは、ネットの負の側面を認識しながらも、それがもたらす「快楽」にハマっているようにも見える。

彼ら彼女らは、一体何に「ハマって」いたのだろう。それは、ネットに接続することで、人間が人間としての境界を失っていくかもしれないという、メディアの持つ可能性だ。現実の世界では、私たちは自分の性、容姿、身体的能力といったさまざまな限界に制約されている。だが、オンラインではそうした制約を離れ、まったく別の人間になることができるのである。

なぜこうした可能性を持つことが素晴らしいと思われたのか。歴史的にはそれは、インターネットの誕生に関わった人々の「ヒッピー」的な傾向に起因するものであるといえる。管理社会からの解放、近代社会からの脱却を目指した一九六〇年代のヒッピーたちにとって、二〇世紀の後半に登場したコンピューター技術は、彼らにとっての理想郷をもたらしてくれるもののように思えたのだ。たとえば、ジャーナリストのハワード・ラインゴールドは、自身のオンライン体験をつづったエッセイのなかで、ネット上でのコミュニケーションが、ヒッピーたちの作ったコミューンに近い「ヴァーチャル・コミュニティ」を生み出すことに注目している（Rheingold 1995＝1995）。

二〇世紀のメディア論のなかに流れ込んでいるのは、新しい技術が、現実の個人を制約しているさまざまな条件を取り払い、存在そのものとしての人間同士の繋がりを生み出してくれるのではないかという、ヒッピー的な理想だ。インターネットを語る言説のなかにもそれは、思想の一部として組み込まれている。それゆえ、ネットにハマるという現象も、現実の生活をおろそかにする危険なものだ、という視点だけでなく、そこから新しい社会が生まれるのではないかという期待のまなざしで見られてもいたのだ。

ハートマークの持つ意味

インターネットで起きているさまざまな現象を考えていくに当たって、先行研究が、「新しい社会の可能性」や「人間のアイデンティティの揺らぎ」といったテーマを共有していたことは、是非とも押さえておかなければならない。ネットのある生活が日常的になってしまった私たちの生活では、こうしたテーマは大げさなものに見えるかもしれないが、こと自分の社会や文化を研究する場合には、普及の度合いや個別の流行にとどまらない視点が必要になるのである。

ところで、テキスト時代のインターネットが、性別までも偽れる匿名の空間であったために、現実の個人とは異なる存在として現れることができたということ、そしてそれが参加者にある種の快楽をもたらしてきたことを見てきたが、これは、メールを中心としたテキストメッセージにハマることと、どのように関係するのだろう。

現実の自分とまったく違う存在になる、というときに重要なのは、ネットで送受信される情報の質だ。たとえばそこで流れる情報が、自分自身の立体映像と、自分の声で構成されていた場合、人々は自分の姿を偽ることができない。情報が、「テキスト」のような、現実とはある程度切り離されたものであればこそ、私たちは、ネット上で「まったくの別人」になることもできるのである。

そう考えると、テキスト中心のインターネットでおこなわれていたコミュニケーションのもたらす快楽が、同じくテキストによってメッセージを送り合うケータイメールの世界にも応用可能なのではないかと思えてくる。言い換えると、私たちは、テキストという情報量の少ない通信手段を用いることによって、相手に対して自分の情報を偽ったり、限定的に情報を出したりしながら、コミュニケーションをうまくマネージしていくことができるのではないか。

私がインタビューしたある高校生が語った、「テレビ電話」についての感想はそのことを端的に表している。彼女曰く、「テレビ電話なんて、コマーシャルに出てるタレントだから許されるのよ。家にいるときのすっぴんの顔なんて、彼氏に見せられない！」。

彼女は何も、レヴィンのように、自分の属性を偽って恋人に提示しているわけではない。だがおそらく、そこでおこなわれているのは、テレビ電話のような「現実の自分」をそのまま見せるようなコミュニケーション手段ではなく、テキストのメールを利用することで、自分の状態を都合良く演出して相手に提示するというふるまいだ。だから、たとえ親密な相手とのコミュニケーションであっても、「テキストだけの情報の方が便利」という状態が生じ得るのである。

第1節の最後で挙げた「ハートマーク」に対する疑問は、これで解けるのではないか。つまり、ここで「おやすみ」の後に付けられたハートマークは、彼女なりの、テキストによって演出された自己そのものなのである。テキストや記号によって表現された、メール上の「もう一人の私」は、相手とのメールのやりとりにおいて、「私以上に私らしい」存在として現れているのである。

そう考えると、メールのなかに頻繁に用いられる記号や顔文字、「デコメール」のような装飾も、現実の私から切り離された、しかしもっとも「私らしい私」を表現する手段として用いられているということになろう。携帯電話が多機能になり、パソコン並みの通信手段を手に入れたとしても、私たちが「メール」というテキストメッセージを手放せないでいるのは、そこでしかできないことがあるからなのだ。

3　ケータイ依存と友人関係

学生調査の結果から

ケータイ依存の要因のひとつ、「メールによるやりとり」が必要になる理由は、こうした先行研究から考えることができる。では、なぜケータイ依存の状態にある人々は、そもそもケータイで友人との繋がりを維持しなければならないだろうか。こうした点を明らかにするためには、ケータイそのものだけでなく、それを用いて繋がっている彼ら・彼女らの人間関係そのものを考えていく必要がある。

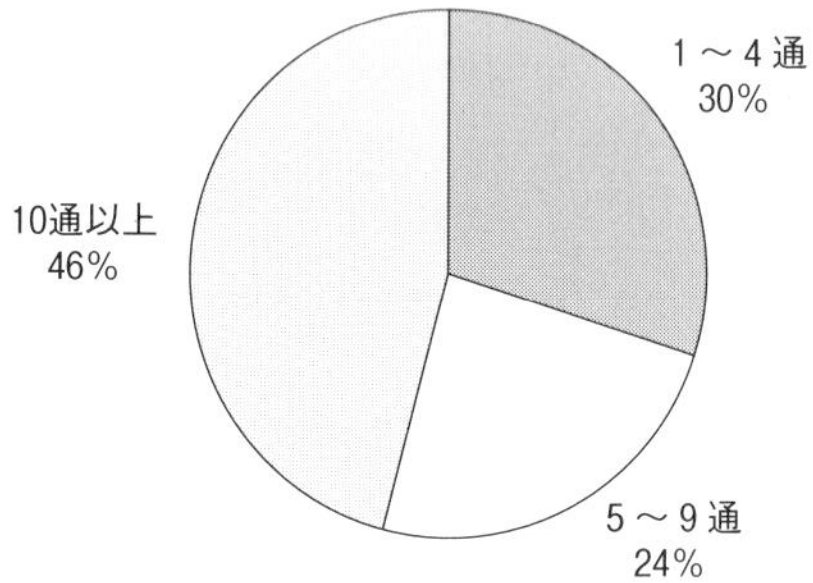

図５－１　一日あたりのメールの送受信件数

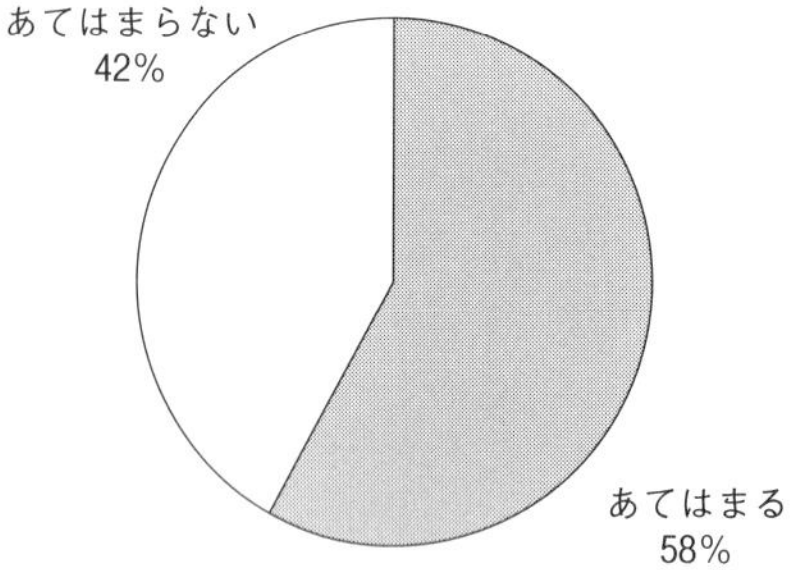

図５－２　友だちのメールにはすぐ返信する

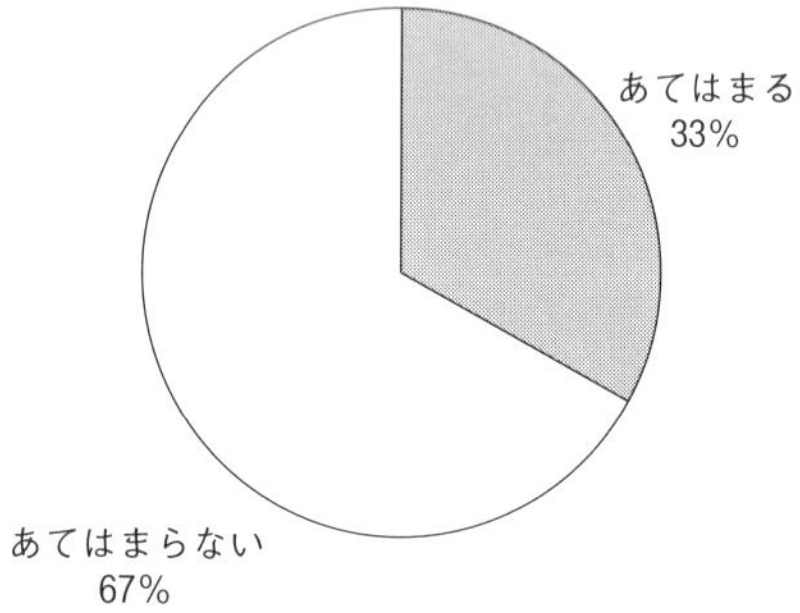

図５－３　電波の届かないところにいると落ち着かない

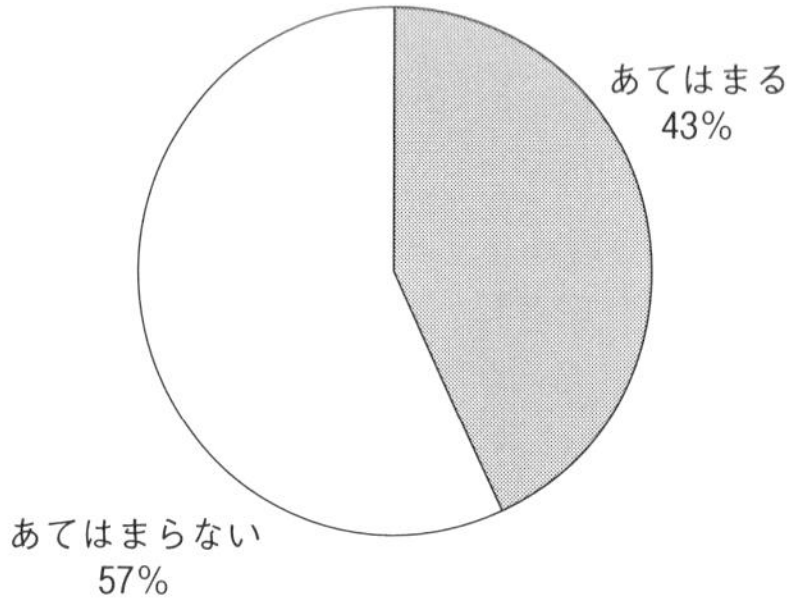

図５－４　着信がないか一日に何度も携帯を確認する

注：実際には４段階で聞いた設問を、ここでは２段階にまとめ直している。

それを考えるための手段はさまざまにあり得るが、ここでは、筆者が辻大介・北田暁大と共同でおこなった学生調査を基に論じていこう。以下に挙げるデータは、二〇〇六年一二月から二〇〇七年一月にかけて首都圏・関西圏の複数の大学で、学生四二四人を対象におこなった質問紙調査から、携帯電話を所持している学生を対象に分析した結果である。

まず、ケータイメールに関するデータを見よう。一日あたりのメールの送受信件数は、「一〇通以上」という群で四六％になっている。一〇〇件、二〇〇件という極端に多いメールのやりとりをする者もいるが、半数以上の学生が、一日一〇件以内のメールのやりとりにおさまっている。ただ、「友だちのメールには、できるだけすぐ返信するようにしている」という質問には、五八％の学生が「あてはまる」と答え

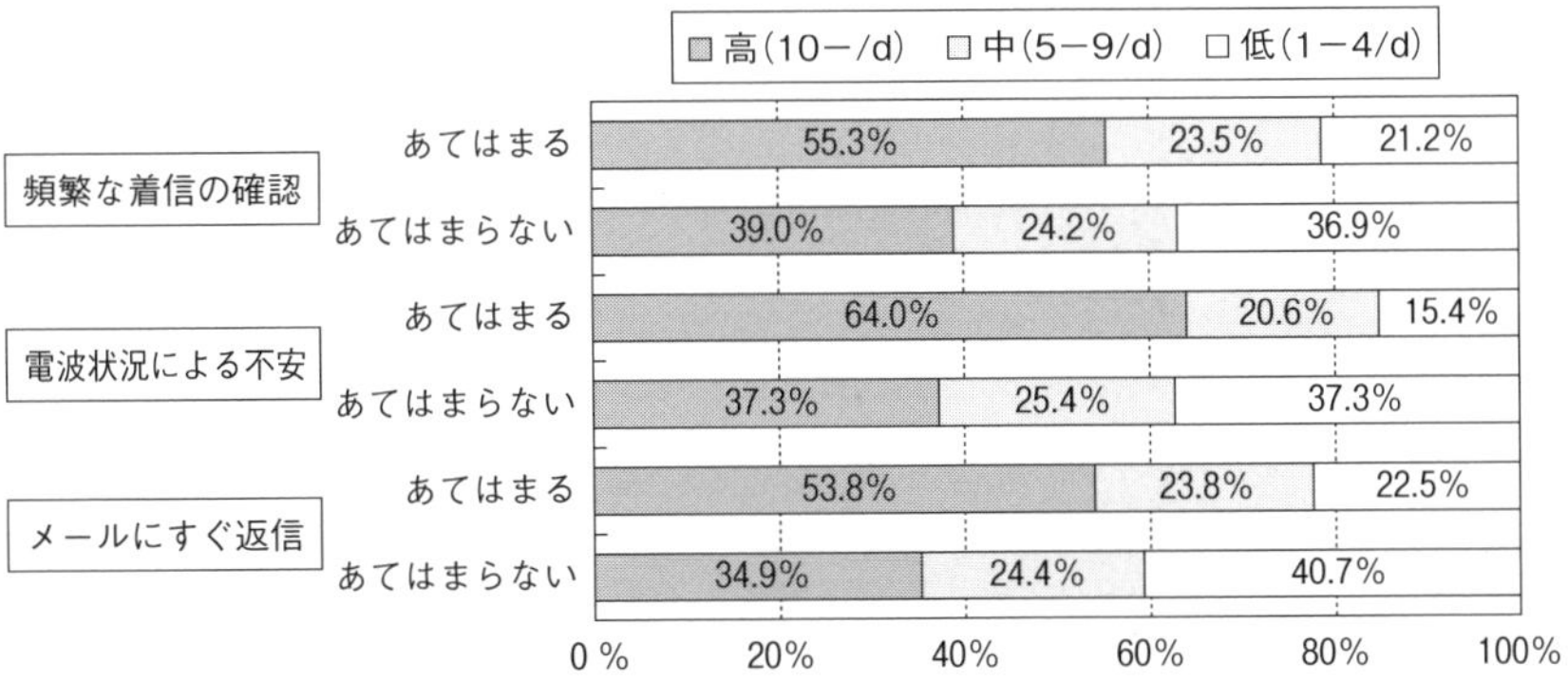

図5－5　ケータイ依存とメール利用頻度

ており、ケータイメールが同期的なコミュニケーションとして認知されていることがうかがえる。

また、調査では「電波の届かないところにいると、なんとなく落ち着かない」「着信がないか一日に何度も携帯電話を確認してしまう」といった項目についても尋ねた。この質問に対しては、それぞれ三三%、四三%の学生が「あてはまる」と回答している。

ケータイ依存の状態を、この「メールにすぐ返信」「電波状況による不安」「頻繁な着信の確認」という指標で表すならば、上記三つの指標すべてに「あてはまる」と回答した学生は、全体の一四%になる。学生たちのケータイ依存は、多数派とはいえないものの、一定数存在することがわかる。

では、これらの指標とメールをやりとりする頻度は、どのように関係しているのだろうか。先ほどの「一日あたりのメール送受信件数」とこれらの指標をクロス集計したところ、いずれの指標でも、「あてはまる」と回答した学生の方が、メールの送受信件数が有意に多いという結果が出た（χ二乗検定で〇・一%水準）。

たとえば、着信がないか一日に何度も携帯を確認する学生のなかで、一〇件以上のメールを送受信する者が五五・三%であるのに対して、そうでない学生では三九%となっている。あるいは、「電波の届かないところにいると落ち着かない」と答えた学生のうち、一日のメール送受信件数が一〇件以上になる者は六四%であるのに対し、そうでない者では三七・三%

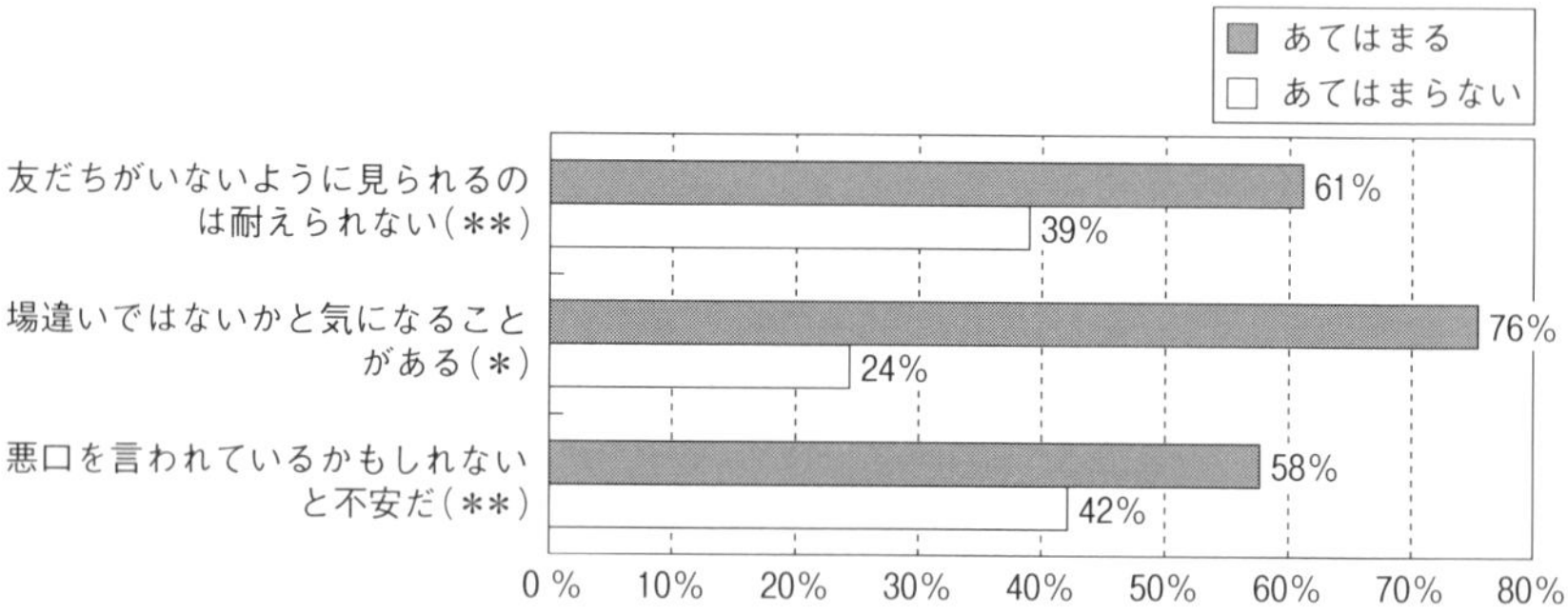

図５－６　頻繁な着信の確認と孤独恐怖

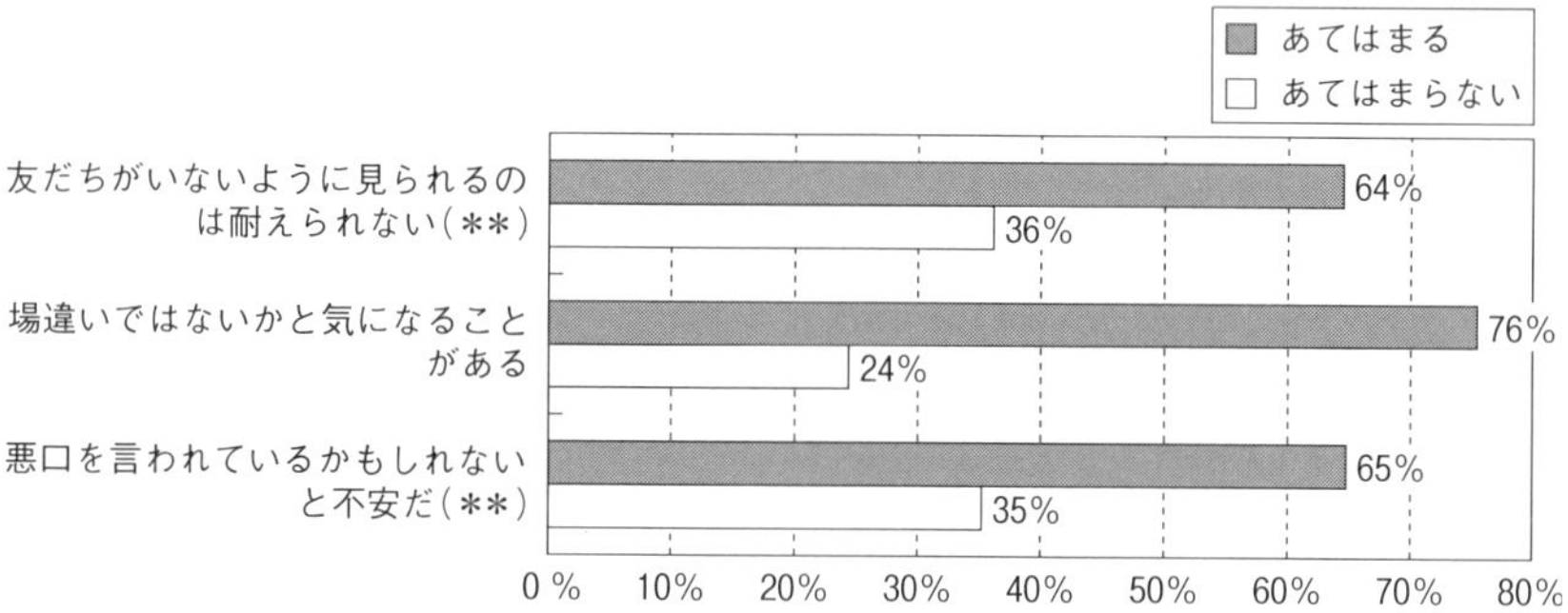

図５－７　電波状況による不安と孤独恐怖

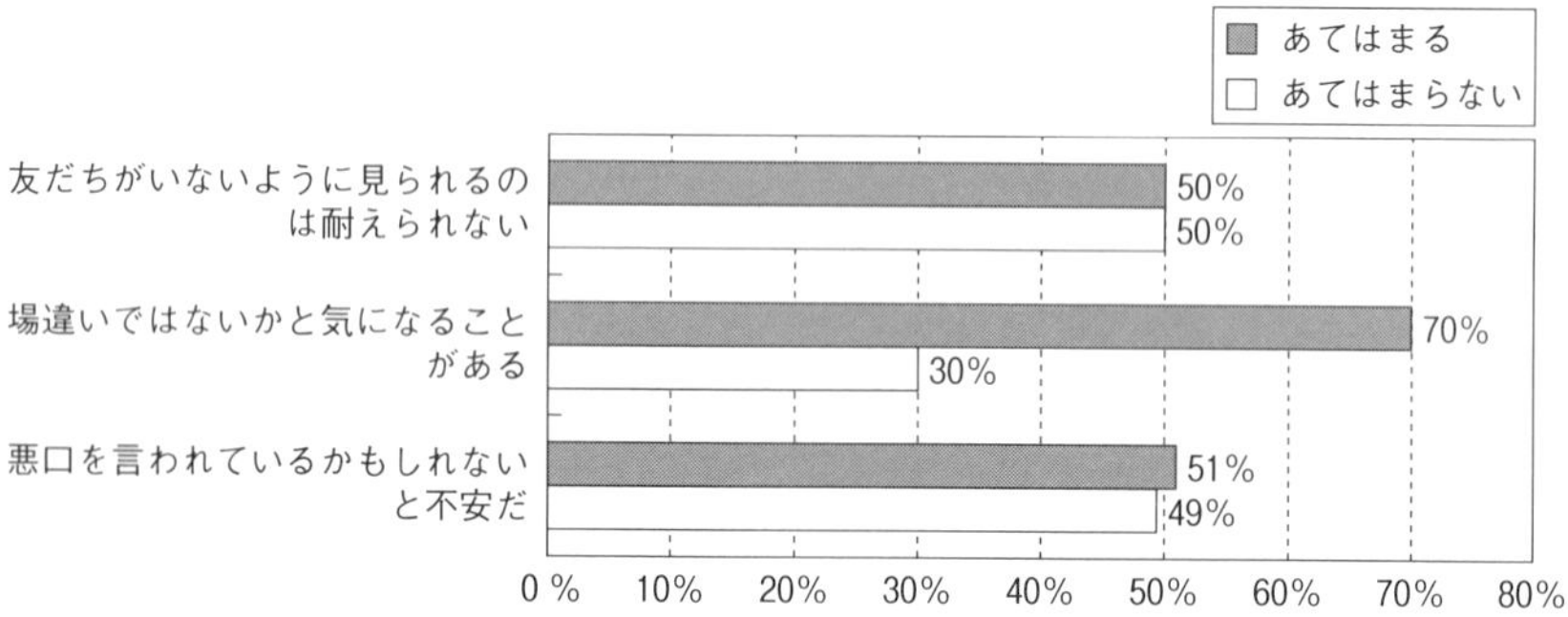

図５－８　メールにすぐ返信

注：χ^2検定　** <1％ * <5％。

にすぎない。こうしたことから、ケータイ依存はメールの送受信件数と相関していることがわかる。
メールの送受信件数に関しては、中村功の研究において、孤独感と相関していることが明らかにされている（中村 2003）。中村によると、ケータイメールの活発な利用者は、対面関係や対人関係が活発であり、逆に対面関係が不活発な人ほど、メールのやりとりも不活発になる傾向が見られるという。

しかし、メールの送受信件数を、「今孤独であるかどうか」という状態の問題ではなく、「自分が孤独になってしまうことへの恐怖」という孤独感との関係で見た場合、両者の間にも相関が認められるというのは重要だ。つまりケータイメールは、孤独に対する恐怖を緩和してくれるものであるがゆえに、ケータイメールの頻繁な利用が促され、その結果として孤独感も薄れるということなのだ。

では、この「孤独に対する恐怖」と、ケータイ依存はどのように関わっているのか。調査では、「まわりから、友だちがいないように見られるのは耐えられない」「自分のふるまいが場違いではないかと気になることがある」「友人や知人に、悪口を言われているかもしれないと不安だ」という質問をおこなった。これらの指標を用いて分析すると、ケータイ依存の指標にあてはまる学生ほど、孤独に対する不安が強いことがわかる。「自分のふるまいが場違いではないかと気になる」という質問に対する回答は、「頻繁な着信の確認」をおこなう者で七六％にのぼるのである。

ただ注意しなければならないのは、ここで挙げた指標のすべてが、ケータイ依存と有意に関連しているわけではないということだ。「メールにすぐ返信する」という指標に対して、「友だちがいないように見られるのは耐えられない」、「悪口を言われているかもしれないと不安だ」という項目では回答が半々に割れている。ケータイ依存の要因と考えられる指標は、まだ精緻化の余地があるといえるだろう。

キャラ切り替え志向と孤独・孤立不安

ともあれ、以上の分析から明らかになるのは、ケータイ依存という現象が、孤独に対する恐怖に関係している現象だということだ。特に今回の調査項目との関わりでいうなら、その恐怖は、孤独そのものではなく、「自分が孤独だと気付いてしまうこと」に対するものであるということがいえよう。孤独に対する気付きを回避するために、いつでも誰かと繋がっていたい、繋がりうる状態を維持し続けておきたいという感情が生まれ、携帯電話がその感情を満たす道具になる。そこに、ケータイ依存が生まれる要因があるのではないか。

ではなぜ、孤独だと気付いてしまうのが怖いのだろう。巷でよくいわれるのは「若者たちの人間関係が希薄になったからだ」というものだろう。しかしながら、若者の友人関係に関する研究は、こうした「人間関係希薄化論」に根拠がないことを示している。むしろ、若者たちの人間関係は、場合に応じて関係や自己の人格（キャラ）を切り替える「選択的関係」になっているのではないかという仮説が、これまで複数の研究者によって提示されてきた（辻 1999）。

そこで、こうした友人関係や人格の切り替え志向が、孤独不安とどのように関わるかについて調べてみると、興味深いことがわかった。「友だちがいないように見られるのは耐えられない」に対して、「友だちとは、プライベートなことも含めて密接に付き合いたい」（$\rho=-0.234$）、「さらに新しい友だちを広げたい」（$\rho=0.173$）、「話の中身よりノリが合うことが大事」（$\rho=0.135$）、「自分が場違いでないか気になる」「悪口を言われているかもと不安だ」に対して、「話す友だちによってキャラが変わる」（それぞれ $\rho=0.101/0.186$）という指標で相関が見られたのだ。

このことが示しているのは、孤独に対する不安を生み出しているのは、単に「淋しいから」という状態の問題ではないということだ。友だちとは密接に付き合いたいが、人間関係を広げもしたい。しかし、人間関係を広げようとすると、キャラを切り替えて相手に同調しようとしなければならなくなる。結果的に、その「同調」がうまくいっているのかどうかに対する不安が生まれ、「本当は、自分は仲間だと思われていないのではないか」という恐怖に繋がっているのではないか。

ここに見られるのは、「孤独を避けるために他人に同調することが、かえって孤立に対する不安を生む」というジレンマである。おそらく、携帯電話はたしかに孤独感を埋め合わせる道具にはなるが、それによって生じた孤立不安を埋め合わせる道具として利用することは難しいのだろう。携帯電話によって人間関係が広がるほど、常に繋がりうる状態を維持し、メールにはすぐ返信するというふるまいを維持し続けなければならない。それが、ケータイ依存を生み出すメカニズムなのではないだろうか。

4　ケータイ文化を研究するために

以上、若者と携帯電話の関係、およびケータイ依存の要因を、理論面と実証面から明らかにしてきた。理論的には、ケータイ依存、特に文字通信への依存は、それが「テキスト」という手段に限定されていることによって、かえって「私らしい私」を演出しやすいということから生じている。だが、そのようにして演出された「私」が、広い交友関係の中に投げ出されるとき、そこにつながりゆえの「孤立への不安」が生じる。実証面から明らかになるのは、こうした孤立への不安を埋め合わせるために、常に他者とのつながりを確認してしまうという循環だ。

かつて、インターネットが人々の間に依存をもたらすということが明らかになりつつあった頃、それでも研究者やネットユーザーたちは、インターネットが人々の間に新しい関係や、今の自分と違う自分になる可能性を開いてくれるということを、積極的に評価していた。だがそれは、「これまでになかった未来」が訪れることへの期待であり、以前の社会と比較のなかで生み出された評価だった。

ところが、ネットやケータイが「はじめからある」状態で人間関係を築いていかなければならないこれからの若者たちにとっては、そうした期待は持ちようのないものだろう。それゆえ、過去の理論研究を踏まえつつも、その意味が変化してしまった現代にふさわしい理論枠組みや実証的アプローチが求められているといえるのではないだろうか。

最後に、この章で扱ってきた新しいメディアとそこで生まれている社会や文化を研究する際の注意点について述べておきたい。ネットやケータイのようなメディアは、多くの場合、若者を中心に新しい利用文化が生まれ、短いサイクルで移り変わっていく。それゆえ、学術研究として確たる論証がなされるまでに、状況が大きく変化し、仮説→検証のステップが追いつかないということが生じ得る。

さらに、こうした利用文化は、その内部にいる人間にとっては「自明の出来事」であっても、そうでない者にとってはまったく理解しがたいものに映る場合がままある。よって、ある仮説が妥当なものであるかどうかを決定する水準の問題も生じる。利用文化の外部にいる人間が見当違いな分析をすることもあるだろうが、その内部にいて事情をよくわかっている人間が、必ずしも客観的で妥当な仮説を提示できるとは限らないのである。

こうした問題に対処するために、研究者は常に利用文化のなかに片足を踏み込みつつ、それを外部の目線でも評価できる距離感を維持しなければならない。そして、その距離感に基づいて分析された結果を、もう一度利用文化のなかで得られた実感に照らして、妥当なものであるかどうかを検討しなければならない。

こうした「当事者と研究者という立場の往復」というスタンスは、文化人類学の研究などでは当たり前のように論じられてきたことだ。本章でも、メールのやりとりという現象を、当事者の実感に近いかたちで描き出しながら、数量調査を通じた客観的な検証との間でのすりあわせもおこなってきた。

グローバリゼーションの進む現在、いわゆる「未開社会」は、世界から失われているかもしれない。だが、私たちは私たち自身が住んでいる社会のなかにすら、理解不可能な文化圏を、あちこちで見つけることができる。そうした文化のなかに分け入っていく研究が、求められているのではないだろうか。

文献

警察庁、二〇〇四、『青少年の意識・行動と携帯電話に関する調査研究』警察庁。

Kasesniemi, Eija-Liisa, and Pirjo Rautiainen, 2002＝二〇〇三、「フィンランドにおける子どもと10代のモバイル文化」Katz, James E. and Mark Aakhus（eds.）、富田英典監訳・立川敬二監修『絶え間なき交信の時代――ケータイ文化の誕生』ＮＴＴ出版、二三〇～二五三頁。

Ling, Richard and Birgitte Yttri, 2002＝二〇〇三、「ノルウェーの携帯電話を利用したハイパー・コーディネーション」Katz, James E. and Mark Aakhus（eds.）、富田英典監訳・立川敬二監修『絶え間なき交信の時代――ケータイ文化の誕生』ＮＴＴ出版、一七九～二一九頁。
モバイル・コンテンツ・フォーラム、インプレス編『ケータイ白書2006』インプレス。
岡田朋之、二〇〇三、「メディア変容へのアプローチ――ポケベルからケータイへ」岡田朋之・松田美佐編『ケータイ学入門』有斐閣選書。
Wallace, Patricia M, 1999＝二〇〇一、川浦康至・貝塚泉訳『インターネットの心理学』ＮＴＴ出版。
Rheingold, Howard, 1995＝一九九五、会津泉訳『バーチャル・コミュニティ』三田出版会。
中村功、二〇〇三、「携帯メールと孤独」『松山大学論集』第一四巻六号、松山大学学術研究会。
Rosanne Stone, Allucqucre, 1995＝一九九九、半田智久・加藤久枝訳『電子メディア時代の多重人格――欲望とテクノロジーの戦い』新曜社。
辻大介、一九九九、「若者のコミュニケーションの変容と新しいメディア」橋元良明・船津衛編『シリーズ情報環境と社会心理3　子ども・青少年とコミュニケーション』北樹出版。
Turkle, Sherry, 1997＝一九九八、日暮雅通訳『接続された心――インターネット時代のアイデンティティ』早川書房。

謝辞

本稿で使用した調査には、財団法人日本証券奨学財団の研究調査助成を受けた。記して感謝したい。

第6章　テレビ視聴のスタイルはどのように変化したか
――能動的受け手とツッコミの変質

名部圭一

インターネットやケータイの普及により、話題性という意味ではその存在感が薄れてきたとはいえ、テレビはいまだ私たちの日常生活でもっともなじみの深いメディアである。みなさんはテレビをふだんどんなふうに見ているだろうか。ひとつの番組を集中して最初から最後まで見ることもできるし、ほかのことをしながらたまに画面に目を向けてもよい。あるいは、家族や友達と話をしながら見ることもできるし、リモコンを使いせわしなくチャンネルを切り替えながら見てもかまわない。このように人や状況によってさまざまな見方が可能であり、またそうした見方が許容されている点、これこそが他のメディア体験にはあまり見出せないテレビ視聴ならではの特質だといえるかもしれない。

本章では「ツッコミ」をキーワードにして、このように多様な見方が可能であるテレビが、その主要な視聴スタイルを時代とともにどのように変えてきたのかを見ていく。ツッコミをいれる視聴者はいつ、いかなるかたちで現れてきたのか。また、それ以降ツッコミはどのように変質し、このツッコミの変容とともにテレビの番組内容はどんなふうに変化してきたのか。ここではこれらの問題について考えてみたい。

1　批判的な視聴者のテレビへの没入

『発掘！あるある大事典Ⅱ』データ捏造問題

二〇〇七年一月、テレビ業界を震撼させる大きな事件が起こった。生活情報バラエティ番組『発掘！あるある大事典Ⅱ』（フジテレビ系）は一月七日の放送において、納豆にはダイエット効果があり朝晩一パックの納豆を食べると二週間で体重が減るなどの実例を実験データとともに紹介した。しかし、このデータのもととなった血液検査や中性脂肪値の測定などは実際にはおこなわれておらず、データそのものが「捏造」であることが判明したのである。このことが発表されるや、単独スポンサーである花王は即座にスポンサーを降りることを決定し、結局、番組そのものが打ち切られることになった。

この事件は「放送倫理」という古くからある問題をあらためて問いかけることになったが、ここでこの事件を取り上げたのは、放送倫理について考えてみるためではない。注目したいのは、一月七日の番組放送後に全国各地で起こった現象である。新聞はそれを次のように伝えている。「放映翌日から各地のスーパーの売り場の多くでパック入り納豆が品薄状態になった。夕方には『完売』のお断りを出す店舗も。ある中堅スーパーの担当者は、『翌日は通常の二倍売れ、一一日には主要メーカーの商品が入荷しなくなった。一二日から一定量入ると聞いたが、こんな経験は初めて』とあきれ顔だ」（『朝日新聞』二〇〇七年一月一二日）。

この記事を読みどのように感じただろうか。人の行動をこんなに簡単に変えてしまうなんて、テレビの影響力とはなんと大きなものだろう。マスコミは人間の思考に強い効果を与える洗脳装置だ。そう考えると怖い気がする。このように感じた人もいるかもしれない。あるいは視聴者の方に目を向けて次のような感想を抱いた人もいるだろう。いくらなんでも納豆を買いに走った人は単純すぎる。テレビでいわれていることを真に受けてはダメだ。マスコミの情報はもっと「批判的」に読み解かないといけない。これらの意見はどれももっともなものだ。しかし、ここで立ち止まって考えてみてほしい。果たして、テレビは視聴者に対して一方的に作用し、彼らの考え方まで変えてしまうほどの影響力を持つのであろうか。また、現代の視聴者はテレビが与える情報をそれほど素直に受けとめているのだろうか。

成熟した視聴者

近年のテレビ視聴に関する調査を見てみると、こうした「素朴な視聴者」とは異なるイメージが浮かび上がってくる。たとえば一九九七年にＮＨＫがおこなった調査によると、「番組の仕掛けが途中でわかってしまうこと」や「同じ問題でもキャスターや番組によって伝え方が違うと思うこと」が「ある（よくある＋ときどきある）」と答えている人の割合は六八％にのぼり、また、二〇〇二年の「テレビ50年調査」では、「演出だとわかっていても、番組が面白ければよい」との考えを持っている人は年齢層にかかわらず三〇％以上いる（ＮＨＫ放送文化研究所 2003：216）。さらに、二〇〇五年の「日本人とテレビ」調査においては、「マスコミが伝えていることは、ほぼ事実どおりだと思う」に対して「そう思う」と答えている人は二八・四％であり、これは一九八五年の三七・二％から八・八％の下落、逆に「そうは思わない」と答えている人は四九・五％にのぼり、一九八五年の四三・三％と比べると六・二％の上昇を示している（白石・原・照井 2005：32）。

これらの数値を見てみると、現代の視聴者の多くはテレビでいわれることを無批判・無反省に受けとめているわけではないことがわかる。彼らはテレビ番組の制作において何らかの演出がおこなわれていることを知っており、またマスコミが流す情報のなかには「事実」とはいえないものが含まれていることも承知している。その意味で現代の視聴者は「成熟した視聴者」であるといえるだろう。したがって、テレビやマスコミから流される情報を多くの人たちが鵜呑みにすることで、納豆が売り切れてしまうといった集合的現象が生じたのであると、単純に結論づけることはできない。

だとすればここには、マスメディアへの批判的でクールなまなざしを持つ視聴者が、伝達された情報に対してすぐさま素直に反応するという奇妙な事態が生じていることになる。テレビで作り出されるリアリティから距離をとるという身振りのなかで、視聴者はそうしたリアリティにのめりこんでしまうという現象が起こっているのである。この逆説をどのように理解したらよいのだろうか。この章では、五〇年あまりの歴史を持つ、日本社会におけるテレビ視聴の移り変わりを追うことで、「成熟した視聴者」がいかにして生み出されたのかを明らかにするとともに、この批判的な視点を持った視聴者がなぜテレビにより構成されたリアリティに没入してしまうのか、という問題について考えてみたい。

2　マスコミュニケーションのモデル

マスコミュニケーションの特徴

まずは、テレビ視聴のみならず雑誌や新聞、本を読む、あるいはラジオやCDを聴くといったいわゆる「マスコミュニケーション」がどのような特徴を持っているのかを、ジョン・B・トンプソンのメディア論（Thompson 1995）を参考にしながら見ておこう。第一に、マスコミュニケーションにおいては情報の送り手と受け手がコンテクストを共有していない。ここでいう「コンテクスト」とは、情報が送られ－受け取られる時間／空間的状況のことをさす。マスコミュニケーションにおいては、「いま／ここ」には存在しない人間に対して情報が伝達されており、したがってそれは、対面的なコミュニケーションに比べ、時間と空間の範囲を大幅に拡大したコミュニケーションであるといえる。

第二に、マスコミュニケーションにおける受け手は不特定多数である。対面的コミュニケーションのみならず手紙を書く、電話をかけるといった行為は、通常、特定の他者に向けてなされている。これに対して、たとえば雑誌を刊行するあるいはドラマを放送するといった行為は、具体的に誰それと名指すことのできる他者をターゲットにはしていない。もちろん、新しい雑誌やドラマを企画する段階においてある程度、読者や視聴者の絞り込みはおこなわれているが、しかしだからといって、そうした送り手側の思惑により受け手が完全に限定されるわけではない。若い女性をターゲットにして制作されたドラマを年配の男性が見ることを阻むものは何もない。テレビ受像機を持っているあるいは活字が読めるといった条件が揃っている限り、マスコミュニケーションにおいてはいかなる他者も潜在的には受け手になりえ、それゆえ送り手が受け手のタイプを完全にコントロールすることはできないのである。

マスコミュニケーションの第三の特徴として、情報の流れが一方的であるという点を挙げることができる。会話のような対面的なコミュニケーションにおいて、どちらかが一方的に話し続けるというようなことは通常ありえない。こちらがいったん話を終えれば、それを受けて次は相手が話し始めるというように、情報の送り手と受け手の役割を順次交代させながらコミュニケーションが進む。これが一般になされている会話であり、したがってそこには「相互性」が認められる。他方、マスコミュニケーションにおいて受け手は、マスメディアから送られる情報を一方的に受け取るだけであり、会話のように今度は受け手が送り手になってマスメディアへと同等の立場で情報を送り返すことは不可能である。受け手にできることといえば、せいぜい放送局や出版社にメールや手紙を送ったり電話をかけたりするといったことぐらいであり、この意味でマスコミュニケーションにおける送り手と受け手の関係は非対称的なものにならざるをえず、その性質は対話的《ダイアロジカル》というより独話的《モノロジカル》な色合いを強く帯びることになる(Thompson 1995 : 23-31, 84-85)。

以上、三点にわたってマスコミュニケーションの特徴を見てきた。要するにマスコミュニケーションとは、送り手であるマスメディアがコンテクストを共有しない不特定多数の受け手に向け、一方的に大量の情報を伝達するコミュニケーションなのである。これらの特徴が合わさることで、マスコミュニケーションには他のタイプのコミュニケーションには見られない副次的効果がもたらされる。それは、送り手と受け手の相互モニタリングの不在という事態である。

会話のようにコンテクストを共有した特定の他者との間で相互に情報をやりとりするコミュニケーションの場合、そこへの参与者は互いに相手の反応を観察しあうことにより自らの発言が相手にどう受けとめられたかを理解しようとする。もし自分の発言を真剣に聞いてないと感ずれば耳を傾けるよう注意を促すだろうし、誤解されていると思えば表現を改めるなどして真意を伝えようとするだろう。このように、相互の観察を通してコミュニケーションの軌道修正を図ることが可能である点、これが対面的相互作用の大きな特徴である。

これに対してマスコミュニケーションの場合、こうした相互モニタリングは事実上不可能である。受け手は送り手とは異なるコンテクストにいるためその反応は送り手の視野に入らず、また受け手が情報を即座に送り返すこともほぼ不可能であるからだ。しかしこのことはマスコミュニケーションの進行にとって必ずしも躓きの石とはならない。むしろ送り手の立場からすると、受け手の反応をさほど気にする必要なく情報を送り続けることができるというメリットがある。逆に受け手の側からいえば、自らが情報伝達の過程や内容に介入することができず、その期待や願望とは無関係に大量の情報が伝達されることになる（Thompson 1995 : 97-98）。

強力効果説と限定効果説

このようにマスコミュニケーションの特徴を考えてみると、このコミュニケーションにおいては送り手の方が受け手よりも強い立場にあるという見解につながることはある意味自然なことであろう。実際、マスコミュニケーション研究の歴史を振り返ると、その初期の段階においてはマスメディアが人々に与える影響力は非常に大きなものであるとの説が提起されていた。

一九三八年一〇月、アメリカでマスメディアの効果がいかに甚大なものであるかを印象付ける事件が起きる。CBSラジオはハーバード・ジョージ・ウェルズの小説『宇宙戦争』をもとにラジオ・ドラマを制作したが、そのさい、リスナーの関心を惹きつけるため、火星人による地球侵入の目撃談を臨時ニュースで伝えるという演出方法を採用した。この演出による効果はあまりにも大きなものであった。ドラマ内での臨時ニュースを「本当のニュース」であると受けとめたリスナーが家から逃げ出す、近所の人に火星人の侵入を触れ回る、あるいは救急車やパトカーを呼ぶなどしてアメリカじゅうが大パニックに陥ってしまったのだ。この事件はのちにハドリー・キャントリルらにより調査研究がなされ『火星からの侵入』（Cantril 1940＝1971）という著作にまとめられるが、これはマスメディアが一般の人たちに与える影響力をきわめて大きなものと捉える強力効果説のひとつと見なすことができる。

こうした強力効果説の隆盛を経てしばらくすると、マスメディアの影響力はそれほど大きなものではないという説が現れる。ポール・F・ラザースフェルドらは一九四〇年の大統領選挙における投票行動を分析し、その結果、有権者の五三％は初期の段階で候補者を決めており、選挙キャンペーン期間中に最初に決めた候補者を変更した者は八％にすぎないことが判明した。しかも変更した者のマスメディアへの接触頻度は相対的に少なく、そうした人たちはメディアよりも他の人からの影響が大きいと報告していた。ここから、マスメディアの効果はまずはメディアに頻繁に接する「オピニオン・リーダー」に及び、つづいてこうした人たちとの個人的影響を通じて多くの人たちに伝わるとする、「コミュニケーションの二段階の流れ」説が提起される（Lazarsfeld, Berelson and Gaudet 1944＝1987）。このモデルでは、マスコミュニケーションの効果は多くの人の意見を劇的に変えてしまうほど強力なものではなく、各人が抱いている考え方を「強化」するといった程度にとどまるとされ、それゆえ限定効果説と呼ばれる。

能動的受け手の発見

このように、強力効果説と限定効果説はマスメディアの与える効果に関しては対照的な見方を示している。しかしながらどちらの説もマスコミュニケーションを捉える上できわめて重要であるにもかかわらず、十分な注意を払っていない点がある。それは、受け手がマスメディアの発する情報をどのように理解しているのか、という問題である。さきほどマスコミュニケーションにおいては送り手と受け手の間に相互モニタリングが存在しないことを指摘した。このことから送り手は受け手の反応を気にすることなく情報を伝達し、受け手はそれを受け取るだけの存在といったイメージが生み出されることになる。こうしたイメージのなかでは、能動的なのはあくまでも送り手であるマスメディア側であり、受け手は一貫して受動的な存在として描かれてしまう。

だが見方を変えると、相互モニタリングの不在という事態は受け手にメリットをもたらしていると考えることもできる。なぜなら、受け手はその反応を送り手により観察されることがないということは、送り届けられる情報に対してどう関わるかを自らの裁量によりある程度「自由」に決定できることを意味するからだ。視聴者はテレビを集中して見てもよいし、他のことをしつつちらちらと一瞥を与える「ながら視聴」をおこなってもよい。それゆえ送り手は、受け手がどのように情報を受容しどう理解しているのかわからないという不安定な状態にたえず置かれることになる。そう考えると、マスコミュニケーションにおいて送り手は受け手よりも強い立場にあるとは必ずしもいえないことがわかる。

受け手はマスメディアが送るメッセージを受動的に受け入れるだけではないとすると、マスコミュニケーションをどのように捉えたらよいのだろうか。このような問いに答えるかたちで提起された説が、スチュアート・ホールによる「エンコーディング／デコーディング」モデルである（Hall 1980）。エンコーディングとは、送り手であるマスメディアが事件や出来事に意味を与えながらそれらをメッセージへと「記号化」する過程のことをいい、デコーディングとは、こうして意味付与されたメッセージを受け手が「解読」していく過程のことをさす。ここで重要なのは、受け手によるデコーディングは送り手のエンコーディングから相対的に自律しており、それゆえ送り手の「意図」とは異なったかたちでメッセージが解読される可能性が常に存在するということである。そればかりか、受け手は年齢や性差、階層、職業などといった社会的ポジションにより思想や興味、利害を異にしているので、受け手により解読される意味はけっして一元的ではありえず、複数の意味へと開かれているといえる。

このようなホールのモデルにしたがえば、マスコミュニケーションにおける受け手は、情報送信という点では受動的な立場にあっても、メッセージの意味解読という点に着目するなら能動的な存在であると見なすことができる。そして、こうした受け手像の変容はマスコミュニケーションそれ自体の捉え方を変更することにつながる。すなわちマスコミュニケーションとは、送り手が一方的に情報を伝達する独話的《モノロジカル》な過程としてではなく、エンコーディングとデコーディングの間で繰り広げられる対話的《ダイアロジカル》な「折衝」の場として捉えなおされることになるのだ。したがって、送り手と受け手の関係が固定的なマスコミュニケーションは、日常会話に見られるような相互性を欠いているとはいえ、受け手は意味解読者として積極的な解釈活動をおこなっているという点において、そこには一種の相互性を見出すことができるのである。

3　視聴者の変貌

見物・鑑賞する視聴者

前節での理論的考察を受けて、ここでは日本社会におけるテレビの視聴スタイルの変化を時系列的に見ていきたい。日本のテレビ放送は一九五三年ＮＨＫ東京開局により産声をあげる。黎明期のテレビ視聴の特徴は、プロレス中継を街頭テレビで大勢の観客とともに見るといった光景に示されるように、それまで現場に行かないと見られなかった興行・催し物をテレビを通して「見物」するという点にあった（図6-1参照）。当時どんなふうにテレビを見ていたのかを尋ねたアンケートを見ると、「毎日駅前の街頭テレビを夕食抜きで見物していた」「正座して近所の家で見た。寝転がってみるなどもってのほかだった」などと答えられており（ＮＨＫ放送文化研究所 2003：207）、当時の人々にとってテレビを見ることは「ハレの出来事」であり、それゆえたいへん熱心に視聴していたことをうかがい知ることができる。一九五九年には「皇太子成婚パレード」、一九六四年には「東京オリンピック」が中継され、そのたびにテレビの普及率は飛躍的な伸びを示し、テレビは街頭から一般家庭へと主要な位置を移すことになるが、それでもイベントをテレビを通して熱心に見物するといった視聴スタイルに大きな変化はなかった。

図6-1　街頭テレビ
出所：電通『電通月報』1953年11月号

一九六〇年代後半以降ともなるとテレビはすっかり日常のなかに溶けこみ、お茶の間で家族とともに見るといった視聴スタイルが定着する。このことを反映するかのように、一九七〇年代に入ると『肝っ玉かあさん』『ありがとう』『寺内貫太郎一家』などいずれもＴＢＳ系のホームドラマが高視聴率をあげ、バラエティ番組では『8時だョ！全員集合』（ＴＢＳ系）が小学生から、時代劇としては『水戸黄門』（ＴＢＳ系）が中高年層から圧倒的な支持を得て「お化け番組」といわれた（NHK放送世論研究所 1983：57）。これらの番組はいずれもしっかりとした脚本・演出に基づいて作られており、ファンはそれぞれの番組を「作品」と見なし集中して「鑑賞」していた。また機能面からいっても、当時はリモコンがまだ登場しておらず、今日では当たり前のこととしておこなわれているザッピング（気の向くままにチャンネルを切り替えること）がしづらかった。そのため、視聴者は始めから終わりまで一番組を見ることがふつうであり、鑑賞的テレビ視聴を余儀なくされたともいえるだろう。

ツッコミをいれる視聴者

このような鑑賞的テレビ視聴は、一九七〇年代半ばあたりまで日本社会における一般的な視聴スタイルであったと考えられる。しかし一九八〇年代に入るとそれまでには見られなかった新しいスタイルのテレビ視聴が出現する。それは、テレビから送られてくるメッセージを受け手がそのままのかたちで受容するのではなく、視聴者が自らの解釈枠組みを用いて解読し、そこに送り手側が意図していなかったような「新しい意味」を作り出すという視聴スタイルである。

このような新しいテレビ視聴の格好の対象となったのが、一九八三年から八四年にかけて放送された『スチュワーデス物語』（TBS系）である。このドラマは、当時のアイドル堀ちえみ扮するスチュワーデス訓練生・松本千秋が、風間杜夫が演じる教官・村沢浩に対して恋心を抱きながら、厳しい訓練のなか努力をつづけ正規のスチュワーデスを目指すという「根性物語」である。このドラマは平均で約二〇%、最終回には二六・八%（関東地区）という高い視聴率をあげ大成功を収める。しかしこの「成功」は、多くの視聴者がこの根性物語に惹きつけられ感動したがゆえにもたらされたものでは必ずしもなかった。むしろ大映ドラマ独特の大げさでクサい演出や、堀ちえみのけっしてうまいとはいえない演技が「笑える」ということが、人気を博した主たる理由であった。つまり視聴者は、『スチュワーデス物語』を「根性物語として見るのではなく、そのメッセージをズラして、一種のパロディとして見ていた」（稲増 1991：15）のである。

こうしたテレビの見方は、前節で述べた「能動的受け手」を体現するものであるといえるだろう。受け手は送り手のこめた意味を常にそのままのかたちで受容するわけではなく、それゆえエンコーディングとデコーディングの間にズレが生じる可能性があること、これが「能動的受け手」論のポイントであった。送り手側は、数々の試練を乗り越え立派なスチュワーデスへと成長していく「感動の物語」として『スチュワーデス物語』を放送したわけだが、視聴者はこれを「お笑い」番組として消費していたのである。こうしたテレビ視聴におけるまなざしは、もはや番組を作品として捉えそれを鑑賞する「観客」のまなざしではない。むしろここでは、決まりきったセリフや誇張された演出あるいは演技のまずさなどをあざとく見つけ、それらにツッコミをいれる視点、いいかえれば底意地の悪い「観察者」の視点が前景化しているのである。アーヴィング・ゴフマンは芝居や演劇を見る人を「見物人（onlooker）」と「劇場へ行く人（theatergoer）」とにわけ、ステージ上のおどけた役柄により引き起こされる笑いを「見物人の笑い」、演出の不手際や役者のミスにより生じる笑いを「劇場へ行く人の笑い」と区別したが（Goffman［1974］1986：130-131）、こうしたツッコミをいれる観察者のまなざしは、劇場へ行く人の視点がテレビ視聴の場面に適応されたものといってよいだろう。

受け手からの意外な反響を受けて、一九八〇年代中頃になると送り手側はツッコミをいれる視聴者を前提とし、彼らの観察者としてのまなざしを積極的に活用するかたちで作られた番組が現われるようになる。一九八五年から放送された『天才・たけしの元気が出るテレビ!!』（日本テレビ系）はこのことを象徴する番組であった。この番組の特色は、さびれた商店街を復興させる、知名度の低い大学を有名にする、お嬢さまを探すなど、ほとんどとるにたらないトピックをドキュメント風の作りで大げさにとりあげ、視聴者もそうした企画にあえてノルことで、非日常的な「祭り空間」を構築する点にあった。ここでは、ドキュメンタンリー番組の演出をそれにふさわしくない素材に用いる制作者と、これがドキュメンタリー番組のパロディであることを知りぬいた視聴者が共犯・共謀するという、それまでには見られなかった送り手－受け手の関係が作り出されている（小林 2003：163-164）。

同様のことは、一九八五～八七年に放送された『夕やけニャンニャン』（フジテレビ系）についてもいえる。この番組は、当時の女子高生を集めたアイドル・グループ「おニャン子クラブ」を生み出したことで有名だが、このメンバーを集めるさい、あえて歌や踊りがうまい子を選ばず、「どこにでもいそうな女の子」という親しみやすさを主な採用基準とした。これを受けてファンの側も、彼女らはたいして歌はうまくないしスターと呼べるほどの魅力も備えていないことを知りつつ、そうであるがゆえに、彼女らに熱狂的な声援を送ったのである。ここにも、「実力」を伴わないアイドルを意図的に売り込もうとする送り手と、そうした仕掛けを読み取った上であえてこの「詐欺ゲーム」に加担する受け手との共犯関係を見ることができる（稲増 2003：162-163）。

反応する視聴者

だが、一九九〇年代に入りしばらくすると、こうしたツッコミをいれる視聴者と送り手との共犯関係に、微妙ではあるが、しかし決定的な変化が生じる。この変化の徴候をはっきりと示したのが、一九九二年から放送された『進め！電波少年』（日本テレビ系）である。この番組は、事前に約束をとりつけることなく有名人や話題の人にさまざまな依頼を申し出て、これを実現させてしまおうという「アポなし」企画で人気を博すが、その名が一挙に知られるようになったのは、当時まったく無名のお笑い芸人・猿岩石がおこなった「ユーラシア大陸横断ヒッチハイク」であった。これは与えられた所持金一〇万円を手に、香港からロンドンまでヒッチハイクだけで旅行するという企画で、道中で直面する数々の困難を乗り越え懸命にゴールを目指す猿岩石の姿は多くの視聴者の胸をうち、一九九六年一〇月ついにゴールにたどり着いたときには、猿岩石は「社会現象」と呼んでいいほどの人気者となっていた。

しかしその後しばらくして、猿岩石は旅の途中で飛行機に乗っていたことが発覚し、このことが一部のマスコミにより批判的なトーンで報道される。にもかかわらず、このような報道に対する視聴者の反応は鈍いものであった。これはなぜであろうか。ドキュメンタリー（風の）番組に対して向けられた「じつはヤラセである」といった言説が「批判」として機能するためには、前提として、テレビの外側には「客観的現実」があり、テレビはこうした現実を歪めることなく忠実に再現すべきである、との考えが存在しなければならない。だが一九八〇年代に、テレビで作り出されるリアリティは「虚構」であることを認識し、「虚構」とあえて戯れてみせることのおもしろさを学習した視聴者からすると、「ヤラセ」という批判を可能にするこうした考えは、あまりにも素朴《ナイーブ》なものに映る。テレビで放送されるものは、程度の差はあるにせよ必ず何らかの演出がおこなわれており、その意味で「ヤラセ的要素」のない番組などありえない。私たちはそのことを十分承知でテレビを見ているのだから、それに対して「ヤラセである」と批判されても何の痛痒も感じない、というわけである。ここに、「アイロニカルであるからこそ没入するという奇妙な視聴のスタイル」が生み出されることになる（北田 2005：183）。つまり、「結局、テレビなど全部ヤラセなのだから、そのとき感動できればそれでいいじゃないか」との「開き直り」ともいえるようなテレビ視聴が生じるのだ。

けれども、このような視聴を支えるテレビ・リアリティに対するラディカルな認識は「ツッコミ」という観点から見ると、その力を著しく減退させているといわざるをえない。さきに見たように、ツッコミ型のテレビ視聴が現れてきた一九八〇年代前半には、視聴者が観察者としてツッコミをいれることで、エンコーディングとデコーディングの間にズレが生まれた。「根性物語」として制作された『スチュワーデス物語』が「お笑い」として消費されてしまったのはその典型である。しかし「猿岩石ヒッチハイク」にあっては、もともと感動番組を作ろうという意図は制作者側になかったとしても、回を重ねるごとに感動の要素が醸成され、最終的には感涙にむせぶ猿岩石とそれを見て胸を熱くする視聴者とが結託することで「感動空間」が作り出されることになる。ここでは、ツッコミをいれる「観察者」としてのまなざしは、消滅したわけではないが、弱体化し後景へと退いてしまっている。太田省一の言葉を借りれば、「省略されたツッコミは、いざというときにはツッコミとしての役目を果たすが、基本的には『感動』の回路の広がりを、いわば見て見ぬふりをしながら、沈黙のうちに実質的に保証するように作用」（太田 2002：136）しているのである。こうなると、もはやエンコーディングとデコーディングとの間のズレは見られない。今や視聴者は、テレビ番組のなかで作り出されるリアリティを「現実」と受けとめ、それに対してときに笑いときに驚きときに感動する存在となったのである。だとすれば、ここに大きな逆説を認めないわけにはいかない。なぜならツッコミをいれる能動的な受け手が、まさにその能動性を追求するなかで、テレビ的リアリティに対して律儀に反応する存在へと転化してしまったのだから。

4　ツッコミのゆくえ

テレビ視聴の三類型

ここまで視聴スタイルがどのように変わってきたのかを見てきた。最後にまとめとして、時代ごとのテレビ視聴を類型化しそれぞれの特徴を整理しておきたい。一九五〇～七〇年代における主要なテレビ視聴形態は、テレビの外側で起きている興行やイベントを視聴者が「見物」する、あるいは送り手が制作したドラマやバラエティなどの番組を「鑑賞」するというものであった。それゆえ、こうしたテレビ視聴を〈見物・鑑賞的テレビ視聴〉と呼ぶことにしたい。ここでの視聴者のまなざしは基本的に「観客」のまなざしであり、それゆえ送り手からの情報やメッセージを集中して受け取ろうとする傾向が強い。また、送り手と受け手の力関係という点に注目すると、受け手は送り手から一方的に伝達される情報を享受する存在にとどまるという意味で、送り手優位のコミュニケーションであるといえる（図6-2のａ参照）。

一九八〇年代に入ると、視聴者はそれまでのような「従順」な存在ではなくなる。受け手は送り手から送り届けられる情報を、送り手が意図していなかったようなかたちで受容し「意味」の改変をおこなう。つまり、視聴者は「観客」というよりむしろ「観察者」として番組の細部にツッコミをいれながらテレビを見るのである。ここでは、受け手は解読者として積極的に「新しい意味」の構成に関わっており、それゆえこのようなテレビの見方は〈能動的テレビ視聴〉と呼ぶことができるだろう（図6-2のｂ参照）。

こうして送り手の意図をすりぬけていく存在となった視聴者の出現を受けて、送り手は視聴者を手なずけるので

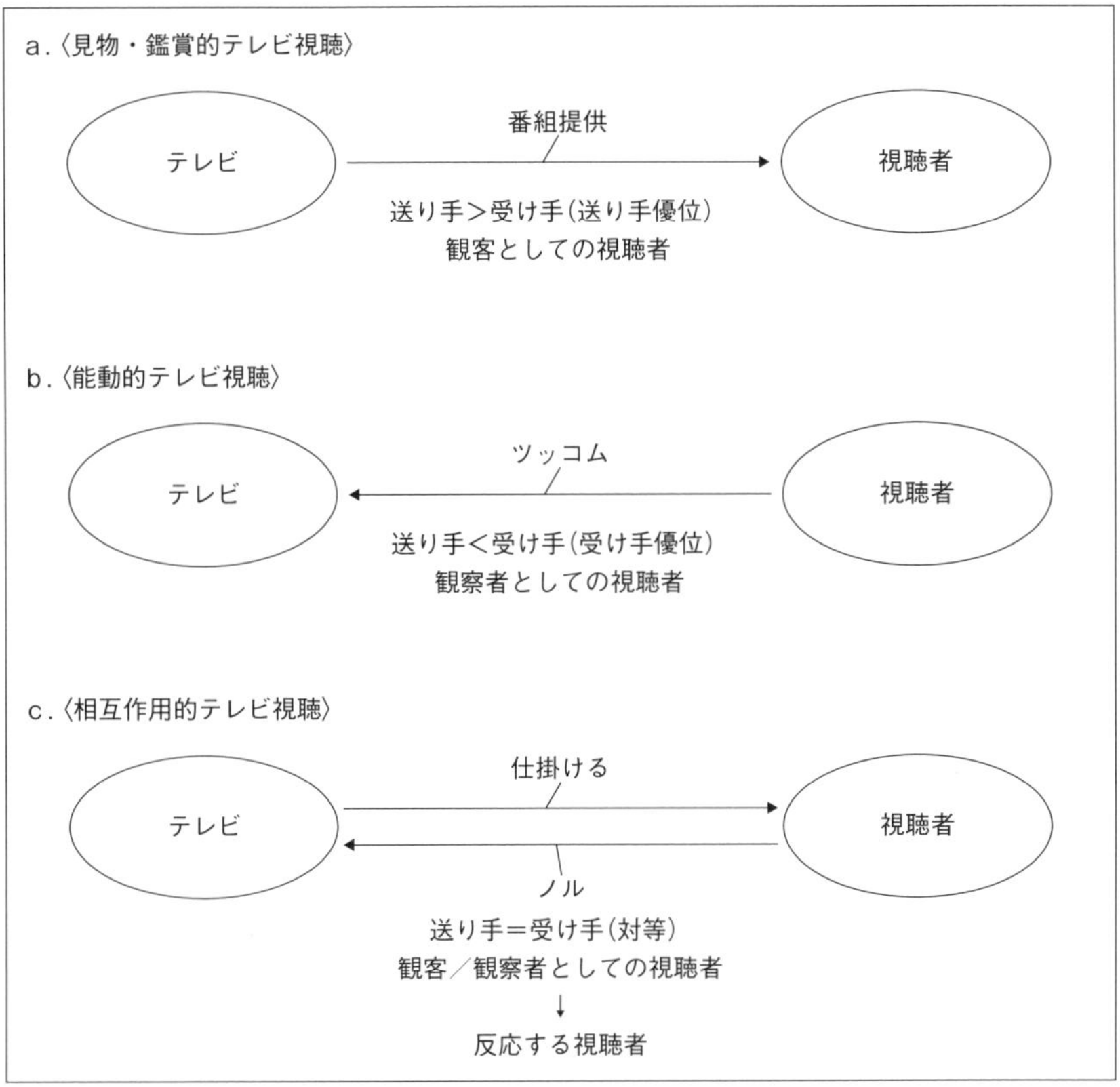

図6－2　テレビ視聴の三類型

はなく、彼らの能動性を前提とした番組を作り出すようになる。ここでは、本気とも冗談ともつかぬやり方で数々の企画を仕掛けてくる送り手と、そうした仕掛けを仕掛けと知った上であえてノル受け手との間に共犯的な関係が構成される。このように、送り手と受け手が相互の能動性を利用しながらおこなわれるテレビ視聴を、〈相互作用的《インタラクティヴ》テレビ視聴〉と呼ぶことにしよう。このテレビ視聴においては、もはや送り手と受け手のどちらが優位かという問いが意味をなさないぐらい、両者は対等で密接な関係にあるといえる。

　だが、この〈相互作用的テレビ視聴〉は一九九〇年代半ばに変質する。一九八〇年代後半においては、観客／観察者という二重のまなざしを持つ視聴者と、このまなざしを活用する送り手との間で相互作用がなされていたため、そこで構成されるリアリティは現実と虚構の間をたえず揺れ動いていた。しかし、一九九〇年代になると「テレビの外部などない」との認識が広がると同時に観察者としてのまなざしが後退したため、受け手はテレビが構成するリアリティに没入するようになる。それに伴い、ツッコミはテレビ的リアリティから距離をとる身振りとしてではなく、それへの直截的な反応として作用しはじめる（図6-2のｃ参照）。

内閉化するテレビ空間

ツッコミは今や意味を変容させる力ではなく、テレビのなかで生み出されるリアリティへの即座の反応力へと変質した。そればかりか、最近ではこの「反応としてのツッコミ」はテレビの画面上で公然と示されるようになってきている。このことを象徴しているのが、近年バラエティ番組で多用されている「ワイプ」である。ワイプとはメイン画面の片隅に表示される小さな画面のことで、そこにはしばしばＶＴＲを見ているタレントの反応が映し出される。こうしたワイプに映る出演者の反応は、送り手側が想定する視聴者の反応を代理表象《リプレゼント》する働きを持っていると考えられる。第2節で述べたように、マスコミュニケーションは相互モニタリングが不在であるため、送り手が受け手の反応を把握しコントロールすることは容易ではない。そのため、お笑い番組などでは効果音として笑い声を挿入することで受け手から理想的な反応を引き出そうとしてきた。ワイプは視聴者の反応をテレビ画面へと組み込む新しい手法であるといえるだろう。

このことは、デコーディングの自律という受け手の能動性を送り手に譲り渡すことを意味する。なぜなら、いまや視聴者に代わって出演者が「笑う」「泣く」「驚く」などの反応を示してくれるからである。それと同時に、送り手側の役割も変化する。今日のテレビ出演者は視聴者を笑わせたり感動させたりするだけでなく、あるいはそれ以上に、視聴者の代わりに笑い、泣き、驚く存在でなければならないのだ。近年のタレントがバラエティ番組で過剰なまでの大げさなリアクションをするのは、彼らが理想的な受け手の反応を代理表象する役割を担っているからである。こうして送り手と受け手はともにその能動性が剝奪され「相互受動的《インターパッシヴ》な主体」（Žižek 2002）となる。

このようにして、視聴者の視線と反応がテレビ画面のなかに取り込まれテレビ空間が内閉化しようとするとき、その外側にいる受け手はいったいどのような反応を示すのであろう。自らの代わりに笑い、泣き、驚く出演者に共鳴し同じような反応を示すのか、それとも、現実の視聴者を放置して大げさなリアクション・ゲームに戯れる「内輪ウケ」（太田 2002：76）を呆れはてた眼《まなこ》で見つめるのであろうか。いずれにせよ、かつて〈能動的テレビ視聴〉が可能にしたツッコミによる意味変容がそこにもたらされる余地は、ほとんど残されていないのである。

文献

Cantril, Hadley, 1940＝一九七一、斎藤耕二・菊池章夫訳『火星からの侵入』川島書店。

Goffman, Erving, [1974] 1986, *Frame Analysis*, Boston : Northeastern University Press.

Hall, Stuart, 1980, "Encoding/Decoding", Stuart Hall, Dorothy Hobson, Andrew Lowe and Paul Willis eds., *Culture, Media, Language*, London : Unwin Hyman, 128-138.

稲増龍夫、一九九一、『フリッパーズ・テレビ』筑摩書房。

――――、二〇〇三、『パンドラのメディア――テレビは時代をどう変えたのか』筑摩書房。

北田暁大、二〇〇五、『嗤う日本の「ナショナリズム」』日本放送出版協会。

小林直毅、二〇〇三、「『天皇の逝く国』のテレビとオーディエンス」小林直毅・毛利嘉孝編『テレビはどう見られてきたのか』せりか書房、一五三～一七九頁。

Lazarsfeld, Paul. F., Bernard Berelson and Hazel Gaudet, 1944＝一九八七、有吉広介監訳『ピープルズ・チョイス』芦書房。

ＮＨＫ放送文化研究所、二〇〇三、『テレビ視聴の50年』日本放送出版協会。

ＮＨＫ放送世論研究所、一九八三、『テレビ視聴の30年』日本放送出版協会。

太田省一、二〇〇二、『社会は笑う――ボケとツッコミの人間関係』青弓社。

白石信子・原美和子・照井大輔、二〇〇五、「日本人とテレビ・2005――テレビ視聴の現在」『放送研究と調査』第五五巻八号、二〜三五頁。

Thompson, John B., 1995, *The Media and Modernity*, Cambridge : Polity Press.

Žižek, Slavoj, 2002, "The Interpassive Subject" (http://www.lacan.com/interpassf.htm).

第7章　なぜキャラクターに「萌える」のか
——ポストモダンの文化社会学

木島由晶

「萌え」という言葉を耳にしたことのない読者はいないだろう。定義に諸説はあるものの、これは「実在しないキャラクターに愛着を抱くこと」（ササキバラ 2004）をさす言葉であり、『電車男』のヒットなどによって、従来「日かげの趣味」と見なされてきたオタク文化が、一気に「日なた」に躍りでたことを象徴する単語である。連日くり広げられるメディア報道から、何となくイメージをつかんでいる人は多いはずだ。あるいはそこに、「気味の悪さ」を感じている人もいるかもしれない。

ここでは、オタクと「萌え」の関係について、一度きちんと向きあって考えてみよう。「萌え」現象の何がどう新しいのか。オタク青年はいかにして実在しない「美少女」にのめりこんでいくのか。以上の分析を通して、本章では、「キャラ萌え」と呼ばれる行為が、自らを「オタク的である」と自認している人はもちろん、そうでない人にも無視できない社会的な特徴を有していることを明らかにする。そこから見えてくるのは、私たちが自明のものと見なしてきた、「人間」と「現実」に対する考え方の大きな変化である。

1　「美少女」を愛でる態度

「萌えキャラ」の躍進

二〇〇〇年代前半の「萌えバブル」と呼ばれた段階をこえ、アニメやゲーム風のキャラクターは、今やすっかり私たちの日常に浸透したように思われる。「萌え」は二〇〇五年の流行語大賞にノミネートされ、それまでオタク青年の占有物と見なされてきた美少女キャラは、それとは無縁に思えるような場所、たとえば自治体のマスコットに用いられるまでになった。

紀州備長炭の産地、和歌山県みなべ町では、みなべ川森林組合が頭に備長炭を乗せた少女「びんちょうタン」をキャラクターにした。制作したゲームソフト会社「アルケミスト」（東京）が04年、備長炭の発信に役立ててほしいと、組合に提携を持ちかけた。（中略）和歌山県出身の同社担当、永田一久さん（33）は「従来のアニメファンとは違う層の人にも、萌えキャラを広く知ってもらうきっかけになった」と語る（『朝日新聞』二〇〇七年三月三日付夕刊記事）。

ただしこれは、単にオタク文化の広まりを示すばかりではなく、別の現象面での変化も示唆している。なるほど、たしかに愛らしい三次元の美少女キャラは、今やすっかり街のあちこちに偏在しており、私たちの日常に溶けこんでいる。この観点から見れば、もはやオタク文化は、とりたてて論じるまでもない文化事象に落ち着いたように思えるかもしれない。だが、ここで見逃されがちなのは、なぜそうした擬人化されたキャラクターが日常に浸透したのかという問いだ。というのも、かつてはモノ（商品）がヒト（美少女）のように扱われることよりも、ヒト（美少女）がモノ（商品）のように扱われる現象の方が、社会的に目立っていたからである。どういうことだろうか。理解を深めるために、以下ではまず、オタク青年たちがのめりこんできた「美少女」の変遷を、ざっと確認しておくことにしよう。

ヒトのモノ化

「オタク」が社会的に発見された[1]一九八〇年代は、空前の「アイドルブーム」であり、彼らがのめりこんだ美少女は、それ以前の年代から見て異質な特徴を示していた。社会学者の稲増龍夫によると、この一〇年間は、女性のアイドルが急速に「生活感＝生命感」を喪失していった時期と要約できる（稲増［1989］1993：243-244）。

松田聖子の演技的なふるまいがそれを象徴している。一九八〇年にデビューした松田聖子は、「アイドル第二世代」を代表する存在であり、「第一世代」のアイドル、つまり一九七〇年代に人気を博した山口百恵らとは、テレビにおけるふるまい方が大きく異なっていた。山口百恵の場合は、自分の生い立ちなどの生々しい境遇（＝ホンネの部分）もかくさず表出したが、松田聖子の場合は逆に、フリフリのスカートを履いてお姫様のようにふるまうなど、「ぶりっ子」と呼ばれる過剰な演技（＝タテマエの部分）を徹底させて、人間くささを感じさせないようにしたのである。

背景には、人々のメディア受容の変化があった。松田聖子の人気は、アイドルがテレビのなかの「お人形」にすぎないことを、視聴者が了解していて初めて成立する。すなわち、ファンは以前よりも「スレた」目線で聖子を愛でたのであり、以前であればウソくさいと一蹴されたはずの作りモノめいた演技は、テレビの上での「お約束」と受けとめられた。今日でこそ、メディアのなかの出来事を「ベタ」に受けとるのでなく、「ネタ」的に楽しむ作法は定着しているが、松田聖子の人気は、このような視聴態度が形成されるひとつの契機と考えられるわけだ。

図7－1　みなべ町の職員と「びんちょうタン」
出所：『朝日新聞』2007年3月3日付夕刊より

そうしてアイドルを「生ける・キャラクター・商品」（小川 1988：121）と見なす態度が形成された先に、一九八〇年代の末にはとうとう、生身の身体を持たないアイドルが登場する。芳賀ゆいと名づけられた「彼女」は、深夜ラジオでのささいな冗談から生まれた。パーソナリティの伊集院光が、『オールナイトニッポン』の放送中に「『歯がゆい』みたいなおかしな語呂のアイドルがいてもいいじゃん」と発言し、また、この冗談にリスナーも便乗して、ウ

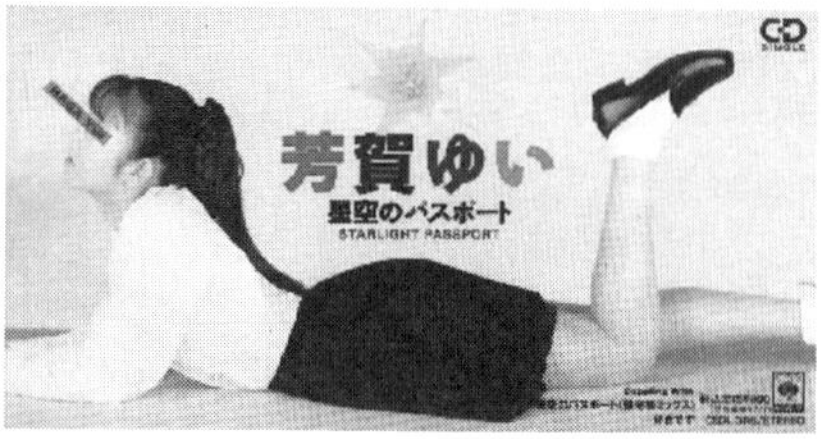

図7－2　芳賀ゆい「星空のパスポート」
協力：ソニーミュージックレコーズ

ソの目撃談が寄せられ続けた結果、番組内に芳賀ゆいコーナーが設立され、具体的な人物像が肉付けられたのである。

興味深いのは、空想の産物にすぎないはずの「彼女」が、実際に芸能活動を展開した点にある。番組の盛りあがりを知ったCBSソニーが、「覆面アイドル」として芳賀ゆいをレコードデビュー（ヴォーカルは匿名の女性が担当）させたところ、一九九〇年に発売されたシングル曲「星空のパスポート」（現在は廃盤）は、オリコンチャートで最高五一位を獲得、二万枚を売りあげた。また、ライブや握手会などのイベント――ファンがめいめいに抱く「彼女」のイメージを守るため、会場には複数の芳賀ゆい（役）が登場――も頻繁に催され、ファンは実在しないアイドルを、実在しないと知りつつ、しかし実在するかのように愛したのだった。

モノのヒト化

もっとも、芳賀ゆいは「実在のアイドルならこうするだろう」というラジオリスナーの想像力が生み出したもので、究極的には人間をモデルにしていた。ところが、一九九〇年代も半ばになると、実在の人間をモデルにしない架空の美少女が、実在するかのような人気を博しはじめる。

端緒は、一九九四年にコナミが発売したゲームソフト『ときめきメモリアル』に見出せる。これは、「ときめき学園」に入学したプレイヤーが、架空の高校生活を送るなかで、複数の美少女キャラと交際をはぐくみ、卒業式の日にお気に入りの一人から「伝説の桜の樹」の下で告白されるのをめざすという内容のゲームである。現実では味わいにくい理想の恋愛を疑似体験できるこの作品は、複数のゲーム機に移植されて累計一〇〇万本のヒットを記録し、「恋愛シミュレーション」というゲームジャンルを世に広めるきっかけとなった。

なかでも、メインヒロイン藤崎詩織の人気は絶大で、一九九六年には「歌手デビュー」を果たし、シングル曲

「教えてMr. Sky」はオリコンチャートで最高二位を獲得、二〇万枚を売りあげた。以後、アニメやゲームのキャラクターを「アイドル的に」売るマーケティングの手法は洗練され、作中のキャラクターが歌っているという設定の楽曲（「キャラソン」と呼ばれる）は、しばしば音楽チャートの上位をにぎわすようになる。

そしてこの流れの延長線上に、原作すらも必要としない、擬人化された美少女キャラが活躍をはじめる。(2) 冒頭で紹介した「びんちょうタン」が典型だ。「彼女」はもともとウェブ上に掲載された一枚のイラストにすぎなかったが、予想外の反響を受けたことから商品化が展開され、急速にファン層を拡大していった。町の公式マスコットに採用され、キャラクターのフィギュアは二〇〇万個、コミックは一〇万部を売り、二〇〇五〜〇六年にはテレビアニメ化まで果たした。

つまり「びんちょうタン」は、当初からキャラクターと呼びうるほどの特徴を備えていたわけではない。絵柄の人気が一人歩きするうちに、後から経歴や性格などの情報がつけ加えられ、存在感を獲得していったのである。

図7-3　炊飯器のなかの「びんちょうタン」
Ⓒアルケミスト

人間はもういらない？

以上のように、オタク青年がのめりこむ「美少女」の流行は、一九九〇年ごろを転機として、実在の人間が生活感を失っていく「ヒトのモノ化」から、架空のキャラクターが存在感を獲得していく「モノのヒト化」にシフトしている（図7-4）。時代がくだるごとに、ますます人間は必要とされなくなり、ついにはとうてい人間とは見なせないモノすらも、「美少女」として愛でる態度が目立つようになった。

こうして見ると、「萌え」現象の目新しさは、実

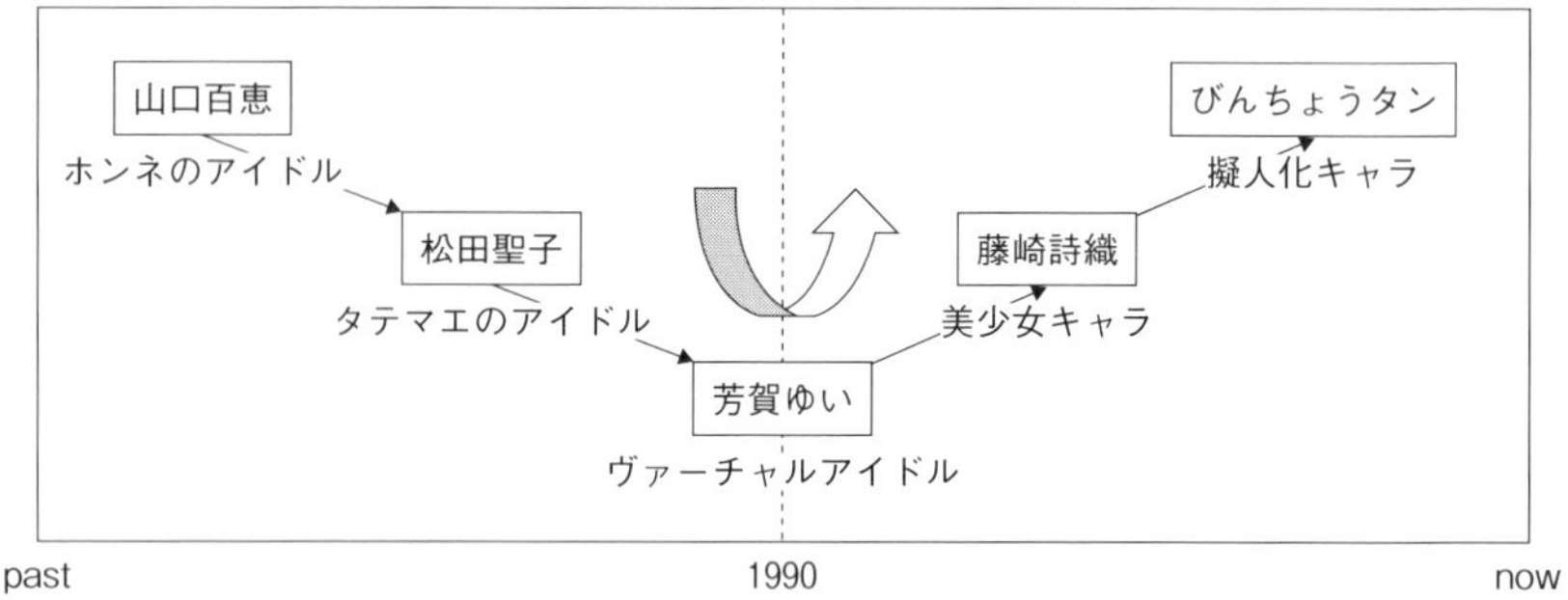

図7-4　オタク文化における「美少女」の変遷

在しない「美少女」が、人間を凌駕するほどの現実的な影響力を持ちはじめた点にあることがわかるだろう。実はこれは、オタク文化になじみのうすい読者にとっても、けっして他人事ではない。というのも近年、多くの論者がオタクに注目しているのは、そこに日本社会の特徴が、先鋭的なかたちで現れていると考えられているからだ。そこで次節では、今日のオタク文化に関する主要な議論を検討し、「キャラ萌え」と呼ばれる態度が台頭した社会的な背景を探ってみよう。

2　作品を消費する作法

断片を取りだす消費

まず、アニメやゲームにのめりこむオタク青年の消費スタイルがどう変化したのかをつかんでおこう。思想家の東浩紀（東 2002）は、ひとくちに「オタク的」とくくられやすい文化のあり方が、一九九〇年代を境に大きく変化したことを、日本のテレビ史を代表する二つの巨大ロボットアニメ、『新世紀エヴァンゲリオン』（一九九五年）と『機動戦士ガンダム』（一九七九年）のちがいを例にあげて説明している。

ひとつは「シミュラークル」の全面化である。これはフランスの社会学者ボードリヤール（Baudrillard 1981＝1984）の概念で、「オリジナル」と「コピー」のどちらともいえない中間形態が広まる状況をさす。ボードリヤールによると、現代の社会においては、もはや何がしかの消費財（たとえば文化作品）をゼロから純粋に産出しているという想定は成立しない。すなわち、一方が「オリジナル」で他方が「コピー」というのではなく、あらゆる消費財が「コピーのコピー」として流通する時代に突入している。クラブミュージックにおける「サンプリング」や、現代アートにおける「カットアップ」が典型だが、そうして既存の作品を組みあわせて新たな「作品」が生まれる状況を、ボードリヤールは鏡の部屋のなかで、光が無限の反射運動をくり返す状況にたとえた。この比喩でいえば、互いが互いを写しあう（＝コピーしあう）状況にあるすべての事物が「シミュラークル」である。

東は、この「シミュラークル」がオタク文化にも色濃く確認されるようになってきたという。東によると、『ガンダム』は一九七九年に放映された最初の作品（「ファーストガンダム」と呼ばれる）以降、いくつも続編が創られているが、その大半が同じ架空の歴史（「宇宙世紀」と称される）に沿って構想されており、また、ファンの創った「二次創作」（原作をもとにしたパロディ）でもその歴史は尊重されている。だが『エヴァンゲリオン』は、一九九五年の最初のテレビ放映時から、単一の歴史を描くことは志向されておらず、テレビ放映中に作品の本筋をパロディ化したようなパラレルワールドが挿入されたり、また、放映後も同じ作品が別のバージョンで幾度も作り直されたりしている。要は、原作の二次創作化ともいうべき特徴が観察される点で、アニメ『エヴァンゲリオン』はもはや特権的な「オリジナル」ではない。

もうひとつは「キャラ萌え」の台頭である。『ガンダム』ファンの多くは、メカニックのデータや年表を精査して、作品世界をより深く理解することに喜びを感じている。しかし『エヴァンゲリオン』のファンは、若い世代になるほど「主人公の設定に感情移入したり、ヒロインのエロティックなイラストを描いたり、巨大ロボットのフィギュアを作ったりすることだけのために細々とした設定を必要として」おり、「そのかぎりでパラノイアックな関心は示すが、それ以上に作品世界に没入することは少な」い（東 2002：59-60）。

以上をまとめて、東はオタク青年の消費スタイルの変化を、「物語消費」（大塚［1989］2002）から「データベース消費」への移行ととらえる。すなわち、作品の世界観を読みこんで楽しむモードから、設定を取りだして楽しむモードへの移行であり、旧世代のオタクが作品世界に固有のロジックや世界の厚みにこだわりがちであるのに対し、新世代のオタクはそうした側面にはさほど拘泥せず、キャラクターを作品世界の脈絡から自在に分離させて、断片的に楽しむモードが主流になったという。

ＲＰＧの波及

では、こうしたモードの変化はなぜ生じたのか。制作の現場にいる人たち、特に小説家の新城カズマ（新城 2006）や、マンガ原作者の大塚英志（大塚 2003）が重視しているのは、ロールプレイングゲーム（ＲＰＧ）の影響である。

ＲＰＧとは、その名の通り、人が役割（role）を演じる（play）ゲームをさす。演じられるのは「魔法使い」や「戦士」などの架空の役割が多く、典型的には『指輪物語』のような古典的な小説を起源に持つ、「剣と魔法」の冒険ファンタジーの世界観を下敷きにしてきた。発祥国であるアメリカでは、カードゲームの一種として誕生したため、ＲＰＧといえば、数人のメンバーが机を囲んで遊ぶ「テーブルトークＲＰＧ」をさす場合が多い[3]。だが日本では、『ドラゴンクエストⅠ』（一九八六年）に代表されるテレビゲームの人気が先行したため、ＲＰＧといえば「コンピュータを相手に遊ぶもの」というイメージが定着している。

このような受け入れ方のちがいはあるものの、ＲＰＧは「小説的」な楽しみ方とは別の、新しい物語の楽しみ方を広めた。とりわけ物語を展開させる決定権を、プレイヤー自身が有する点は大きい。小説の場合は通常、物語の展開は作者にゆだねられているが、ＲＰＧの場合、展開を決めるのはプレイヤーの側にあり、少なくとも物語を「外側」から眺めるのではなく、「内側」から演じることで、展開を自由に選びとることができる。そしてこのことは、物語を複線的にとらえる認識をはぐくむ。というのも、小説の登場人物は、結末の定まった作品世界のなかで「一度きりの生」を生きるのが基本であるが、ゲームのキャラクターは、誰がプレイするかによって、あるいはプレイするたびに「複数の生」を生きられるからである（東 2007）。

こうしてＲＰＧでは、物語の魅力は舞台として後景にしりぞき、そこで役割を演じるキャラクターの魅力が前景化するが、重要なのは、この「ゲーム的」な楽しみ方が、他の文化ジャンルにも飛び火した点にある。特に一九八〇年代の後半からは、ＲＰＧ的な手法をとりいれた小説が市場に登場し、若年層を中心に爆発的な支持を集めるようになった。「テーブルトークＲＰＧ」のプレイ記録を小説化した『ロードス島戦記』（一九八八年）や、『ドラゴンクエスト』風の作品世界を援用した『スレイヤーズ』（一九九〇年）のヒットを契機に、物語の展開よりも、キャラクターの設定を優先する小説の創り方／楽しみ方が顕在化したことを、大塚は「キャラクター小説」の成立、新城は「（狭義の）ライトノベル」の成立と呼んでいる。

「お約束」の伝播

ならば、小説やアニメを「ゲーム的」に楽しむとは、一体どのような状態をさすのか。社会哲学者の稲葉振一郎（稲葉 2006）は、物語が多くの人に理解されるためには、作り手と受け手の間で前提となる知識が共有されていなければならない点に注目し、「お約束」という言葉を用いて、ここでいう「小説的」な作法と「ゲーム的」な作法のちがいを説明している。

稲葉によると、従来の「小説的」な作法は、基本的には現実社会の「常識」に依拠している。これは、同じ時代に生まれ、同じ言語、似通った技術やライフスタイルを現実に共有している人々は、相当程度の知識、考え方、価値観を共有しているという想定をさし、この意味での「常識」が、『お約束』とは意識されない、される必要のない『お約束』」（稲葉 2006：56）として、純文学から「ジャンル小説」（ＳＦやミステリなど）にいたるまで、人間が登場する物語を楽しむさいの前提とされてきた。

だが「ゲーム的」な作法は、そうした現実世界の「常識」にはこだわらない。すなわち、作中でキャラクターが唐突に魔法を使おうが、タイムスリップして過去の時代に旅をしようが、なぜそういう出来事がおこりえたのかは不問にして、「そういうもの」として楽しまれている。代わりに前提とされているのは、作品世界の「お約束」、つまり、ＳＦ・ファンタジー的な「架空世界のガジェット」（稲葉 2006：74）であり、これらの集積からなる「データベース」が、一九九〇年代からさかんになる文化作品のメディアミックス的な展開――同じ世界観をゆるやかに共有する作品群が、異なる媒体（コミック、アニメ、ゲームなど）で同時に売りだされること――によって、だれでも容易に学習されるようになったという。

マクロな状況分析をこえて

以上を整理すると、実在しない美少女を愛でる「キャラ萌え」は、今日のオタク文化に見られる「データベース消費」を象徴しており、ＲＰＧの波及とメディアミックスの展開という、ふたつの社会的な条件を核に浸透したと考えられる。すなわち、物語以上にキャラクターを重視する楽しみ方が広まり、作品世界の「お約束」を学習しやすい環境がととのったことで、現実世界との整合性にこだわることなく、キャラクターを断片的に取りだす消費スタイルが台頭したという仮説が成り立つ。

だが、いくらこのように説明されても、オタク文化に関心のない読者には、今ひとつピンとこないかもしれない。というのも、結局のところ、これまでの議論は社会の動きや世代のちがいに注目したマクロな状況分析に照準してきたため、オタク青年がいかにして美少女キャラに「萌える」ようになるのかはさっぱりわからないからだ。

この場合に役に立つのが、第3章で検討された質的アプローチである。なかでも、ある個人が意識や行動を変えていくシークエンス（継起的な変化）に注目する生活史（ライフヒストリー）法は、「異文化を対象とし、それを人間行動の動機に遡って内面から理解しようとするとき、より効果を発揮する」（谷編 1996：iii）。換言すれば、調査対象者の「内面」の変化を、分析者が再構成して示すことによって、その文化になじみのうすい読者にとっても、具体的なシークエンスを追体験することが可能となる。そこで次節では、一人のオタク青年が美少女キャラにのめりこむまでの軌跡を検討しよう。

3　キャラクターに「萌える」過程

極端な事例に注目

ここでは、筆者が二〇〇七年の五月から九月にかけて実施した面接調査を紹介する。調査対象者は、大阪府に住む書店員の山田純（仮名）で、一九七二年生まれの彼は、調査時点で三五歳、すでに「青年」と呼ぶのが少々はばかられる年齢にさしかかっていた。前節で見た東の分類にしたがえば、純はオタク文化のなかで旧世代に相当し、本来ならば作品の世界観を読みこむ「物語消費」を楽しんでいても不思議ではない。だが純の楽しみ方はむしろ「データベース消費」的であり、旧世代に生まれたはずの彼が、新世代風の消費スタイルを身につけている点に特徴がある。

純の事例をとりあげるのは、それが二重の意味で著しい「落差」を示していたからだ。ひとつは、「いい大人」が美少女キャラにのめりこむという年齢的な落差であり、もうひとつは、オタク文化に無関心だった彼が、手のひらを返すように興味を抱くようになったという関心の落差である。第3章で確認した通り、質的アプローチは、集団の平均的な特徴を鳥瞰する（＝森をみる）よりは、個性的な特徴を虫瞰する（＝木をみる）目的に適している。極端な事例を検討することで、人がオタク文化にのめりこんでいく軌跡をより鮮明に理解しうるだろう。

純の生活史は、オタク文化への没入の程度によって、大きく三つの時期に区分できる。つまり、オタク文化に関心がない「第一期」（幼少期から二八歳まで）、オタク文化に入門する「第二期」（二九歳から三一歳まで）、オタク文化に本格的にのめりこむ「第三期」（三二歳以降）である。以下、純のプロフィールを文中に織り交ぜつつ、順に検討していこう。

純のオタク生活史

第一期（幼少期〜二八歳）

純は、これまでの人生において、恒常的にマンガやアニメに接してきたわけではない。子どものころは「ふつうに」それらを楽しんでいたが、中学二年ごろからしだいに興味をうしない、以後は歴史や地理などの「現実的なもの」にのめりこんでいった。純はこの時期を「長い冷凍期間」と呼ぶ。

では、この「冷凍期間」に純の関心をひきつけたのは何か。記憶に残っている思い出のひとつは、大学時代の地理サークルの活動だ。これは「高速道路の敷設は地域経済を発展させたか」といった問題関心のもとに、現地の商工会議所や住人に綿密な取材をおこない、知見を調査報告書にまとめるという、かなり「硬派」な学術サークルだった。

もうひとつは、大学卒業後の「貧乏旅行」である。きっかけになったのは、旅行作家の蔵前仁一が書いた『ゴーゴー・アジア』という本だ。当時はちょうど、テレビ番組の『進め！電波少年』で、お笑い芸人の猿岩石が「ユーラシア大陸横断ヒッチハイク」（一九九六年）をはじめており、リュックサックをかついで諸国を旅するバックパッカーが流行っていた。純は、二三歳で初めてインドを旅して以来、アルバイトをしてまとまったお金をためては、タイ、イタリア、トルコを放浪している。

したがって、二八歳になって書店員として働きはじめてからも、純が好んだ文化作品は、『世界遺産』や『世界の車窓から』などのドキュメンタリー映像が中心だった。もちろん、大人になってもマンガやアニメを楽しむ人が多いことは知っていたが、それは「遠いアフリカで戦争が起こっているようなもの」で、純には無縁の出来事だと感じられていた。

第二期（二九〜三一歳）

だが、書店に勤務して一年をすぎたころから、純はふたたび「虚構的なもの」に興味を持ちはじめる。きっかけは、書店で「コミック担当」に配属されたことだ。顧客の質問に答えられなくては「書店員として失格」であり、配属されたからには、マンガに関する幅ひろい知識を身につけておかねばならない。つまり、職業的な倫理観に後押しされたのである。

そこで純は、書店で売れ筋のコミックのなかから、自分も読めそうな作品を探しては、手あたりしだいに購入していった。『少年ジャンプ』に掲載されている「王道の少年マンガ」以外にも、各種の少女マンガや、俗に「ガンガン系」(4)と称される「濃い」マンガ、さらには、コミック売り場に併設されているライトノベルにも手をだした。それまでは「どうしてこんなに売れるのか不思議だった」が、購入した作品が自分の好みに「ヒット」し、純は今までの「偏見」を考えなおすようになる。

もっとも、このころ楽しんでいたのは主に「ストーリー性の強い」作品であり、そこでキャラクターに愛着を感じることはあっても、少年時代に「『キャプテン翼』の翼君や、『ドラゴンボール』の孫悟空に感情移入するような感じ」と、さほど変わるところはなかった。しかし他方で、純はこのころ美少女キャラへの「萌え」を理解する。きっかけは、女子高生の何気ない日常を切りとった四コママンガ『あずまんが大王』(5)(二〇〇二年)だ。純はそれらの「記号性の強い」作品を、ストーリーを楽しむ作品とは区別し、「スナック菓子を食べるような感じ」で、寝る前の気分転換に楽しんでいた。

第三期（三二歳～現在）

こうして純は、美少女キャラへの愛着を深めていくが、そこには大きな「壁」もあった。なぜなら、それまで純が接していたのはコミックとライトノベルが中心であり、アニメやゲームの美少女キャラには愛着を抱けなかったからだ。純は特に、声優が演じる「ボイスに抵抗感」を感じていた。

だがその「壁」は、純にとって思い入れの強い作品が映像化されたことで崩壊する。転機は、古風な女学校の人間関係を丹念につづったライトノベル『マリア様がみてる』のテレビアニメ化（二〇〇四年）である。親と同居している純は、「恥ずかしくて録画をたのめない」ので、自分専用のハードディスクレコーダを購入して鑑賞した。このアニメは、「必ずしも満足する出来栄えではなかった」ものの、以後は他の「美少女アニメ」も鑑賞するようになり、一年後には早くも、ダブル録画のできる二台目のハードディスクレコーダを購入、並行して、「恋愛シミュレーション」などのいわゆる「美少女ゲーム」にも手をだすようになる。

「壁」が崩れてからの純は、ストーリーを楽しむ作品と、記号を楽しむ作品を、以前ほどは区別しなくなった。純にとって両者は「車の両輪のようなもの」で、ひとつの作品のなかで、互いが互いの魅力を高めあうよう作用している。また、ひとつの作品を楽しむ幅が広がり、美少女キャラの「背負う宿命」や「感動的な場面」などのストーリー的な特徴から、「性格」や「見た目」などの記号的な特徴まで、「どこかに強くひっかかればＯＫ」という気持ちで楽しめるようになった。

受け入れ範囲の拡張

さて、以上のように純のオタク生活史は、第一期で「虚構的なもの」への関心を失った彼が、第二期でストーリーの魅力を再発見し、第三期で多様な「キャラ萌え」のあり方に啓かれていく軌跡として要約できる。この軌跡のなかでひときわ重要な転機は、第三期における「壁」の崩壊だ。これによって、純の接触する文化ジャンルは、紙媒体（マンガ／ライトノベル）を中心とした段階から、映像媒体（アニメ／ゲーム）にも食指を伸ばす段階へと変化し、またそれに伴い、純の楽しみ方は、ストーリーに重きをおいた消費スタイルから、記号的な魅力とともに味わう消費スタイルへと変化した。この変化を純は、「ストーリーとキャラがひとつにとけあう感覚」と表現している。

表7-1は、この「とけあう感覚」を獲得する以前（第二期）と以後（第三期）で、純が美少女キャラのどこに「萌えて」きた（いる）のかを、彼の記憶をたよりに整理したものである。よく知られているように、近年のオタク文化では、キャラクターに「萌える」特徴――これは東のいう「データベース」に相当する――が、「属性」や

表7-1　第二期と第三期における楽しみ方のちがい

時期	第二期（2001～2003年）		第三期（2004年～現在）	
消費の特徴	・紙媒体を中心に接触 ・ストーリー中心の消費		・映像媒体にも接触 ・記号的な要素とあわせて消費	
年齢	29歳	30～31歳	32歳	33歳以降
発見された萌え要素	「強気」 「メガネ」 「金髪」 「制服」 「インド人」 「銀髪」	「黒髪」 「お嬢さま」	「あほ毛」 「ニーソックス」 「メイド」	「猫耳」 「ツンデレ」

「要素」といった言葉で端的に表現され、通用している。表の下部に示した「萌え要素」がその特徴であり、ここではさしあたり、「金髪」や「ニーソックス」などは外見的な特徴をさし、「お嬢様」や「ツンデレ」などはキャラクターの性格的な特徴をさすと考えればよい。

この表を一見してわかるのは、第二期から第三期に移行するにつれて、現実にも存在しそうな特徴ばかりでなく、現実には存在しなさそうな特徴が登場していることだ。たとえば、「制服」や「強気」の女性は現実世界でもしばしば遭遇するが、「メイド」や「猫耳」の格好をした女性にはまずお目にかかれない。要するに純は、映像媒体に手を広げ、メディア横断的に作品を楽しむことで、稲葉のいう作品世界の「お約束」を学習し、しだいに荒唐無稽な美少女にも「萌え」を感じとれるようになっていったのである。

4　「現実」を選びとる時代

モノとつきあえる自由

以上で見てきた通り、今日のオタク文化には、実在しないキャラクターを愛でやすい環境がととのっており、また、今日のオタク青年は、それを愛でる作法に習熟している。このことを別の言葉で整理するならば、「萌え」に象徴される「お約束」の作法が浸透した結果、コミュニケーションの相手がヒト（人間）である必要性は急速にうすれ、代わりにモノ（作品）を相手にしたコミュニケーションが台頭してきたという構図で理解できるはずだ。

図７－５　本多透とその「家族」

だとすると、こうした状況の行きつく先に、モノとのコミュニケーションのみを徹底させたライフスタイルも考えられるだろう。小説家の本田透が提案する、「『脳内彼女』との幸せな結婚生活」がそれだ。本田の著書『電波男』（本田 2005）には、プロフィール欄に彼の「家族」が紹介されている。「妻：川名みさき」「妹：本田悠」「妹：涼宮茜」「妹：藤堂加奈」「メイド：なぎさ」。これらはすべて、パソコンのディスプレイ上に表示された美少女キャラである。本田によると、「二次元」の美少女とたわむれてさえいれば、もはや実在する人間と恋愛しなくてよいのだ。

もちろんこれは冗談である。だが、あながち冗談ともいい切れまい。重要なのは、そうした冗談が本気で可能と思えるほどに、「選択の自由」が拡張していることだ。そしてこの点こそが、オタク文化にラディカルなかたちで現れている、日本社会の現代的な特徴と見なしうるのである。

「現実」の複数化

この点に関連して興味深い指摘をしているのが、英文学者の木原善彦（木原 2006）である。木原は、ＵＦＯ／エイリアン神話の社会的な受容の変遷という、ユニークなテーマを分析し、一九九五年ごろを転機として、現代の日本社会が「虚構の時代」（大澤 1996）から「現実の時代」に移行したと述べている。

> ただし重要なのは、「現実の時代」と言うときの現実とは、皆が一致して認めるようなただ一つの「大文字の現実」と呼べるようなものとは異なり、複数存在しうるもの、「一つの現実と別の現実」「私の現実と他者の現実」という対立で考えられるものだということです。（中略）以前は大方の人の意見が一致する「現実」が

存在して、その対立項として「理想」や「虚構」がありました。ところが現在は現実そのもののとらえ方が多様化していて、かつ、それが異常な事態とみなされるのではなく、当たり前のこととなってきています。（木原 2006：186-187）

木原が示しているのは、個人の価値観に基づいて、各人が好きな「現実」を選びとれる時代が到来したということだ。これは「テレビの時代」から「ネットの時代」への移行ととらえると理解しやすい。「テレビの時代」は、「中心」にあるマスメディアが、「周辺」にいる視聴者へと一方的に情報を伝える点で、ツリー（大樹）状のモデルでとらえられる。ブラウン管の向こう側にある「大文字の現実」を、全国のお茶の間で一斉に受け入れられた時代は、たしかに「虚構の時代」と呼ぶにふさわしいものだった。対して「ネットの時代」では、そうした伝達モデルの優位性はくずれ、誰もが一様に信じられる「大文字の現実」も通用しなくなる。ブログで個人が自由に情報を発信し、検索エンジンで個人が関心のある情報だけを効率よく受信できる状況は、「中心」を欠いたネットワークが複雑にからみあう、ウェブ（網）状のモデルでとらえられるものだ。

このような状況の変化をさして、本章で紹介してきた論者の多くが、今日の日本社会を「大きな物語」の失効した時代、すなわち「ポストモダン」が徹底した段階と位置付けている[6]。木原のいうように、それはなにもウソ／ホントといった「真実」が選ばれる状況を意味するばかりでない。私たちはいまや、快／不快といった「動物的な」（東 2002）感情によって、コミュニケーションの「相手」さえも自在に選びとれるようになっている。「ポストモダン」の徹底とは、いわば「自由選択社会」の別名である。

「自由選択社会」の罠

もちろん、この「自由選択社会」は、功と罪の双方をあわせもつ社会だ。自分にとって都合のよい「現実」をどこまでも自在に選びとれる反面、偏った「現実」を選びとってばかりいると、社会生活に支障をきたす場合もある。

それらは同じコインの両面であるが、だからこそそれに対する反応は、「全肯定／全否定」というかたちで両極に割れやすい。そしてオタク青年が社会的に注目されるのは、彼らの「自由」な消費スタイルが突出している分だけ、その功罪が目につきやすいからなのだとも考えられる。

ならば、ここであなたに問いかけたい。あなたはオタク青年という存在を、今までどのようにとらえてきただろうか。実はあなたのとらえ方そのものが、「現実の時代」をどう生きているかを示す端的な確認になる。この点で示唆的な発言をしているのが、小説家の中原昌也（中原ほか 2006）だ。中原は、近年の「萌えバブル」に対するいらだちを、次のように表明している。

中原：（前略）身のまわりを自分の好きなものだけで固めて、それで何とかなってしまう状況は耐えられない。本当に嫌いですね。単なる感情論でしかないけど、それで世の中が面白くはならないもん。

更科：作品を「教養」じゃなくて「ツール」として捉えてますね。「泣きたいときはこのアニメ」、「オナニーするときはこのゲーム」みたいな。作品が総合薬じゃなくてサプリメント化していると言いますか。

中原：その問題って、結局は今の世の中のダメな部分すべてに影響していて、たとえば『映画秘宝』編集部に届いた読者からの感想で一番笑ったのが、「自分の知っていること以外はつまらなかったです」という批判。

（中原ほか 2006：190）

中原：結局、オタクの立脚しているメンタリティって一般人のメンタリティとまったく同じで、僕はそこに憤りを感じるんですよ。オタクは自分たちが特別な人間と思っているけど、実は一般人ともものすごく近いやつらだと僕は思ってるんです。（中原ほか 2006：191）

ここで重要なのは、「身のまわりを自分の好きなものだけで固める」心性が、オタク青年に特有のものではなく、ありふれた「一般人」の態度に近いのではないかという指摘である。自分の信じたいことしか信じず、知っていることしか知らず、つきあいたい「相手」としかつきあわない。「自由選択社会」とは、中原の言葉を借りると、「異質なノイズ」を排除して生きることを可能にする社会のことであり、今の私たちは、そうやってきわめて効率的に「私の現実」を作りあげることが可能な時代を生きている。

だとすれば、この場合にもっとも危険なのは、「オタクであること」ではもちろんない。「虚構と現実を混同している」という通俗的なイメージとは裏腹に、本章で紹介してきた事例は、作品世界が「お約束」であることを踏まえた上で、虚構を虚構として楽しむ態度を身につけていく青年の姿だった。もちろんそれは一例にすぎず、実際につきあってみれば、オタクにもさまざまなタイプがいる。「オタクだからよい／悪い」というのではない。「よいオタク」と「悪いオタク」がいるだけの話だ。

むしろ危険なのは、オタクを毛嫌いし、「気持ち悪い」と簡単に吐き捨ててしまえる「一般人」の方だろう。人間をステレオタイプなイメージ(7)でしかとらえようとせず、不快な先入観をあらためようとしない態度こそが、「現実の時代」における、「自由選択社会」の罠である。「社会」というマクロな対象（＝森のような対象）を扱う社会学のなかで、生活史法のようなミクロな調査法（＝木をみる分析）が必要とされる理由のひとつは、この「罠」の危険性を気づかせてくれる点にある。

もうおわかりだろう。もしもあなたがオタクを「気持ち悪い」と決めつけていたのだとしたら、まさにその「気持ち悪い」タイプの人間こそがあなたなのかもしれない。「オタク」は自分自身かもしれないのだ。

注

（1）　コラムニストの中森明夫が一九八三年に『漫画ブリッコ』にて、人格の類型をさす語として「オタク族」という言葉を用いたのが嚆矢とされる。ただしこの時点ではまだ世間的な認知は低く、オタクが本格的に注目されるのは、一九八九年の「連続幼女殺害事件」において犯人の宮崎勤が「膨大な数のアニメビデオを所有していた」という報道がなされる前後からである。

（2）「びんちょうタン」のような無機質なモノを愛らしい美少女に変換する試みを「萌え擬人化」と呼ぶ。同人市場では一九八〇年代からすでにあったとされるこの試みをメジャーな遊びへと押しあげたのは、インターネット上の共同作業だった。二〇〇〇年ごろから本格的に火がつきはじめ、今ではゲーム機（Nintendo DSなど）、パソコンのOS（Windows Vistaなど）、コンビニ（ampmなど）、はては元素記号（ナトリウムなど）にいたるまで、あらゆるモノを美少女キャラに変える試みが存在している（擬人化たん白書制作委員会 2006）。

（3）「テーブルトークRPG」（TRPG）という言葉は和製英語である。代表作は『ダンジョン&ドラゴンズ』。スティーブン・スピルバーグ監督の映画『E・T』（一九八二年）に、TRPGで遊ぶ子どものシーンが登場するのは有名だ。

（4）「ガンガン系」とは、ゲームメーカーのスクウェア・エニックス社から発刊されているマンガ雑誌（とその作品）のこと。一九九〇年代の初頭から刊行されはじめた。代表作は荒川弘『鋼の錬金術師』。マンガ評論家の伊藤剛（伊藤 2005）によると、マンガ文化のなかではキャラクター性の強い作品を展開している点に特徴がある。なお、本章に関するトピックとして、伊藤は「キャラクター」と「キャラ」の概念を区別する興味深い提案をしており、その解説は一読に値する。

（5）俗に「萌え四コマ」と呼ばれるジャンルを広めた記念碑的作品である。オタクに詳しい精神分析医として有名な斉藤環も「これで萌えを理解した」と語っている。

（6）社会学が担うべき使命のひとつは、その成立当初から「時代診断」にあるとされてきた。つまり、同時代の社会現象を観察して、今、私たちが生きているのはいかなる時代かを提示し、適切な処方箋を与えようとする作業である。なかでも、オタク的なサブカルチャーの動向に注目して時代を診断する試みは、ここ一〇年間で飛躍的に増えてきており、社会学者の長谷正人は、それを「ポストモダンの社会学」と名付けている（長谷 2005）。長谷も指摘するように、この分野はアカデミックな研究者のみならず、現場に詳しい評論家などもふくめて、商業誌などの「論壇」で活躍している人たちが担っている。

（7）たとえば、オタク青年といえば「性描写を好むもの」としてマスコミに取りあげられやすいが、必ずしもそうではない。

純の場合は、道ばたに咲いた可憐な花をそっと眺めて愛でるような、慎ましい態度で美少女キャラと接しており、同人誌などで「陵辱される」ことには強い抵抗感があるという。このように、自分の好きなキャラクターにはきれいなままでいてほしいと願うオタクは少なくないし、また、建築学者の森川嘉一郎が「侘び、寂び、萌え」という言葉で位置づけたように、「萌え」を単なるペドフィリア（幼児への性的嗜好）と見なすのではなく、そこに独特の美意識を読みとる論者もいる。なお、森川の「詫び、寂び、萌え」はベネチア・ビエンナーレ第九回国際建築展のコミッショナー時に提示されたものである。

文献

東浩紀、二〇〇一、『動物化するポストモダン――オタクからみた日本社会』講談社。

――――、二〇〇七、『「ゲーム的リアリズム」の誕生――動物化するポストモダン2』講談社。

Baudrillard, Jean, 1981＝一九八四、竹原あき子訳『シミュラークルとシミュレーション』法政大学出版局。

擬人化たん白書制作委員会編、二〇〇六、『擬人化たん白書』アスペクト。

長谷正人、二〇〇六、「分野別研究動向（文化）――『ポストモダンの社会学』から『責任と正義の社会学へ』」『社会学評論』第五七巻三号、六一五～六三三頁。

本田透、二〇〇五、『電波男』三才ブックス。

稲葉振一郎、二〇〇六、『モダンのクールダウン』NTT出版。

稲増龍夫、［一九八九］一九九三、『増補　アイドル工学』筑摩書房。

伊藤剛、二〇〇五、『テヅカ・イズ・デッド――ひらかれたマンガ表現論へ』NTT出版。

木原善彦、二〇〇六、『UFOとポストモダン』平凡社新書。

蔵前仁一、一九八八、『ゴーゴー・アジア』凱風社。

中原昌也・高橋ヨシキ・海猫沢めろん・更科修一郎、二〇〇六、『嫌オタク流』太田出版。

小川博司、一九九八、『音楽する社会』勁草書房。

大澤真幸、一九九六、『虚構の時代の果て——オウムと世界最終戦争』筑摩書房。

大塚英志、［一九八九］二〇〇一、『定本　物語消費論』角川書店。

——、二〇〇三、『キャラクター小説の作り方』講談社。

ササキバラ・ゴウ、二〇〇四、『〈美少女〉の現代史——「萌え」とキャラクター』講談社。

新城カズマ、二〇〇六、『ライトノベル「超」入門』ソフトバンククリエイティブ。

谷富夫編、一九九六、『ライフ・ヒストリーを学ぶ人のために』世界思想社。

第8章　なぜロックフェスティバルに集うのか
――音楽を媒介としたコミュニケーション

永井純一

「音楽ファンが待ちに待ったこの季節。会場もロケーションも出演アーティストも様々な注目のフェスをご紹介します。騒ぎたい人も、踊りたい人も、ゆったりと音楽を聴きたい人も、きっとピッタリのフェスが見つかるハズ」（『ぴあ』関西版、二〇〇七年六月一四日、六二三号）

右の一文は、エンタテイメント情報誌の特集記事に掲載されたものである。最近では夏の訪れとともにこうした記事を見かけることが多くなったし、コンビニをはじめいたるところでロックフェスティバル（以下、ロックフェスないしフェスと略記）のポスターを目にする。ロックフェスは未体験でも、その存在は多くの人が認識していることだろう。では、ロックフェスとはいったい何なのだろう？

「一度にたくさんのアーティストが出て、野外で……」――果たして、それだけであろうか。そこにはひとくちには言い表せない、ＣＤやコンサートでは味わえない楽しさがある。そしてそれを体験した人の多くは、その魅力にとりつかれリピーターとなっている。本章ではその体験にスポットを当て、なぜロックフェスが人々を魅了するかについて考えてみたい。

1　ロックフェスへ行こう

今日のポピュラー音楽を語る上で、ロックフェスティバルという存在は避けて通ることができないだろう。一九九七年のフジロックフェスティバルを皮切りに、一九九九年にはライジングサンロックフェスティバルインエゾ、二〇〇〇年にはロックインジャパンフェスティバルとサマーソニックが始まった。四大フェスティバルといわれるこれらのロックフェスには、それぞれ一日平均三万人以上もの人が訪れ、入場者数は今日にいたるまで右肩上がりを続けている。そしてこれらと前後して、さまざまな音楽イベントが全国各地で開催されるようになり、その数は七〜九月の三ヶ月間だけでも日本全国で五〇を上回る。さらに最近では「春フェス」「秋フェス」も多くなり、その他にも室内でおこなわれる「冬フェス」が登場。一年を通じて日本はフェス列島といった様相であり、「フェスバブル」という言葉さえ聞かれる(1)。

また、雑誌等のメディアでフェスがとりあげられる頻度も高くなってきた。図8-1は二〇〇七年に発行されたフェスに関連する雑誌やフリーペーパーである。音楽雑誌や情報誌がフェスの熱狂を伝えるレポートを掲載し、初心者向けのハウトゥーなどの特集を組むのはもちろんのこと、最近ではアウトドア雑誌がフェスでのアウトドア生活を指南し、女性ファッション雑誌が「最新フェス・ファッション」を伝えるなど、各方面でとりあげられている。音楽業界の低迷がとりざたされる昨今だが、フェスで音楽を楽しむ人たちは非常に多いのだ。

では、こうしたフェスにはいったいどんな人たちがやってくるのだろう。熱心な音楽ファンだろうか。それは何らかの意思や思想を持った人たちの決起集会なのだろうか。かつておこなわれた音楽イベントには、たしかにそういった側面もあった(2)。しかし、今日のフェスは必ずしもそうではない。フェスが数多く開催され、比較的敷居の低くなった今日では、音楽について詳しい知識をほとんど持っていなくとも、「フェスは好き」と言い切る人もたくさんいる。彼らは、旅行を伴う一種のレジャーのようなものとして、まさにお祭り感覚で、この音楽の祭典を楽しんでいるのである。少しの行動力と経済力があれば誰でも参加できるのが今日のフェスなのだ。そしてそれを体験した人たちは、その楽しさに魅了され、リピーターとなるのである。

新しい音楽聴取形態

ではなぜ、これほどまでにフェスが流行しているのだろうか。先ほど、今日のフェスをレジャーのようなものと表現したが、もう少し掘り下げていうならば、それは新しい音楽聴取形態、つまり音楽を聴くための新しいスタイルなのだということができる。

　私たちが日常生活のなかで音楽を聴くにはさまざまな方法がある。たとえば漠然と流行の曲を聴きたいのであればラジオを聴くかもしれないし、自分の聴きたい音楽を聴くのであればCDを聴くだろう。しかし、これまでの音楽聴取形態の主流であったCDの売上げは、過去一〇年間下降線をたどっている。他方でしかし、それとは正反対にフェスの入場者数は増えているのである（図8-2参照）。こうした傾向には、音楽の聴き方・楽しみ方の変化が顕著にあらわれていると考えることができる。実際にフェスで聴衆たちは家でCDを聴くのとは異なる体験をし、また通常のコンサートとも違う振る舞いをするのである。

　またそれと同時にフェスを共有する仲間も重要な存在となってくる。コンサートを見るだけでなく、ともに旅をし、寝食をともにする彼らの存在は、フェスを楽しみ、フェス体験を豊かにするための重要な要因のひとつなのだ。フェス体験とはこのように音楽を媒介としたコミュニケーションでもある。そしてフェスというそもそも複合的なものを媒介としてつながるそのつながり方は、従来のファンカルチャーとは異なるものである。こうした視点からフェスを眺めることによって、新しい音楽文化の在り方を探ることができるだろう。

　本章では以下において論点の整理をおこなった後、筆者のフィールドワーク・聞き取り調査によって得た知見をもとに、フェスにおける聴衆の振る舞いと、それを媒介につながる対人コミュニケーションについて考察してみよう。

図8-1　フェスの様子を伝える雑誌やフリーペーパー。

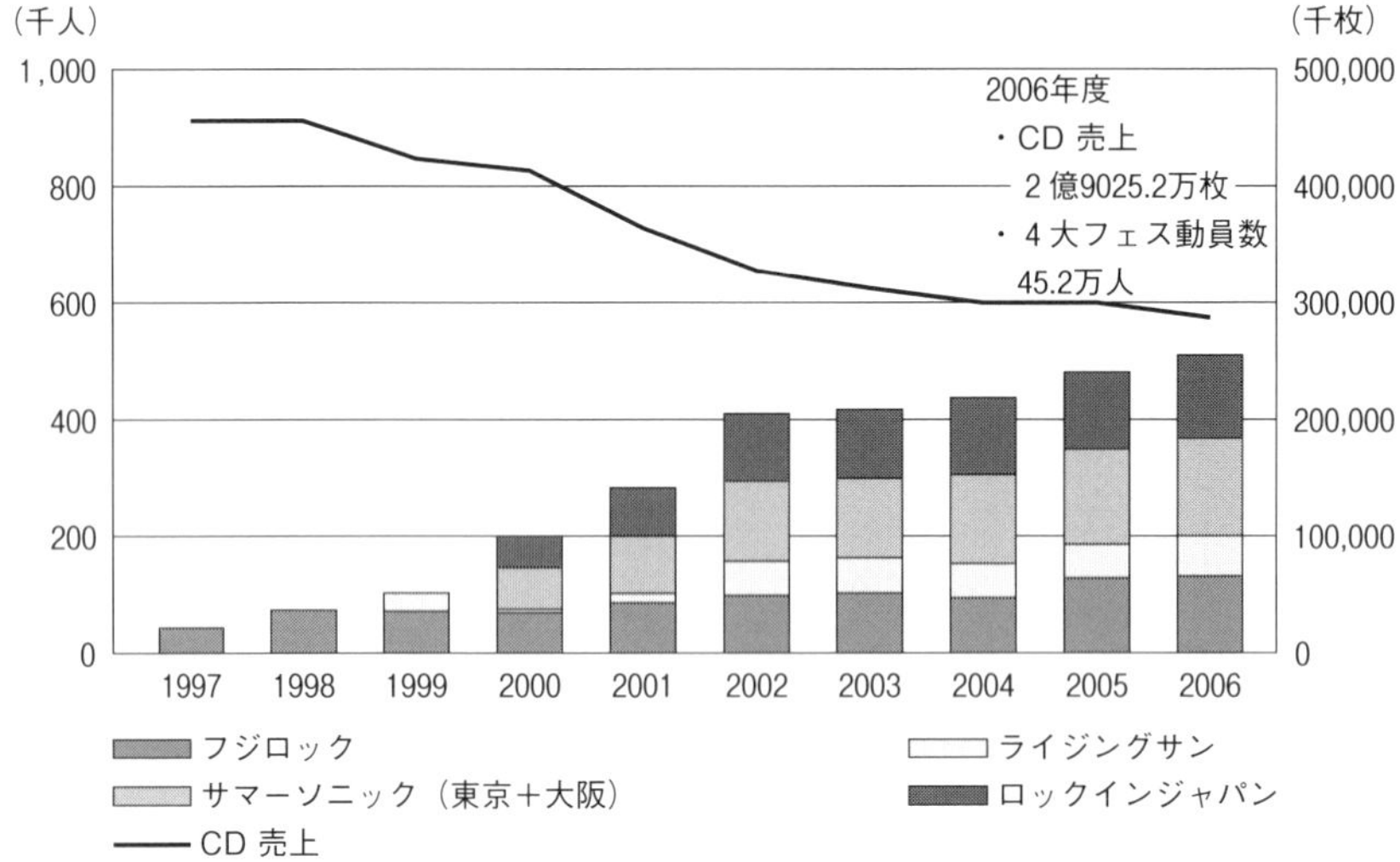

図8-2　CD売上と4大フェスティバルの観客動員数の推移

注：CD売上は日本レコード協会調べ。フェスの動員数はすべて主催者発表による開催期間中の延べ人数。

2　コンサート・ライブの聴衆

本題に入る前にここではひとまず、フェス以前のコンサートやライブについて考えてみよう。コンサートやライブにおける聴衆（＝観客）とはいったいどういった存在なのだろうか。あなたならどのようなイメージを思い浮かべるだろうか。

芸術音楽（クラシック）のコンサートであれば座席に座って静かに演奏に聴き入る姿、ロックのライブであれば、音に合わせて飛び跳ねたり、一緒に歌ったりして盛り上がる姿を思い浮かべるかもしれない。ひとくちに聴衆といっても、随分と幅が広いようだ。しかし今日では当たり前のように感じるこうした聴取スタイルは、実はいつの時代でも同じというわけではない。芸術音楽の演奏家に歓声をあげた時代もあれば、椅子に座ってハードロックに聴き入った時代もある。時代や社会によってコンサートにおける音楽の聴衆の在り方もさまざまなのである。

ロックフェスティバルもまた、新たな聴取スタイルを生み出している。その聴衆はしばしば通常のコンサートのそれとは異なる、より能動的な存在とされ、「参加者」と呼ばれる（以下、本章においてもフェスの観客のことを特に参加者と呼ぶこととする）。彼らの聴取スタイルを明らかにすべく、それらの比較対象として、コンサート・ライブの聴衆について考えてみよう。

芸術音楽の聴衆

渡辺裕によると今日のような「静まりかえったコンサート・ホールで一心に名曲に聴き入るような演奏会」は一九世紀におこったものであり、それ以前には演奏中に飲食をしたり、おしゃべりをしたり、ときには犬が走り回るという、かなり雑然としたなかでコンサートがおこなわれていたという（渡辺 1989）。むろん音楽を真面目に聴きにくるものもいただろうが、着飾った貴族階級が多く集まった当時のコンサートは、今日と比べると社交場としての性格が強かったのだ。

やがてブルジョワ階級がコンサートにやってくるようになると、状況は一変していく。聴衆が増えたことによってコンサートが拡大し、商業性を帯び、娯楽性が強くなってくるのである。そこでは音楽家はスターのように扱われ、ミーハーなファンが殺到した。だがその一方で、裾野が広がったおかげで「真面目に」音楽を聴こうとする聴衆も確実に増えていったのである。

こうした「真面目派」の聴衆は音楽作品を構造的に聴取することによって、芸術としての音楽、そこに刻まれた巨匠の精神に近づくことを目的とした。そのためには、ひとつのフレーズやモチーフに狂喜乱舞するのではなく、楽曲全体のなかでそれがどのように位置づけられるのかを理解しなければならない。ゆえに、静かに音楽に聴き入らなければならないのである。

テオドール・W・アドルノはこうした聴き方を「構造的聴取」と名付けた。それは誰にとっても可能なものではなく、音楽に関する教養や知識を身につけた一部の「エキスパート」のみが実現できる聴き方である（Adorno 1962＝1999）。やがてこうした考え方は教養主義と結びつき、コンサートにおいて支配的なものとなった。そして今日のようなコンサートのスタイルが確立されるのである。

ポピュラー音楽の聴衆

いっぽう、ロックをはじめとするポピュラー音楽ではどうか。想像されるのはクラシックとは対照的な、ノリノリの聴衆の姿であろう。無論それぞれが作られる／作られた社会的背景や意義が異なるクラシックとポピュラー音楽を同列に扱うことはできない(3)。ポピュラー音楽において重要なのは複製技術（メディア）の存在が前提となっていることである(4)。そしてコンサートも、この前提によってその意味合いが異なってくる。

一般的にいって、私たちが日常生活において音楽を聴く機会の多くは、ＣＤやラジオ・テレビなどのメディアを通じてである。そしてそこで気に入った曲やアーティストがあればコンサートやライブに足を運ぶ。つまりメディアを通して構築したイメージを確認しにいく場が、コンサートやライブだということになる。そこに祝祭性（お祭り気分）やミュージシャンの持つアウラが加わるのである。アウラとは芸術作品が本来持っていた「いま、ここに在る」という特性であり、これが芸術作品に神秘性と緊張感を与えていたが、複製技術の登場によって失われたことをヴァルター・ベンヤミンは指摘している（Benjamin 1936＝2000）。音楽に関していうならば、音楽は原理的に一回限りのものであり、まったく同じ演奏は二度とできなかったが、複製技術の登場以降はレコードやＣＤでまったく演奏を何度でも聴くことができる。そうした環境のもとで、アウラを感じることができるのはライブであり、それゆえに現代では相対的にコンサートやライブに高い価値が与えられているといえよう。

小川博司はこうしたメディア社会におけるコンサートを支配するものは「ノリ」であるとしている。

> 今日、ポピュラー音楽のコンサート会場に来る観客のほとんどは、ノルために来ているといえる。そのためにも十分な「予習」が必要となってくる。演奏が素晴らしくて思わず立ち上がってしまうのではなく、ノルために立ち上がる。ノッてから立つのではなく、ノルために立つのである。（小川 1988：87-88）

そしてコンサートでノルためには、アーティストのことをよく知っておくこと、楽曲を「予習」しておくことが重要なのである。またそこでは音楽を直接的に体で感じること、精神性というよりは、身体性が志向されているようにみえる。構造的な理解ではなく、ノルことを前提とした断片への反応がその根底にはある。こうした聴き方は「構造的聴取」に対応するかたちで「断片的聴取」と呼ぶことができよう。

フェスとコンサートの違い

これまでの議論から、芸術音楽にせよポピュラー音楽にせよ、精神性を志向するにせよ身体性を志向するにせよ、コンサートにはそれぞれのスタイル、あるいは作法とも呼ぶべきものが存在しているということがわかった。そしてフェスにはフェスのスタイルが存在するのである。

一般的にフェスは、単独アーティストによる通常形式のコンサートとはもちろんのこと、複数アーティストが出演するだけのイベントとも異なるものだとされる。その違いについて、音楽評論家の小野島大は、今日のフェスの雛型とされているフジロックフェスティバルを例に以下のようにまとめている（小野島 2002：24-25）。

［1］キャンプなど泊りがけで出かける
［2］複数日にまたがり、朝から翌日早朝に至る長い開催時間
［3］複数ステージの同時進行
［4］邦楽／洋楽、メジャー／インディ、ロック／ジャズ／クラブ系が混在するラインナップ
［5］間仕切り、ブロック分けのない会場
［6］音楽以外のアトラクションの存在

すべてのフェスがこのような要件からなるわけではないが、今日のフェスの多くはこのうちいくつかの要件を満

たしており、またそれらを組み合わせることによってそれぞれの特色を打ち出してもいる。

小野島の分析を見ると、ライブに関する記述は［4］のみであり、それ以外の要件に重きが置かれていることがわかる。今日のフェスとは、単なるライブの寄せ集めではないのである。むしろそれ以外の要素がフェス独特の雰囲気をつくりだしている。またそれらの存在は、聴衆の能動性を発揮する契機となり、通常のコンサートと比べて自由度の高い空間を演出する。

たとえばひとつのステージで順次演奏が繰り返されるオムニバス形式のイベントでは、目当てのアーティストが出ない時間帯は〝死に時間〟となるが、フェスではライブ以外にも多くの楽しみがあるためにそうはならない。そしてそれは、ライブそのものを楽しむのではなく、会場全体の雰囲気を楽しむ態度へとつながっていくのである。繰り返しになるが、ここで確認しておきたいのは、自明のものと思われがちなコンサートやライブにおける聴取スタイルというものが、実は必ずしも普遍的ではないということである。以上の議論を踏まえて、次節ではフェス参加者が実際にどのようなやり方でフェスを楽しんでいるのかをみてみよう。

3　フェスという体験

本節ではフィールドワークで得られた知見をもとに、フェスという体験がいかなるものかを考えてみよう。まず筆者のおこなったフィールドワークの概要を述べておく。

筆者はいくつかのプレ調査を経て、二〇〇四年から継続的に観客や裏方としてロックフェスに参加し、そこで出会った一般参加者にインタビューをおこなうというかたちでの参与観察をつづけている。インタビューでは多くの質問はせず、できるだけ自然な流れで話してもらうことを心掛け、参加者の「ナマの声」や「フェスを語る語彙」を採取することに努めた(5)。インタビューはフェス期間中の会場でおこなうことが多い。なかには時と場所をあらためておこなったものや、同一人物に複数回インタビューしたものもあるが、以下においては、それぞれのインフォーマントの性別／年齢／最初に出会ったフェスを記すこととする。

フェスにおける〈参加〉

先にも述べたがフェスの参加者は、ただ「ライブをみる」というコンサートやライブの聴衆よりも能動的な存在として位置づけられる。参加者たちは会場に到着すると、まず手持ちのチケットをリストバンドと交換する。このリストバンドが入場証明となり、会期中であれば何度でも入退場することができる。入場を済ませると野外の開放感と会場の景観を堪能しつつ、同時にプログラムとにらめっこし、その日のスケジュールをたてていく。同時進行する複数のステージから、自分の見たいものを選ぶというスタイルのもとで、いわば自分だけのプログラムをつくるのである。一日にたくさんのライブを見ることができるのが、フェスの醍醐味のひとつである。

お目当てのライブを堪能した後には、それぞれ合間の時間を利用して休憩や食事をとる。屋台村には地域の名物や有名店が数多く出店している。近年のフェスでは簡素な食事ではなく、趣向を凝らしたメニューがズラリと並ぶことが一般的であり、フェスでしか味わえない限定メニューも数多い。友人たちとそれぞれがチョイスした一品を持ち寄りながらワイワイと食事をすれば、自然と笑みがこぼれる。

お腹もいっぱいになると、しばし休憩となるが、ここでも参加者たちが退屈することはない。各フェスにはさまざまなアトラクションが用意されているのである。巨大なオブジェやアートに目をやったり、足湯やマッサージなどのリラクゼーションで癒されたり、カジノで遊んだり、観覧車に乗ったり、あるいは大道芸やお笑いパフォーマンスを楽しむこともできる。ビールを飲みながら芝生に寝転がって昼寝をするのもよい。これらの存在が、フェスの楽しさをさらなるものとしている。ライブを見なくても一日楽しめるくらいだ。

このように、フェスではあらゆる局面において参加者は選択を迫られる。このことが能動性の引き金となっているのである。そしてこれらを含め会場の雰囲気を楽しむことこそが、参加者に求められることである。

もちろんこのような「参加」を誰しもがただちにおこなうわけではない。多くの参加者はリピーターとなったり、他のフェスに多く参加していく過程でそのような楽しみ方を学習し、聴取スタイルを身につけていくのである。次にあげる参加者の発言はこのことを端的に言い表している。

極端な話、コンサートってクアトロで見ようが大阪城ホールで見ようが、ドームで見ようがどこで見ようがどれも同じやと思ってたんです。ただ演者と自分との距離が近いか近くないかだけの話やと思ってたんやけど……、「音＋何か」で楽しいっていう楽しさがあるのがなんとなくわかって。どこで聴いても一緒っていうのではないなと。

五感で言うたら聴覚だけじゃなくて、味覚だったり視覚だったり嗅覚だったり、総合的に。偉そうに言うたら、そういうのんがあるんちゃうかなっていう。

本当にその人の音を聴きたかったら、音源を聴いたらいいだけでしょ。音だけ聴くんやったら、クラシックがやるようなホールでやった方がいいに決まってるじゃないですか。（男性／三〇代前半／フジロックフェスティバル）

回数を重ねてくると、そんなにアーティストにがっつかなくても楽しいことがわかってくる。違う楽しみを覚えてきて。好きなアーティストを見たいんだったらワンマンライブに行けばいい。なんかフェスは全部が楽しいから。（女性／二〇代後半／アラバキロックフェスト）

彼らは初めてフェスに行った時とそれ以降との楽しみ方の変化について語っており、またその発言からは、彼らがフェスと通常のライブを異なる体験として認識していることがわかる。

最初は通常のコンサートとなんら変わらぬ意識でフェスに参加するが、会場のロケーションや雰囲気、そこで流れる音楽に触れることによって、初めてその楽しみ方がわかってくるというのである。有名なアーティストが多数出演するフェスで、参加者たちはステージを渡り歩き、次々とライブを見るのかといえば、必ずしもそうではない。むしろライブはそこそこにして、食事やお酒、仲間とのおしゃべりを楽しみ、昼寝をしたりして、音楽がいたるところで鳴っている環境を満喫するのである。

ライブに対する態度

フェスを愛好する人たちは、必ずしも特定のアーティストの熱狂的な信者ではない。その証拠に、各フェスが採用している、出演者が一切発表されない段階で売り出される「早割りチケット」は、高い競争率での争奪戦が常態となっている。リピーターたちはあくまでもフェスそれ自体を愛好しているのだ(6)。

むしろ特定アーティストやライブへの執着は、批判の対象となることもある。たとえば、人気のあるアーティストの熱狂的なファンによるステージ前方での「場所取り」が、しばしばやり玉にあげられる。目当ての出演者のひとつふたつ前のライブ時から、アーティストがよく見える場所をキープし、その間に目の前で繰り広げられるライブに興味を示さない姿は、多くの参加者の反感を買うのである。そしてファンだけでなく、熱狂的なファンを抱えるアーティスト自身へも「〇〇は出てほしくない」というかたちでの批判が集まる。要するにライブに執着するあまり、フェスの雰囲気に水を差すファンとアーティストは、フェスにふさわしくないことになる。あくまでも雰囲気が重要なのである。

またこのような態度のもとでは、小川の指摘するような「予習↓確認」という図式は必ずしも当てはまらない。そもそも複数ステージが同時進行するフェスでは、すべてのアーティストをみることは物理的に不可能なわけであるが、それに加えて、会場の雰囲気を楽しもうとすればするほど、ライブに対する執着はなくなるからである。もちろん事前に発表されるタイムテーブルをながめながら大まかな予定をたてることは、多くの参加者がする行為であり、開催前からあれこれと語りあうことはフェスの醍醐味でもある。しかし「まったり」とした雰囲気に流され「計画通りにいかない」ことを経験的に学んだ参加者たちは、ライブに対して執着しなくなるのである。程度の差こそあれ、その日に見るライブをいくつかだけ決めて、それ以外はゆったりと過ごすのが、近年のフェスにおいて多く見られる聴取スタイルである。

その結果必然的に多くなるのが、自分の知らなかったアーティストとの出会いである。「たまたま通りがかったら演奏していた」「友達が見るのでついていった」「寝ていたらそこで演奏がはじまった」など、きっかけはさまざまであるが、こういった出会いもフェスの醍醐味のひとつである。

ハナレグミは最初、生で聴いていいなと思った。フェスで聴いたら、こんなんやったんや、チケット取って行こうみたいな。あとキャラバンとか、名前は知ってたけど、生で聴いていいなと思ってライブ行ったりした。（女性／二〇代後半／アラバキロックフェスト）

ここでは自分がファンになったアーティストのライブへ行く、レコード・CDを聴いてからライブへ行く、という通常考えられているのとは逆のプロセスが生じている。アーティストをフェスで知ってファンになり、ライブを経験してからレコード・CDを聴くのである。むしろアーティストや楽曲を知らないことが前提だからこそ、フェスでのライブでは、音楽に即座に反応するための身体的な感覚がよりいっそう重要になる。それは断片的聴取が発展したかたちであり、それによってノリからノリへと渡り歩くような楽しみ方が可能になる。そしてそのアーティストを後日CDやライブで確認するという、予習型ではなく復習型の楽しみ方が増加しているのである。(7)

フェス仲間という集まり

すでにみてきたように、今日のフェスでは、個々のライブを楽しむことよりも、フェスとその雰囲気を楽しむこと、ライブを「見る」ことよりも会場に「いる」ことに重点が置かれている。(8) そしてそういったやり方でフェスを楽しむことを目的として、さまざまなかたちでネットワークが形成され、コミュニケーションが頻繁におこなわれている。繰り返しになるが、その特徴は、すべての出演者を熟知している音楽マニアでも、特定アーティストの狂信者でも、ジャンルの信奉者でもなく、あくまでもフェスそのものを楽しむために集まっているという点である。

もしフェスにおいて彼らが一体感を感じるのであれば、それは会場の雰囲気に対する何らかのシンパシーである。フェスのおもしろいところは、参加者がそれぞれに違うライブをみて、バラバラな行動をとっているにもかかわらず、ひとつの思い出を共有しているところにある。

多くの参加者たちは、たとえライブ自体はひとりで見てもよいと考えていても、それ以外の部分を埋めるために、グループでの参加を志向する。積極的に「フェス仲間」を獲得しようとするのである。むろん誰にも気を使わず、携帯食を片手にひとりでライブを次々と見る参加者もいるが、多くの場合は数名のグループで参加するのである。

なんかひとりでもいいけど、人数多い集団のほうが（好きなアーティストが）誰かとかぶって楽しいかな。（女性／二〇代後半／アラバキロックフェスト）

まぁひとりではさみしいもんな。長いもんなぁ。普通のライブやったら集中できるけど、フェスはご飯食べたりって時間あるやん。そこは他に人がおったら安心できるっていうのはある。ライブをみるのはひとりでいいけど、合間をね。（男性／三〇代後半／サマーソニック大阪）

ここにはかつてのコンサートやライブと異なる、フェスならではの志向性が見られる。それは「アーティスト―観客」から「観客―観客」のゆるやかな連帯へのシフトである。彼らにとってライブとフェスは明らかに違うものであり、ともに過ごす仲間の存在は非常に重要な位置を占める。そこでは「フェスはお客さんが主役」や「フェスをつくるのは参加者である」というような言説が真実味を増してくる。なぜなら彼らにとってフェス仲間は、それをより良い体験とするにあたって、出演者と同じくらいか、あるいはそれ以上に重要な存在だからである。

それゆえにグループでの参加を彼らは模索するのである。グループはその形成過程においていくつかに類型化することができる。ここではそれらを〈スノーボール〉〈オフライン〉〈シェア〉と名付け、それぞれのパターンを見ていくこととしよう。

人的ネットワークの形成

スノーボール

もっともオーソドックスなのは、フェスを体験したものがリピーターになる際にその楽しさや魅力を伝える文化仲介者の役割を果たすケースである。文化仲介者とは企業と消費者あるいはアーティストと聴衆の間をつなぐものであり、キース・ニーガスはこの概念を用いることで、音楽産業が工場の組立ラインのように一方通行的に音楽を生産し、聴衆がそれを消費するのではなく、彼らが作品の意味付けやアーティストのイメージ形成に貢献していることを強調している（Negus 1996＝2004：103–105）。なおこの時にニーガスが想定しているのは主に音楽産業関係者であるが、ここではリピーター参加者たちが同様の役割を果たしているといえよう。

彼らの存在は、マスメディア等では伝わりきらない会場の雰囲気等を伝える上で重要であり、どこか敷居が高く感じられるフェスでも、友人が話すことによって身近に感じることができるのである。特に大きく報道されることのない地方のフェスでは、こうした口コミが有効に機能している。彼らが友人や恋人などを誘い込み、それが今日のフェス人口増加の一因につながったことは想像に難くない。

そして実際にフェスに行くメンバーを集めるわけだが、友人の友人、そのまた友人などが集まり五名程度～一〇名未満の小集団が形成されることが多い。まさに雪だるま式にグループが大きくなっていくのである。

去年は五人で来たんだけどそれがおもしろすぎて。で、もっと人増やせば楽しいんじゃないかと思って。今回はチケットが八人分取れて、去年の五人にプラスして、あと三人必要だなって。去年来れなかった人とか誘

って。（男性／二〇代前半／アラバキロックフェスト）

（去年行かなかったのは）遠いし、「ホントに行くの？」っていうのがあった。行ったメンバーから去年の話をきいてからは、もう（次は）行くつもりだったですけど。（男性／二〇代前半／アラバキロックフェスト）

メンバーは元からの友人の場合もあれば、友人を介して知り合い、現地で初めて顔を会わす場合もある。また住んでいるところが近ければ事前に顔あわせをする場合もある。なかにはメーリングリストを作成して事前に自己紹介をしたり、フェスに関する情報を交換・共有するグループもあった。いずれにせよそういった出会いもまた、フェスにおける楽しみのひとつとなるのである。その中心となる参加者は、フェスと人だけでなく、人と人とをつなぐ仲介者でもあるのだ。

またこの形態は、もともとの小さなグループが融合するかたちで生まれる場合もある。それぞれ別のフェスに参加していたグループや別々に参加していたグループが、仲介者を介して比較的大きなグループへと発展する。

ここで紹介するケースではふたつのグループが融合するかたちでフェスに参加していた。彼らが出会ったのは、話を聞いたのとは他のフェスであるが、そこで意気投合したことをきっかけに、次々とフェスに参加するようになった。

今年の春アラバキの時にこのメンバーの一部と他のメンバーで行って、いいメンバーやったんで、また行きたいよなってなった時に、行ったことのないフェスを潰していこうってことになって。でロッキン行ったことなくて、この一部のメンバーと他のメンバー七人で行って。で、ロッキン行ったけど、エゾも行っとくみたいなんで賛同したのがこのメンバー。(9)（男性／二〇代後半／ライジングサンロックフェスティバルインエゾ）

意気投合したとはいえ、居住地の異なる彼らが頻繁に会うことはない。文字通りフェスでしか会わないフェス仲間なのである。しかし継続を希望するこのインフォーマントの発言からは、彼らがそういった関係性に対して、積極的な価値を見出していることがわかる。

ただしこうしたグループは継続しても、メンバーは固定的ではないことも多い。別の機会になれば、メンバー内から参加者を募って次のフェスに参加するのである。むろん新しいメンバーがそこに入ることもある。流動的にメンバーチェンジを繰り返し、アメーバのように分裂・融合を繰り返しながら、フェスからフェスへと渡り歩くのである。

オフライン

身近に仲間が見つからない時には、参加にあたってインターネットを通じフェス仲間を募集して一緒に行くメンバーを見つける場合もある。以下に紹介するのは、とあるＢＢＳでの書き込みをきっかけにオフ会で集まった仲間が継続しているケースである。

> はじめて行った年はひとりで行って、次の年は誰かと一緒に行きたかったんで。たまたま二〇〇一年（のフジロックフェスティバル）が終わった時に、「京都で今年の打ち上げをしましょう」っていう書き込みがあって。その頃ってまだ関西から行く人って少なかったんで、じゃあ来年一緒に行く人をみつけたらいいわって。一緒に行って三日間ずっと一緒にいるわけじゃなくて、まあ交通費とかシェアできたらいいわって。（男性／三〇代前半／フジロックフェスティバル）

このオフ会はやがてロック・バーでのＤＪイベントというかたちに発展し、継続的におこなわれるようになった。そこには一種のコミュニティが形成されており、実際にこのイベントで知り合ったことをきっかけに関係性を築きフジロックに参加するものも少なくないし、実生活でのパートナーを見つけるものもいた。またこのイベントは、フジロックに関するウェブ・サイトと連動するかたちでおこなわれている。フェス情報が今に比べて乏しかったイベント開始（二〇〇二年）直後には、サイトおよびイベントにはさまざまな反応があり、特に初心者の窓口としての機能も担っていた。しかし近年では、サイトやイベントへの反応が少なくなっていることを主催者は実感している。

もうみんな（自力で）行けてるのかなと。はじめて行くひととかは結構困ると思うねんけど、そういうひとが少なくなってる気がしますね。前はわからんからネットで調べて仲間を募ってっていうのがあったけど、みんな慣れてきてるからそういうのは、もういらんのかなっていう気がしますね。（男性／三〇代前半／フジロックフェスティバル）

シェア

いっぽうで、最近盛んになってきたのがシェアという動きである。宿で一緒に泊まる仲間を募ったり、交通費を折半したり、キャンプスペースを共有したりというのがその代表的なものである。

宿なんかにしてもちょっと最近考え方が変わってきて、とりあえず四人とか五人でとって、あかんかったら、募集かけてぜんぜん知らんひとでも集めたらいいわって感じになってきましたね。フェスにはそういう雰囲気があるかなと。別に見ず知らずの人でも共通の、フェスっていうのが求心力になるし、それで溶け込めるから。（男性／三〇代後半／フジロックフェスティバルインエゾ）

こうした動きは以前からあったが、最近非常に多く見られるようになってきた。それには大きくふたつの背景が考えられる。

ひとつ目の背景にあるのは、今日のフェスにおけるチケット事情である。まず複数日開催されるフェスに参加するためには、宿泊が必要となってくる。そのために参加者たちは宿に泊まったりキャンプをしたりする必要がある。たとえばキャンプをする場合、多くのフェスではキャンプサイト券を購入しなくてはならない。また車で来場するには駐車場の券も必要となってくる。つまり入場券、キャンプサイト券、駐車場券を組み合わせて購入する必要があるのだが、フェスによって購入方法が違うためこれがなかなかに煩雑である。加えて近年のフェス人気のため、チケットの入手自体が困難になっている。また宿に泊まる場合でも、会場近くの宿はなるべく早めに手配を済ませなければならないし、交通手段も確保しなければならない。

こうした状況の下、自分の思惑通りのチケットが購入できなかったり、当初の予定とは違った参加を余儀なくされるケースがままある。そういった場合に、それぞれの条件に見合った参加者を見つけ、シェアをするのである。

またシェアが活発になっているもうひとつの背景には近年のＳＮＳ(10)の流行がある。ウェブ・サイトの影響力が小さくなったということは、多くの参加者が指摘することではあるが、インターネットでの交流自体が廃れたのではなく、実質的にはＳＮＳへと移行しているのである。まったくの匿名性のもとよりも、半匿名的なコミュニケーションの方が安心感を得られるためであろう。こうした背景のもとで、シェアは活性化している。以下にその例をひとつあげてみよう。

とあるインフォーマント（女性）は、ひとりでのフェスへの参加を決め、入場券とキャンプサイト券を購入した。しかし女性ひとりの参加であること、初めてのフェスであること、キャンプに不慣れであることなどの不安要素があり、ＳＮＳ（ｍｉｘｉのコミュニティ）を利用してシェアを呼びかけ、三人組のグループとコンタクトをとることに成功した。その三人組がさらにもうひとり参加者を誘い、結局五人でキャンプをしたのだという。それぞれが持ち寄ったものは以下の通りである。

女性一名↓テント、寝袋、キャンプサイト券
男女三名↓車、テント、寝袋、ＢＢＱセット
女性一名↓キャンプサイト券

これを見ると利害関係がはっきりとしていることがわかる。言い方をかえれば、それぞれが足りないものを持ち寄ることによってリスクを軽減しているのである。彼女はライブはほとんどひとりで見たというが、結果的にシェアをしてよかったと語る。

よかったのはやっぱ安心するし、心強いですよ。ひとりで夜に行動した時にめっちゃ怖かったんですよ。テントとかもたててくれたりとか、ひとりやったら絶対むりやったな。あと、「このライブよかったよ」とかそういう情報をリアルタイムで交換できるのもよかった。トイレの問題でも情報交換できてよかったし、楽しかったです。（女性／二〇代前半／ライジングサンロックフェスティバルインエゾ）(11)

なお彼女は「自分が会ったひとが、たまたまよかっただけかもしれない」とも語った。それはあくまでもとっかかりであり、その後に交流を深めたことが、満足につながったのである。

4　断片の快楽

フェスというコミュニケーション

ここまでの議論をまとめておこう。この一〇年程の間に広まったロックフェスティバルとは、私たちに新たな音楽体験をもたらすものなのだといえよう。それは通常のコンサートやライブで、音楽を構造的に聴くことによって

理解したり、知っている曲に反応してノルという体験ではない。あらかじめ定められたひとつのプログラムを初めから終わりまで消化するのではなく、環境としてライブがある（どこにいても音楽が聴こえる）ような状況で、その雰囲気を楽しむというものである。フェスにおいてライブを次々と楽しむスタイルは、いくつもの体験（断片）を紡いでいくようなものであり、その場の空気を読んでそれに合わせるようなノリが重要となってくる。それはポピュラー音楽のライブにみられた断片的聴取が発展したひとつのかたちだといえよう。この断片の快楽こそがフェスの魅力なのである。(12)

フェスにおける断片とは、各々のライブであり、またライブ以外のフェスを彩るさまざまな要素でもある。ライブを見ずにまったりとしている様子は、一見するとそのようにはみえないかもしれないが、スタイルを押し付けられずにそれぞれが積極的な態度でフェスを楽しみ、自由な感覚を味わっているのであり、個人個人がそれぞれの楽しみ方でひとつのフェスを共有しているのである。

そして、そうした楽しみ方はやがて関係性への志向につながっていく。そこでの対人コミュニケーションもまた、フェスを反映したものである。彼らはある側面では価値観（フェス）を共有しつつ、他方では異なる価値観（さまざまなアーティストや音楽とそのファン）を容認している。そこでの関係性とは従来のファン・カルチャーのような濃密なものではなく、個人の意思を尊重したアドホックな連帯である。ジグムント・バウマンはこうした人々の集まりを、「クローク型共同体」ないしは「カーニヴァル型共同体」と呼んでいる。バウマンによるとそれは「個々の関心を融合し、混ぜあわせ、『集合的関心』に統一するようなことはない」（Bauman 2000＝2001：258）のだが、フェスの参加者たちは、そこに肯定的な価値観を見出している。ひとつの場所にあつまりながらも拡散していくような、その場その場でノリを共有するような関係性の心地よさ、快楽もフェスの魅力のひとつなのである。(13)友人と一緒にではなく、ひとりで参加しフェス仲間を見つけるという行為はその典型といえるだろう。

なぜ集まるのか

これまでにみてきたように、今日の音楽の分野では、フェスは強い求心力を持っている。フェスには実にさまざまな職業や性格の人々がやって来る。若者のイベントと思われがちだが、三〇代から四〇代にかけての大人も多く、子ども連れの参加者も多数見られる。就職や結婚を機に音楽から遠のいてしまうのが、これまでに多く見られるパターンであったが、フェスを通じていつまでも音楽を楽しむことができるようになった。彼らが年齢を重ねれば、フェスはより多様な人々が集まる場になるかもしれない。そこではみな平等に音楽を楽しみ、フェスを共有するのだろう。

ただし、それは社会の写し鏡ではないことにも気を配らなければならない。実際フェスによって主要な客層は異なるし、会場の雰囲気や楽しみ方も変わってくる。(14) 自分に適したフェスを選択することによって、棲み分けがなされているのである。たとえば筆者のおこなったフィールドワークでは、インフォーマントの多くはインターネットを利用できる環境にあり、ＳＮＳのユーザーでもあった。今日ではフェス情報の多くはインターネットで発表されており、インターネット利用の有無がフェス参加と関係している可能性もある。そこでは知らず知らずのうちに参加者がフィルタリングされ、似たような傾向を持つものが集まっているという可能性も大いにありうるからである。

こうして集まったフェス仲間は日常生活と地続きの場合もあるが、そうでない場合もある。そう考えた時にあらためて次のような問いが湧き上がってくる。そもそもなぜ彼らはフェスに集まるのだろうか。そこでの他者とは何なのか。そんなふうにフェスは集団や社会と個人について考えてみるきっかけになるかもしれない。

注

(1) フェスについての明確な定義は存在しないが、一般的には主に野外でおこなわれる音楽イベントの総称として用いられている。さしあたり本章でもこうした状況に鑑みて、フェスという語をそのように広義に解釈して用いることとする。

(2) たとえば一九六九年に開催されたウッドストック、日本では一九六九〜七一年に開催された中津川フォークジャンボリーは、当時盛り上がりをみせた対抗文化のハイライトとされている。

(3) ポピュラー音楽の定義については Tagg（1982＝1990）などを参照。

(4) 本来「聴衆」とはコンサートだけでなく、メディアのそれを含めた、音楽の聴き手全般を指す概念である。紙面の都合により割愛したが、アドルノに端を発する一連の聴衆論は Negus（1996＝2004）に詳しい。

(5) こうしたインタビュー調査では、調査者が被調査者に与える印象も重要である。格式張った話し方ーくだけた話し方、フォーマルな装いーカジュアルな装い……それぞれ時と場合に応じて臨むのがよい。

(6) このことをもっとも顕著に示しているのが、朝霧ジャムである。このフェスは一切の出演アーティストが伏せられた状態でチケットが発売されるにもかかわらず、高い人気を誇っている。

(7) 実際、フェスで名を馳せていくミュージシャンは一九九〇年代以降非常に多い。フェスは、アーティストにとっては自分のファン以外にも自分の音楽をアピールできる場であり、また音楽産業にとってはプロモーションの絶好の機会ともなっている。

(8) このことはフジロックフェスティバルが理念として掲げたものでもあった。日高（2003：199）参照。

(9) ロックインジャパンフェスティバルのこと。

(10) ソーシャル・ネットワーキング・サービスの略で、その名の通り人と人とのつながりを志向するインターネット・サービス。これまでのネット上でのコミュニケーションは匿名的なものが多かったが、SNSではユーザーはプロフィールを登録する必要がある。

(11) 二〇〇七年のライジングサンロックフェスティバルでは、入場者数に対してトイレの数が不足し、最終的には会場中のすべてのトイレが使用不能となる事態に陥った。

(12) フェスにおける音楽聴取の質については南田（2007）に詳しい。

(13) たとえば辻泉はジャニーズファンの関係性が「親近感」を志向しており、それゆえに「ささいなきっかけで不安定になる」ことを指摘している（辻 2007：280）。

（14）　たとえば岡田宏介はフジロックフェスティバルとその参加者を「『J-POP』文脈からは距離をとろうとする――すなわち『メイン・ストリーム』に対する『オルタナティブ』を志向する」存在と位置付けている（岡田 2007）。

文献

Adorno, Theodor W. 1962＝一九九九、高辻知義・渡辺健訳『音楽社会学序説』平凡社。

Bauman, Zygmunt. 2000＝二〇〇一、森田典正訳『リキッド・モダニティ――液状化する社会』大月書店。

Benjamin, Walter. 1936＝二〇〇〇「複製技術時代の芸術作品」多木浩二『ベンヤミン「複製技術時代の芸術作品」精読』岩波新書、一三三～二〇三頁。

日高正博、二〇〇三、『やるかFUJI ROCK 1997-2003』阪急コミュニケーションズ。

南田勝也、二〇〇六、「メディア文化の未来」富田英典・南田勝也・辻泉編『デジタル・メディア・トレーニング』有斐閣、二一七～二四九頁。

永井純一、二〇〇六、「〈参加〉する聴衆――フジロックフェスティバルにおけるケーススタディ」日本ポピュラー音楽学会『ポピュラー音楽研究』第一〇号、九六～一一一頁。

南兵衛@鈴木幸一、二〇〇六、『フェスティバル・ライフ――僕がみた日本の野外フェス10年のすべて』マーブルトロン。

Negus, Keith. 1996＝二〇〇四、安田昌弘訳、『ポピュラー音楽理論入門』水声社。

西田浩、二〇〇七、『ロック・フェスティバル』新潮社。

落合真司、二〇〇七、『音楽は死なない！――音楽業界の裏側』青弓社。

小川博司、一九八八、『音楽する社会』勁草書房。

小野島大、二〇〇二、「フジ・ロック・フェスティバルは、ぼくたちに何をもたらしたのか」『ミュージック・マガジン』二〇〇二年九月号、二二一～二二八頁。

岡田宏介、二〇〇三、「イベントの成立、ポピュラー文化の生産」東谷護編著『ポピュラー音楽へのまなざし――売る・読む・

楽しむ』勁草書房。

――――、二〇〇七、「音楽――『洋楽至上主義』の構造とその効用」佐藤健二・吉見俊哉編『文化の社会学』有斐閣、一一一～一三五頁。

Tagg, Phillip, 1982＝一九九〇、三井徹訳「ポピュラー音楽の分析――理論と方法と実践」三井徹編訳『ポピュラー音楽の研究』音楽之友社
辻泉、二〇〇七、「関係性の楽園／地獄――ジャニーズ系アイドルをめぐるファンたちのコミュニケーション」玉川博章・名藤多香子・小林義寛・岡井崇之・東園子・辻泉『それぞれのファン研究――I am a fan』風塵社、二四三～二八九頁。

上野俊哉、二〇〇五、『アーバン・トライバル・スタディーズ』月曜社。

渡辺裕、一九八九、『聴衆の誕生――ポスト・モダン時代の音楽文化』春秋社。

湯山玲子、二〇〇五、『クラブカルチャー』毎日新聞社。

第Ⅲ部

そこにある日常の文化

第9章　現代の親子関係とはいかなるものか
――仲良し母娘とその社会的背景

中西泰子

昨今、親子関係にはかつてのような明確な上下関係ではなく、まるで「友達のような」対等で親密な関係が生まれているといわれる。その現象は「友達親子」と呼ばれ、一九七〇年代からその是非について議論が繰り返されてきた。しかし活発な議論とは対照的に、親子の親密さについて、その実態把握はほとんどおこなわれていない。多くの論者が、それぞれ多種多様な「友達親子」像を想像した上で、そのメリットやデメリットをさまざまに指摘してきた。さらにいえばそれらの議論は、「本来親子関係はどうあるべきか？　現在の親子の親密さはあるべき姿といえるのか」と、その是非を判断する「べき論」に結びつけられてきた。

しかし是非を判断するためには、まずその実態を把握することが必要であろう。親子が役割関係だけではなく情緒的な親密さによって結びつき、ときに「友達のような」といわれる関係性を築く背景にはどのような社会的条件があるのか、どのような人が、どのようなかたちで親と親密な関係を築いているのだろうか。

そこで本章では、親子関係のなかでも特に親密な関係といわれる母娘関係をとりあげ、その親密さの社会的背景を統計的手法によって明らかにする。素朴な実感としてはきわめてプライベートで個別的な事象に見える親子の親密さが、経済状況や女性のライフコースの多様化といったマクロな社会状況によって左右されている様子を、データ分析を通して示していく。

1　親子関係の現代的様相

本章では、親子の親密さというきわめてプライベートな事象が、いかにして社会的に規定されているのかを探っていく。なぜ親子の親密さのような個々人の感情的な面に注目するのか。それは、近代以降の親子のつながりが、制度ではなく情緒的な絆に支えられたものになっているからである。そして現在の家族ではさらに、その情緒的な絆を中心にした「純粋な関係性」(Giddens 1992＝1995）が模索されているといわれている。(1)

「純粋な関係性」とは、イギリスの社会学者アンソニー・ギデンズが、近代における人間関係のありようを概念化したものであり、相手との結びつき自体に意義を見出すことをさす。つまり何らかの目的を達成するために相手と結びつくのではなく、互いに相手との結びつきを保つこと自体から得られるもののために関係を結び合う。また、その関係を続けるかどうかは、互いに相手との結びつき自体から十分な満足感を得られているかどうかに左右される。そのような関係のあり方を指すのが「純粋な関係性」という概念である。たとえば友人関係や恋人関係は、多くの場合、互いに結びつくこと自体が目的である。だからこそ、その結びつきに何か他のメリットを期待すれば、むしろ「純粋ではない」と非難されかねない。また、その結びつき自体による満足をどちらか一方でも感じなくなれば、その関係を継続することはむずかしくなる。よって友人関係や恋人関係は、純粋な関係性がめざされている関係であるといえる。

こうした結びつきのありかたが、現在、家族関係にも浸透しつつあるといわれる。ギデンズは、家族関係における「純粋な関係性」の模索は、まず夫婦間で本格化した上で、次に親子関係にもそうした様相があらわれてきているると指摘している。かつて見られたような親の権威的態度にとって代わるものとして、親密な関係性に重点が置かれていくとともに、関係性の質こそが前面に現れてきているのである（Giddens 1992 ＝ 1995)。

特に成人期以降の親子関係は、親役割や子役割といったお互いの役割関係があいまいであるため、お互いの情緒的満足のために結びつく親子のつながりがあらわれやすい。親子関係の組み合わせのなかでも特に母親と娘は、そうしたつながりを積極的に構築しつつあるように思われる。ある程度成長したら親とは離れて別々になるのではなく、あらためて友達のような関係を結ぶ母娘の姿も見られるようになっている。その一例として、情報誌の特集で描き出される仲良し母娘の様子を見てみよう。

最近楽しいこのカンケイ！「たまには、友達以上のお母さんと息抜きしに行きませんか？」

長い会議や上司のムリなお願いをきいて、忙しい毎日を過ごす私たち。

いざ、息抜きをしようとどこかへ出かけたい！　とおもって彼や友達に声をかけてみても、なかなか予定も会わず、結局「また今度」ということになることもしばしば……。

そんなとき、気軽に誘えて予定を合わせてくれる人がいたらいいなあなんて思うこともあるのでは？

そんな娘の都合のいいわがままな言い分を聞いてくれるのは、実は身近にいるお母さんかもしれません。お母さんだって、実は、私たちと同じように忙しくて、たまには気を使わず家事も忘れてのんびりしたいなあと思っているはずです。（『Ozmagagine』No. 419, 2007：22-23）

「親子だから」というよりも、「気の合う相手だから」といった感覚が「友達以上の」という言葉となってあらわれている。親子という「タテ」の関係だけでなく、一人の大人同士としての「ヨコ」の関係が新たに構築されている。「関係の質」を重視し、選択的、意識的に構築されていく親子関係が見出せる。「最近楽しいこのカンケイ」は、現代的な親子のありようを体現したひとつの在り方だといえよう。

ただしここで注意すべきは、親子の関係性、「関係の質」が重視されるからといって、すべての親子が仲良しで「親密」とは限らないことである。関係性が重視されるということは、むしろ感情面でのすれちがいが、親子の間で大きな問題になることをも意味している。価値観の相異や相手の人格的な側面に対する違和感や共感といった、従来であれば友達関係やパートナー関係といった選択的に形成される関係において問題となっていたようなテーマが、親子の親密さを阻害し、葛藤を招く可能性が生じる。例として、母親と娘の葛藤を扱った漫画の場面を見てみよう。

まず、図9-1の場面Ⅰでは、仕事を続け結婚のめどがたたない娘と専業主婦の母親との間での親子の葛藤状況が描かれている。一方場面Ⅱでは、場面Ⅰとは逆に、キャリアウーマンの母親と、家庭を一番に考えた生活を送り

場面Ⅰ

出所：棒野(1995：77)，© 棒野なな恵／集英社。

場面Ⅱ

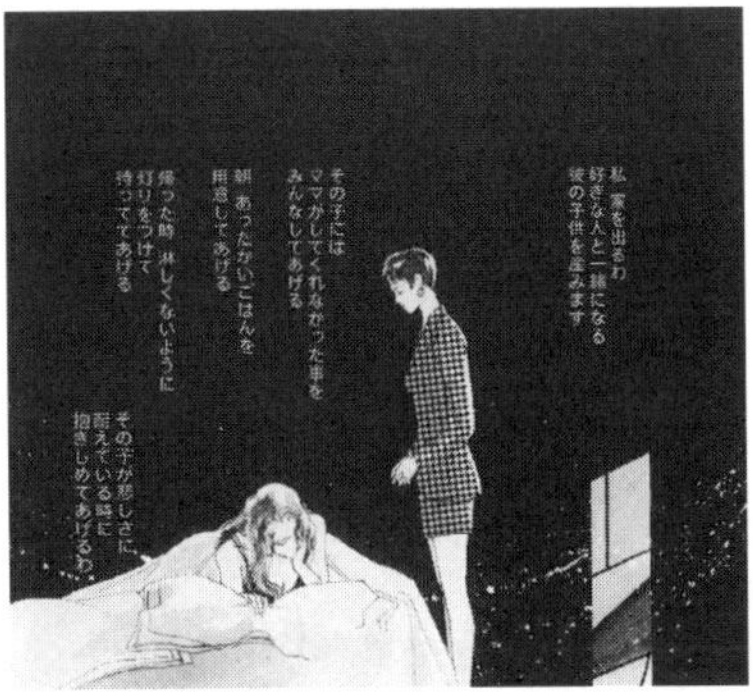

出所：槇村(2002)。

図9-1　親子関係を描いたマンガの場面

たいと考える娘との対立が描かれている。

ⅠとⅡのそれぞれの場面では，「女性」としての生き方をめぐる母親と娘の価値観のギャップが，母娘の関係性に葛藤を生じさせている様子が描かれている。昨今，親との関係性において情緒的な結びつきが重視されるようになっているが，その親密さはさまざまな要因によって規定されている。そしてその要因は，好みや相性など「個人的な問題」だけで決まっているのではない。実のところ，経済状況などの社会的な要因によっても規定されているのだ。さきほど挙げた漫画の場面では，女性のライフコースの多様化というマクロな社会状況が，個々の母娘の関係性（ミクロな状況）に影響を与えていることが伺える。

親子関係には個々人，強い思い入れがある。そのため，親子関係を「社会的な事象」としてその一般的な傾向を把握するということは，何か無理があることのように思われるかもしれない。「うちの家族のこと，しかも家族への想いなどは他人にはわからないよ」という気分であろうか。しかし，社会学の視点で見れば，個別さまざまに見える家族の形態や関係のなかに，何らかの社会的な共通のパターンを見出しうる。

また家族は，公的領域か私的領域かでいうと私的領域，つまりプライベートな事柄として扱われる。しかし私的領域と公的領域は，実際にはきわめて密接に関連しあっている。法制度や教育制度，経済状況など公的な領域が個々の家族のありようを強く規定すると同時に、個々の家族のなかで生じる物事も家族外の社会状況に大きな影響を与えているのだ。

そのため親子の親密さも、①個別さまざまな事柄とは限らず、一定の社会的なパターンを持っており、②さらにそうしたパターンは家族外の種々の社会的な状況と関連付けられているのである。以降では、まずは親子の親密さに関する理論の整理をおこない、その上で上記「パターン」とその仕組みの一端を実証的に示していく。

2　親子の親密さをとらえる枠組みの不在

前提とされてきた親子の親密さ

現在の親子関係のありようを理解するためには、親子関係の親密さの実情とそれに影響を及ぼす要因を把握することが必要不可欠である。しかし、親子関係の親密さそれ自体については、研究対象としてほとんどとりあげられてこなかった。

従来の家族社会学研究では、家族の役割構造や権力構造についての研究は蓄積されてきたものの、情緒構造はほとんど手をつけられてこなかったといわれている。山田（1999）は、従来の家族社会学が、「家族は愛情の場である」という命題を当然の前提としてきたこと、その結果説明すべき特徴が分析の対象になってこなかったと指摘している。こうした傾向は、親子関係研究において特に顕著であるといえる。家族関係のなかでも夫婦間の親密さは、関係良好度や満足度による把握が試みられ、関係性に及ぼすさまざまな促進・阻害要因の検証が進められてきた。しかし、親子関係についてそうした把握や検証が試みられた研究は非常に少ない。

ただ親子の親密さがまったく注目されてこなかったわけではない。たとえば「友達親子」は、現代親子の特徴を表す言葉として一九七〇年代から取り上げられてきた（庄司 1997）。しかし、その親密さとは具体的にどのようなものなのか、また、どのような社会的背景に支えられているのかを明らかにしようとした研究は少なく、一般的な傾向はほとんど明らかになっていない。『マザコン』『ファザコン』などの言葉はよく耳にするが、実際にはその定義すら不明確であり、それらがどれだけの比率で存在しているか、時代的な変化があるかなど、実証的には何もわかっていない」（木下 1996：149）。このように定義が曖昧で、実態がほとんど明らかではないままで、そうした関係性の是非のみが議論され、結果的に「甘え」「依存」との批判的な指摘が主流を占めてきたといえる。

中期親子関係研究の乏しさとその重要性

戦後平均寿命が大幅に伸びたことによって、現在、親子関係の期間が五〇年あまりにわたるという、特殊な状況が生じている。その五〇年あまりのうち、子どもが幼少のうちの前期親子関係と、親が高齢になってからの後期親子関係においては、いずれかによる一方的な保護・依存といった機能的に支えあう関係がありうる。しかし、それ以外の期間（中期親子関係）では、互いに機能的に自立し、情緒的な交流を深め合うような関係が求められている（正岡 1993）。「だが、われわれは親子がおとな同士として、どのような社会関係をいかにして発達させていけばいいのか、まだ十分には理解できていない」（正岡 1993：67）。ある意味ではもっとも長期間にわたる中期親子関係だが、その期間の親子関係は明らかになっておらず、実態把握が必要とされている。

また中期親子関係における結びつきは、後期における親子のサポート関係をも規定している。「親族関係は、かつては多くの場合、信頼感の当然視された基盤であった。しかし、今日、人々はそうした信頼感を互いに取り決めて、手に入れていかなければならず」（Giddens 1992＝1995：146）、また「最近の明らかな趨勢は、構築されてきた関係の質がこうした支援のあり方を決めている」（Giddens 1992＝1995：147）といわれる。

そのわかりやすい例として老親介護について考えてみよう。かつては親の介護は子の「役割」であると制度的に規定されていた。しかし現在では、親の介護をするかどうかが、その親子の関係の質によって左右される傾向が強くなっている。「親だから介護をするべき」というよりも、「わたしは親と親密なので、親の介護は自分でしたい」というほうが、受け入れられやすくなっているのではないだろうか。親子間のサポート授受の主たる動機づけとなりうるという点からも、成人した子どもとその親の関係性やその背景を解明する必要性が指摘できよう。

母娘関係の親密さとその社会的背景

「母―娘という関係のなかで友達関係が強まる。日本における母娘の親密関係は、たいへん強い」（山田 1997）といわれるように、母娘関係は、関係の質が重視された結果として指摘されている。いわば親子の関係の質が重視され、純粋な関係性が模索される現状の社会に対してもっとも適応しているのが、母娘関係であると考えられるのである。

ではそのような母娘関係の親密さの社会的背景として、具体的にはどのような要因が考えられるのだろうか。もっともよくなされるのが、母親と娘は同性であるため、親子間の心理的距離が近く、親密な関係を築くという説明である。(2) 母親は娘を自分の「分身」として育てるので、母娘は仲がよくなると説明される（山田 1997）。しかし、分身が自分と違う生き方を望んだ場合、その関係性はどうなるのだろうか。

冒頭に示したマンガ（図9-1の場面Ⅰ・Ⅱ）では、娘が母親とは違う生き方を望むことによって、親子関係に葛藤が生じる状況が描かれていた。いわば女性の生き方をめぐる志向の相違が、母娘の親密さを阻害する要因となっている。欧米の母娘関係研究では、家庭役割に専念する母親のような生き方を拒否する娘とその母親との葛藤を中心に、女性の幸せや望ましい生き方をめぐる女性間の対立が母娘関係にも大きな影響を与えていることを指摘してきた。(3) 近年女性のライフコースは多様化し、娘が母親と同じようなライフコースを選択しないケースは多くなっている。「親をモデルとして大人になるというパターンは一九六〇年代の半ばから崩れ始めた。情緒的な影響はともかく、そのとおりに踏襲すればいいという意味においては、親は生き方の指針にはなりえなくなった」（岩上 2003：122）といわれるが、特に女性の場合、そのような傾向は顕著だと思われる。母親と娘、それぞれの世代で主流となっている女性の生き方が異なり、そのギャップが母娘関係の親密さに影響を及ぼしている可能性は高いと考えられる。

とはいえ，女性のライフコースが多様化し，母親と娘との間の価値観のギャップが想定される現状においても，現在の日本で注目されているのは，母娘関係の「葛藤」よりはむしろその「親密さ」である。その背景として想定されているのは，親の経済力の強さや，母親の時間的余裕（専業主婦の母親の存在）などである。たとえば「友達親子とは一見対等だが，じつは一方的な供給と消費でなりたっている依存の関係」（宮本 2002：149）といった指摘がなされている。また「平日の昼間にデパートで手をつないで買い物する瓜二つの母（もちろん専業主婦）と娘を指して『一卵性母娘』という言葉が用いられた」（夏目 2005：345）という記述では，娘と親密になるのは専業主婦の母親であるということが前提とされている。冒頭に示した雑誌でも専業主婦の母親が想定されていたように，仲良し母娘の背景として，仕事を持っていない母親の姿が想定されることが多いようである。

ライフコースのありようとは関係なく，親の経済的，時間的な余裕によって促されるのが現代日本の母娘関係なのだろうか。実際，そもそも娘が母親のライフコースを真似しにくいことが当然のこととして受け取られており，母親と娘の生き方の異同が親密さに影響するという見解が当てはまらなくなってきている（Eliacheff et al. 2002）という意見もある。

それでは，親子それぞれの経済状況や同・別居形態などの環境要因が及ぼす影響の前で，生き方の類似・相異は問題ではなくなっているのだろうか。それとも，ライフコースをめぐるギャップは，見えにくいかたちで母娘関係に影響を与えているのだろうか。以降では，この問いに答えていくために，統計データを用いた分析をおこない，その結果から現代の母娘関係の親密さの社会的背景を明らかにしていく。

3　現代母娘関係の親密さとその社会的背景

分析対象とその特徴

本節では質問紙調査による量的なデータを統計的に分析することで，成人未婚女性と母親との親密さがどのような要因に規定されているのかを探っていく。[4] また母娘関係に影響する要因としては特に、ライフコース志向[5]における母親との類似性に注目する。

ここでは、特に「友達母娘」として語られることが多いと思われる二〇代未婚女性を取り上げて分析してみよう。二〇代未婚女性にとって、親との関係は「半分依存・半分自立」の状態であるといわれている（宮本 2004）。この時期は、これから歩むライフコースの展望を具体化させることが大きな課題となる。同時にその課題は、母親のライフコースと娘自身のライフコース志向の類似性／相違性を意識させ、この時期の母娘関係の親密さを強める／弱める影響を与えると考えられる。自分が望ましいと考えるライフコースをすでに母親が歩んできているか、それとも母親はまったく違ったライフコースを歩んできているかによって、母親との関わり方に違いが生じるのではないだろうか。

分析に用いるのは、『少子・高齢化社会における成人親子関係のライフコース的研究――二〇代‐五〇代調査』[6]の一連の調査のうち、東京都府中市の二〇～二九歳男女を対象[7]に二〇〇一年におこなわれた調査データである。府中市は、人口二〇万人程度の中規模区域であり、いわゆる東京郊外の住宅地域を代表する場所として選ばれている。全データのうち、実際に分析の対象とするのは女性のみで、さらに経済状態の把握が複雑になるという理由から学生を除外した。つまり、学生を除いた二〇～二九歳の女性二一七名を分析対象サンプルとする。

分析にさきだって、対象者の母親世代ではどのようなライフコースが主流であったか、その後どのように変化してきたのかを確認しておこう。今回対象者とした二〇代未婚女性の出生年は、一九七二～一九八一年（七〇年代生まれ）であり、その母親の出生年は一九四〇～一九四九年におよそ六割、一九五〇年以降におよそ四割が相当する。母親世代の多くはもっとも「主婦化」が進んだといわれる団塊世代（一九四七～一九五〇年生まれ）である。「M字型曲線[8]の底は、団塊の世代まではどんどん深くなり、その後の世代においては上昇している」（落合 2004：18）とされている。

その後の動きについて、就労ライフコース別に見ると、中断・再就職型が一般的になってきた一方で、継続就業型も少しずつ増えてきたといわれている（安藤 2003）。その上、女性の理想とするライフコースは一九九〇年代に入って急激に変化したといわれる。再就職型志向は根強いが、一九八〇年代後半に一番割合が高かった専業主婦志向は最低の割合となり、かわって一貫就労型の割合が伸びる傾向にある（国立社会保障・人口問題研究所 2004）。このような状況では、娘の望むライフコースと母親のライフコースが異なることが、けっして珍しいことではないことは明らかであろう。

母親と娘はどの程度親密か

母娘関係の親密さを規定する要因を検証する時にまず問題となるのが、そもそも「親密さ」をいかにして「測定」し、その度合いを把握するかということである。困難な問題ではあるが、まずは母娘関係の親密さを母娘のコミュニケーションの頻度といった「相互作用」という観点から捉えてみよう。

未婚成人女性と母親との親密な親子関係像を描いた次のような描写では、親密さのあらわれとして二種類の相互作用形態がとりあげられている。

極めてプライベートな事柄に関する打ち明け話や、深刻な問題だけでなく他愛ないことについての助言を与え合う母と娘は、なんの秘密もなく毎日顔をあわせ、一緒に買物しては服を貸しあう。（Eliacheff et al. 2002: 325）

この記述を見ると、親密さのあらわれとして、消費行動を中心とした同伴行動と、情緒・情報面における依存性が取り上げられている。この二種類の相互作用は、ソーシャルサポート研究などでも関係の親しさを示す指標として取り上げられている（西村ほか 2000 など）。本章の分析ではこれらの先行研究を踏まえ、①共時行動頻度と②情緒的親密さのふたつの側面から母娘関係の親密さを測定する。[9]

まず、①共時行動頻度は、母親との「会話（電話を含む）」「買物」「外食」「旅行」「趣味」の五項目で尋ねることとした。それぞれについて、「まったくしない（0点）」「あまりしない（1点）」「ときどきする（2点）」「よくする（3点）」という回答の順に0～3点までを配点し、これら五項目の得点の合計を、頻度の測定に用いた。なお得点結果を平均値未満の低群と平均値以上の高群にわけて見てみると、今回のデータでは、五二・一％が高群に相当した。

次に、②情緒的親密さは、「心配事を聞いてくれる人」「気持ちや考えを理解してくれる人」「能力や努力を評価してくれる人」「一緒にいて楽しく時間を過ごせる人」「助言やアドバイスをくれる人」といったそれぞれの項目について、母親が該当するかどうかを尋ねた。この場合、項目ごとに「あてはまる（1）」「あてはまらない（0）」といった数値を設定し、同じようにこれら五項目の合計を測定に用いた。そして平均点より低いものを低群、高いものを高群にわけて見てみると四五・一％が高群に該当した。

つまり、①共時行動頻度、②情緒的親密さのいずれの側面から親密さを測定しても、およそ半数が平均点以上に該当していたのである。

ライフコースの類似・相異

親密さに影響を及ぼす要因（説明変数）としてまず注目するのが、女性の生き方をめぐる母娘間の世代間ギャップである。これを娘のライフコース志向と母親が実際に歩んできたライフコースとの類似・相違によって把握する。具体的には、理想ライフコースと母親のライフコースに関する質問[10]を組み合わせて把握する。二〇代女性が将来理想としているライフコースを「非婚就業（結婚せず一生仕事を続ける）」およびＤＩＮＫＳ（結婚するが子どもは持たず、一生仕事を続ける）」、「一貫就労型（結婚し子どもを持ち、一生仕事も続ける）」、「再就職型（結婚し子どもを持つが、結婚あるいは出産の機会にいったん退職し、子育て後再び仕事を持つ）」、「専業主婦型（結婚し子どもを持ち、結婚あるいは出産の機会に退職し、その後は仕事を持たない）」、以上四種類で把握した。さらに母親が実際歩んでき

表9-1　娘の理想ライフコースと母親ライフコースの組み合わせ（全体％）

数値は全体に対する％		理想ライフコース			
		非婚・DINKS	一貫就労型	再就職型	専業主婦型
母親ライフコース	一貫就労型	1.3	12.7	9.1	2.0
	再就職型	3.0	16.2	24.4	7.1
	専業主婦型	3.6	5.6	11.7	3.0

注：網掛けは一致型（合計40.1％），その他は不一致型（合計59.9％）。

たライフコースについても「一貫就労型」「再就職型」「専業主婦型」の三種類で把握し、両者の組み合わせを把握した。組み合わせは表9-1のようになる。

またパターンの違いはあれ、母親と娘でライフコースが一致するか否かをまとめてみると、「一致型」は四〇・一％「不一致型」は五九・九％と、後者が上回ることとなった。

環境要因

さらに、ライフコースに関する変数以外に、親密さに影響を及ぼしうる要因（説明変数）として以下のような環境要因も取り上げる。具体的には「本人年収（三〇〇万未満かそれ以上か）」、「親の暮らし向き（1非常に苦しい、2やや苦しい、3ふつう、4比較的ゆとりがある、5非常にゆとりがある）」、「親との同別居」、「母親現職が専業主婦か否か」、「本人年齢」[11]、以上五つの変数である。

なにが親密さを規定しているのか

次にすべての要因変数のうち、どの変数の影響力が強いのかを見るため、多変量解析[12]という手法を用いた。その結果は、表9-2の通りである。表9-2では共時行動と情緒的親密さそれぞれに対し、どんな変数が影響を与えているかを示している。表9-2のなかで、各要因変数の横に提示されている数値は「オッズ比」である。オッズ比が1より大きい場合は正の効果を、1未満の場合には負の効果を表している。つまり、1より大きい場合は、該当する変数によって共時行動や情緒的親密さが強くなることを示している。1に近いほど、該当変数の影響力は小さいということを意味する。

上の表9-2のなかで、まずモデル1では環境要因のみ、親との同別居や経済状況とい

表9－2　共時行動・情緒的親密さの規定要因

		共時行動				情緒的親密さ			
		モデル1 Exp(B)	モデル2 Exp(B)	モデル3 Exp(B)	モデル4 Exp(B)	モデル1 Exp(B)	モデル2 Exp(B)	モデル3 Exp(B)	モデル4 Exp(B)
環境要因	年齢	1.25**	1.26**	1.26**	1.27**	1.04ns	1.06ns	1.06ns	1.07ns
	本人年収 (300万円未満＝0：以上＝1)	0.48＋	0.45*	0.45*	0.43*	0.64ns	0.64ns	0.64ns	0.61ns
	親暮らし向き	1.60*	1.65*	1.70*	1.72*	1.62*	1.47＋	1.51＋	1.54*
	親との同居	2.49**	2.52**	2.62**	2.68**	1.19ns	1.46ns	1.45ns	1.54ns
	母現職：専業主婦ダミー	0.89ns				0.50*			
理想ライフコースと母親ライフコース	理想ライフコースが母親と同じ (同じ＝1：異なる＝0)		1.33ns				3.18***		
	ともに一貫就労型			1.52ns				2.39＋	
	ともに再就職型			1.40ns				3.66**	
	ともに専業主婦型 (基準：母親ライフコースと異なる)			0.58ns				2.85ns	
	母親のみ専業主婦型				0.54ns				0.17***
	母親のみ再就職型				1.16ns				0.34**
	母親のみ一貫就労型 (基準：母親ライフコースと同じ)				0.52ns				0.57ns
	モデルカイ二乗値	22.21***	23.03***	24.00**	26.64***	10.41＋	19.64**	20.24**	24.693**
	－2対数尤度	232.517	235.943	234.966	232.333	243.271	239.617	239.020	234.567
	N	184	187	187	187	184	188	188	188

注：表中の記号は有意水準を表している。たとえば「*** ＜.001」は「0.1％水準で有意」であることを表す。なお「n.s.」は有意な関連が認められなかったということである。*** ＜.001, ** ＜.01, * ＜.05, ＋＜.1。

った各要因の親密さへの影響力だけを検討している。次にモデル2では、環境要因だけでなく、娘のライフコース志向と母親ライフコースの一致・不一致が及ぼす影響をあわせて検証している。さらにモデル3とモデル4では、ライフコースの単なる一致・不一致だけでなく、そのなかの組み合わせが及ぼす影響を見た。モデル3では、一致しているなかでも、どの組み合わせでの一致がもっとも影響力があるのか、モデル4では、不一致のなかでも、どの組み合わせがもっとも影響力があるのかを検証している。

以上の表9-2の分析結

表9-3　分析結果のまとめ

	共時行動	情緒的親密さ
親の経済的余裕	親の暮らし向きがよいほど，頻度が高い。	親の暮らし向きがよいほど，親密さが高まる。
本人の経済的依存状況	本人年収が低いほど，頻度が高い。	関連なし。
母親の時間的余裕	関連なし。	母親が専業主婦の場合，親密さは弱まる。
親との同別居	親と同居していると，頻度が高い。	関連なし。
ライフコース志向と母親ライフコースの類似性	関連なし。	母親と類似している場合，親密さは高まる。

果を、文章化してまとめたものが表9-3である。

以上の分析結果からどのようなことが指摘できるだろうか。

まず、共時行動によって親密さを測った場合、ライフコース志向における母親との類似性とは関連がなかった。関連があるのは、親子双方の側の経済状況や親との同別居といった環境要因であった。また親との物理的距離に加えて、親の暮らし向きに余裕がある場合、あるいは娘の年収が低い場合に、共時行動を通したつながりは強くなっていた。つまり、親子双方の経済状況が共時行動頻度に影響を及ぼしていたのである。共時行動という側面に限定すれば、まさに子から親への経済的依存状況が、母娘間の親密さを支えているといえる。

一方、母娘間の情緒的親密さは、親との同別居や経済的背景にはほとんど左右されていない。情緒的親密さを大きく規定するのは、ライフコース志向における母親と娘の類似・相違であった。ライフコース志向が母親ライフコースと同じ場合、情緒的親密さは強まるという結果が得られた。

母娘の親密さは、買い物や旅行に頻繁に出かける様子を指して指摘されることが多い。つまり共時行動頻度によってその親密さを把握されることが多いため、母親をライフコース・モデルにしがたい状況が生じていても、母娘の親密さはまったく影響を受けていないように見える。しかし、情緒的な親密さという側面から親密さを把握した場合、ライフコースをめぐる世代間の類似性や相違性は、母娘関係の親密さにたしかな影響を及ぼしていることがわかる。ステレオタイプの解釈に陥らないためにも、さまざまな要因が関係性のどの側面に影響をあたえるのかを明らかにしていくことが必要であるといえる。

母娘の類似性と情緒的親密さ

ライフコース志向における母親との類似性が、なぜ情緒的親密さを強めるのだろうか。理想とするライフコースをすでに母親が歩んできているという事実は、母親との価値観の共通性や先達としての頼りがいへとつながる。その結果、情緒的親密さが高まると解釈できるだろう。それゆえ特に娘の志向と母親ライフコースがともに一貫就労型や再就職型である場合に、情緒的な親密さとの関連が見られるのだろう[13]。

一方、母親のようになりたくないと考えている場合には、母親に対して否定的な感情を抱くことが想定される。母親ライフコースと娘のライフコース志向のギャップが情緒的親密さに及ぼす影響を見てみると、母親のみ専業主婦型もしくは母親のみ再就職型の場合に親密さが弱くなることがわかった。母親のみ一貫就労型の場合は、情緒的親密さとの関連は見られない。

その時間的余裕から、専業主婦の母親は子どもと親密になりやすく、子どもも母親に依存しやすいと考えられがちである。しかし本章の分析では、まったく逆の結果が得られた。母親のみ専業主婦型もしくは母親のみ再就職型の場合は、母親は仕事を辞めたり中断しているため、働き続けることを理想とする娘にとって母親をモデルとすることが難しく、精神的に頼りにしにくい状況が生じていると考えられる[14]。

それに対して、同じようにライフコース志向が母親ライフコースと異なる場合でも、母親のみ一貫就労型という組み合わせの場合には、その違いが親密さを弱める影響を持たなかった。その理由はおそらく、働き続ける母親の姿が、成人した娘にとって肯定的に評価されやすいためだと考えられる。たとえライフコース・モデルとはならなくても、就労役割を担っている母親は、娘にとって頼りがいのある存在なのだろう。就労役割を持たずに家庭内役割、つまり自分たち子どもや父親など家族の世話をすることに専念する母親よりも、就労役割を果たし続けている母親に対してのほうが、情緒・情報面において頼りがいを感じやすいことが伺える結果である。母親のみが再就職型の場合は専業主婦型と違って就労役割を担っているともいえる。しかしながら、その就労役割の担い方が一貫就労型のようには積極的に評価されていないのではないかと考えられる。再就職型の場合、再雇用の際の雇用形態は契約・派遣やパートタイムなど不安定なものであることが多い。藤原（1981）は、母親がパートタイム労働などである場合、働くことを通して自己の向上をはかったり、責任感や自信を身につけたり、喜びを見出したりすることは期待できない。そのため毎日つかれきって家事におわれる母親の姿は、女児にとって社会進出への肯定的モデルになりにくい、と述べている。娘の視点から見て、一貫就労型と再就職型は異なった性質のライフコースであり、一貫就労型を志向する娘にとって、再就職型の母親のライフコースは、望ましい働き方とはうつっていないのであろう。

ただし、注意しなければならないのは、自身も再就職型である場合は、母親が再就職型ライフコースを歩んでいても、情緒的な親密さが強いという点である。このような違いが生じる理由として、娘も再就職型志向である場合とそうではない場合とでは、母親の再就職型ライフコースに対する認知や評価の枠組みが異なっているということが考えられる。

4　これからの親子関係を考えていくために

何らかの役割を果たすためにつながるというよりも、相手との情緒的な結びつき自体を目的とする「純粋な関係性」は、従来、選択的に形成される友人関係などだけにあてはまるものと考えられてきた。一方、親子関係は、血のつながりや法律によって制度的に規定された非選択的な関係である。そのため、互いに決められた役割を果たすことが重要な関係として認識されてきた。よって伝統的な家族観においては、親と子の間の情緒的な結びつきは付随的なものであった。しかし現在では、親子関係も情緒的なつながりを中心に形成され、そうした関係の質に基づいた選択的な様相が生まれている。役割関係があいまいな成人期以降は、特にその点が顕著であり、「成熟した大人同士の親子関係をどのように構築していくか」というこれまでなかった課題に、私たちは直面しているのである。
とはいえ親子の親密さは、その実態がほとんど明らかになっていない。親子の親密さに注目して活発な議論を展開してきた「友達親子」言説においても、「友達親子という言葉を聞いたとき、想像するイメージは人によって違う。ある人は小学生の男の子とキャッチボールする父親の姿を思い浮かべ、別の人は、成人した娘と母親がペアルックを着て一緒に買い物する姿を想像するかもしれない。その評価にしても、昔の権威主義的な親子関係からの解放と捉え歓迎する人もいれば、親が子ども化したとして無責任になった証拠として嘆く人もいる」（山田 1997）といわれるように、その実態が不明なままで、是非が判断されるという不思議な状況が続いてきた。

相手との情緒的な結びつき自体を重視する親子関係は、友達のような親密さを生む。しかし他方で、価値観の相違による葛藤を生じさせもする。夫婦関係における「純粋な関係性」の追求が、愛情による夫婦の結びつきを高める一方で、「中高年の離婚の増大と事実婚の実践という社会現象を招いた」（宮坂 2000）といわれるのと同様に、親子関係も関係崩壊のリスクを抱えつつ、親密な関係性を構築していると考えられる。

女性のライフコースは多様化し、女性が自分の人生を選択できるようになった。しかしそのことは、女性同士の間にライフコースの相異による葛藤を生じさせているのではないだろうか。たとえば、専業主婦になった女性と独身で働き続けている女性とが、友達づきあいにおいてすれ違いを感じるというストーリーはよく耳にする。これは、自分とは違う人生を選んだ女性の幸せを認めることが、自分自身の選択に対する自信をゆるがせるものとなりうるからだろう。

こうしたことは、母親と娘の間でも生じうる。友達同士ならともかく、親子間でそのような葛藤がおこるはずがない、と考える人もいるかもしれない。親子の仲とは、どのような状況でも変わらない強固なものと考えられがちである。日本では特に親子愛を神聖視する傾向が強いため、社会状況によって親子関係が変化し、ときに葛藤を抱えることが認められにくいといえる。

また親子の仲が、女性の就労環境や親子の経済力といった、いわば即物的な条件によって左右されるということは、受け入れがたいことかもしれない。しかし、今回の分析結果をもとに考えれば、家庭外での消費行動を含む共時行動は、母親と娘双方の経済状況などに影響を受けていた。つまり社会の経済状況、特に親世代の経済状況が変化すればそれに応じて変化していくと考えられる。その結果、階層格差が親子の親密さにも影響してくるかもしれない。そしてまた、女性をとりまく就労環境の変化も、個々の母娘関係に影響を与えていくことが予想される。マクロな社会状況が個々の親子の親密さにどのような影響を与えているのか、そこにどのようなリスクや可能性が想定されうるのかという視点から、現代の親子関係をとらえなおしていくことが求められている。

注

(1) アーネスト・バージェスとハーヴェイ・ロックは、家族のありようが「制度から友愛へ」と変化したとして、次のような説明をおこなっている。「しきたりや世論や法律などに拘束され、社会的圧力によって規定された『制度的家族』から、メンバー相互の情愛や信頼によって結ばれる『友愛的家族』」へと変質していく(Burgess and Locke 1945)。

(2) フロイトの精神分析理論に基づいて主張される。母娘関係の特殊性に焦点化して議論を展開したものとしてはChodorow(1978=1996)など。

(3) 日本のフェミニズム研究でも扱われてはいるが(水田 1996 など)、手法として用いられる精神分析へのなじみのなさから か、一般的にはあまり知られていないようである。

(4) 以降で示す分析は、中西(2006)を元にしている。データや分析の詳細については当該論文を参照のこと。

(5) 女性がどのようなライフコースを望ましいと考えるかというライフコース意識を分析する場合、「理想」とするライフコースと「予想」するライフコースのどちらかもしくは両方が用いられることが多い。岩澤(1999)は、ふたつのライフコース意識を総称して「ライフコース予測」と呼んでいる。本章では、「理想」とするライフコースのみを扱うため、それとは異なった用語として「ライフコース志向」という言葉を用いる。以降本章においては、「理想」とするライフコースを

「ライフコース志向」と呼ぶ。

(6) 本調査は、聖心女子大学岩上真珠教授を研究代表として、平成一三〜一六年度の文部科学省科学研究費補助を受けて実施された調査研究（科学研究費補助研究金基盤研究課題番号13410062）の一部である。母体となる調査研究は、未婚成人子と親との分離と依存の実態を明らかにすることを目的として、府中市・松本市両地域の二〇代未婚男女とその親世代と想定される五〇代男女を対象としたサンプリング調査、および両地域の五〇代男女を対象としたインタビュー調査をおこなった。

(7) サンプリングは、住民基本台帳からの層化二段抽出によっておこない、一五〇〇サンプルを抽出した。調査は、二〇〇一年九月一九日〜一〇月二日にかけて、構造化調査票による留め置き自記法（訪問回収）によっておこなわれた。有効回収票は六二〇票、有効回収率は四一・三％である。

(8) 女性の年齢別労働力率は、出産、子育て期に一時的に低下し、その後再び上昇するM字型を描く。このため、中断・再就職型の女性特有の働き方を指して、M字型就労と呼ばれている。

(9) 調査では、時間・空間・興味を共有する行動として「共時行動」という名称が使用された。

(10) 理想ライフコースについては「あなたの理想とする人生はどのタイプですか」と質問し、また「あなたの母親の人生はどのタイプですか」として母親のライフコースを質問している。

(11) 本人年収は、本人年齢が高くなるほど上昇する傾向があるため、本人年収が親密さに及ぼす効果が出たとしても、それが年収自体の効果なのか、それとも年齢の効果が間接的にあらわれたのかが判別しにくい。よって、本人年収の直接的な効果を見えやすくするため、本人年齢を統制して分析をおこなう。このような変数を統制変数と呼ぶ。

(12) 多変量解析とは、三つ以上の変数の影響を同時に分析することができる手法である。そのなかでもさまざまなバリエーションがあるが、今回はそのなかでもロジスティック回帰分析という手法を用いている。ロジスティック回帰分析は、結果となる出来事（被説明変数）が起こる確率を推定するための統計手法である。本章の分析では、それぞれの要因変数が、母親と親密になる確率をどれだけ高めるか、あるいは低くするか、その影響力を明らかにすることによって、母親との親密さに影響を及ぼす要因を統計的に検討しているのである。

(13) 理想ライフコースと母親ライフコースがともに専業主婦型というケースは数が非常に少なかったためか、影響力は確認されなかったと考えられる。

(14) 母親のみが再就職型で娘が専業主婦型というケース組み合わせも含まれるが、母親が再就職型で娘が専業主婦型志向の割合は、表9-1で示されているように一割に満たない(全体%)ため、このような解釈が可能である。

文献

安藤由美、二〇〇三、『現代社会におけるライフコース』放送大学教育振興会。

Burgess, E. W., and Locke, H. J., 1945, *The Family: From Institution to Companionship*, American Book Company.

Chodorow, N. 1978＝一九九六、大塚光子・大内菅子訳『母親業の再生産』新曜社。

Eliacheff, C., and Heinch, N., 2002＝二〇〇五、夏目幸子訳『だから母と娘はむずかしい』白水社。

藤原純子、一九八一、「母親の就労が子どもの職業的性役割認識の発達に及ぼす影響」『家政学雑誌』第三二巻二号、一一九〜一二五頁。

Giddens, Anthony, 1992＝一九九五、松尾精文・松川昭子訳『親密性の変容――近代社会におけるセクシュアリティ、愛情、エロティシズム』而立書房。

榛野なな恵、一九九五、『Papa told me』第一四巻、集英社。

速水由紀子、一九九九、『家族卒業』紀伊國屋書店。

岩上真珠、二〇〇三、『ライフコースとジェンダーで読む家族』有斐閣コンパクト。

岩澤美帆、一九九九、「だれが『両立』を断念しているのか――未婚女性によるライフコース予測の分析」『人口問題研究』第五五巻四号、一六〜三七頁。

家計経済研究所、二〇〇五、『若年世代の現在と未来』国立印刷局。

木下栄二、一九九六、「親子関係研究の展開と課題」野々山久也・袖井孝子・篠崎正美編『いま家族に何が起こっているのか――家族社会学のパラダイム転換をめぐって』ミネルヴァ書房、一三六～一五八頁。

国立社会保障・人口問題研究所、二〇〇四、『平成14年わが国独身青年層の結婚観と家族観――第12回出生動向基本調査』。

槇村さとる、二〇〇二、『imagine』コミック版一巻、集英社文庫。

正岡寛司、一九九三、「ライフコースにおける親子関係の発達的変化」石原邦雄ほか共編『家族社会学の展開』培風館、六五～七九頁。

宮本みち子、二〇〇二、『若者が「社会的弱者」に転落する』洋泉社。

宮本みち子、二〇〇四、『ポスト青年期と親子戦略――大人になる意味と形の変容』勁草書房。

宮本みち子・岩上真珠・山田昌弘、一九九七、『未婚化社会の親子関係――お金と愛情にみる家族のゆくえ』有斐閣選書。

宮坂靖子、二〇〇〇、「親イメージの変遷と親子関係のゆくえ」藤崎宏子編『親と子――交錯するライフコース』ミネルヴァ書房、一九～四一頁。

水田宗子、一九九六、「〈母と娘〉をめぐるフェミニズムの現在」水田宗子・北田幸恵・長谷川啓編『母と娘のフェミニズム近代家族を超えて』田畑書店、七～二〇頁。

中西泰子、二〇〇四、「友達母娘のなにがわるい？――『家族の中の若者』という視点」宮台真司・鈴木弘輝編『21世紀の現実――社会学の挑戦』ミネルヴァ書房、五三～七三頁。

――――、二〇〇六、「母娘関係の親密さとその規定要因――娘のライフコース志向と母親ライフコースの類似性に注目して」『家族関係学』第二五号、三五～四七頁。

夏目幸子、二〇〇五、「日本の母と娘」Eliacheff, C., and Heinch, N., 2002＝二〇〇五、『だから母と娘はむずかしい』三三七～三四六頁。

西村昌記・石橋智昭・山田ゆかり・古谷野亘、二〇〇〇、「高齢期における親しい関係」『老年社会科学』第二二巻三号、三六七～三七四頁。

信田さよ子、一九九七、『一卵性母娘な関係』主婦の友社。

落合恵美子、二〇〇四、『21世紀家族へ——家族の戦後体制の見かた・超えかた』有斐閣選書。

庄司洋子、一九九七、「高学歴社会と友達親子」『季刊子ども学』第一四号、一一九〜一二四頁。

山田昌弘、一九九七、「友達親子が語られる背景」『季刊子ども学』第一四号、一六〜二一頁。

——、一九九九、「愛情装置としての家族——家族だから愛情が湧くのか、愛情が湧くから家族なのか」目黒依子・渡辺秀樹編『講座社会学2　家族』東京大学出版会、一一九〜一五一頁。

第10章 地方に生きるとはいかなることか
――現実は「豊か」か「貧しい」か

藤井　尚

日本人が生きているのは、何も「東京」や「首都圏」ばかりではない。仮に「首都圏以外」を「地方」として見るならば、日本の総人口の半分以上は「地方」に生きている。しかし、「地方を生きる」とは、一体どういうことなのだろう。従来の社会学では、「地方」を「中央」や「全体」を問う材料に用いることはあっても、「地方を生きる実存」は、正面から問題にされてこなかったのではないか。本章では、山本直樹というマンガ家の、地方に生きる人間のさまざまな思いを描いた『フラグメンツⅠ』『YOUNG & FINE』というふたつの作品をとりあげながら、「地方を生きる実存とはどういうものか」についての考察を試みる。そこで鍵になるのは、地方で生活する人間が、目の前の現実に対して見出す〝貧しさ〟や〝豊かさ〟を、生きる資源として利用できるか／できないか、という問題だ。そして、その問題への対応方法を軸にして、「地方を生きる実存」の、四つの基本的な構成のパターンを提示してみたい。

1 「地方に生きる」

一体、「地方に生きる」とはどういうことなのか――あまりにも漠然とした問いではある。しかし、こんな問いを発したくなるほど、「地方に生きる」ということの内実について、社会学では正面から考えられてこなかったのではないか。少なくとも、現時点を含めて人生の三分の二を地方で暮らしてきた筆者にはそう見える。もちろん、こんな言い方には反論があるだろう。社会学には地方文化や地域文化を研究してきた豊富な蓄積がある、と。

しかしたとえば、『地方文化の社会学』とストレートに題された本に目を通しても、その内容は地方における生活のなかで日々感じることから、どこかズレがある印象を受ける。試みに同書より、「まえがき」の一部を引用してみよう。

地方にはそれぞれ多様な文化が息づく場として機能する余地が残されている。たとえ生活様式が画一化する方向に変化してきているとしても、その趨勢はなお、多様な生活スタイルにはばまれて、地方の文化的価値を根底から剥奪する力とはなっていない。むしろ、中央から文化が一方的に伝播される事態は、地方がそれを積極的に取り込んで、地域の活性化に役立つ方向に加工するための開かれた文化システムづくりに逆用するチャンスといえなくもない。さらにいうなら、そのチャンスを個性的な文化を創出する作業に活かして地方が競合力を身につけ、中央に対抗する文化を発信させる契機に転換させる可能性が秘められている。「文化は地方から中央に発信される」芽生えを探り当てる研究は、「中央文化とは何か」という、周辺部から全体のあり方を問い直す問題にたどり着くのである。（間場編 1998：ii－iii）

同書では、たしかに材料を「地方」に求めてはいるが、その目指すところは「周辺部から全体のあり方を問い直す」ことにある。そしてそのために、たとえば「行政と地方文化」「農村の生活と地方文化」「レジャー・スポーツの開発と地方文化」「地方文化と自治」といったさまざまな角度から、論者達による分析がなされている。もちろん、そういった文章が悪いわけではない。しかし、そこに「地方」という「東京」とは〝違う〟場所で暮らすことで、人はどのようなことを思い、どんな問題と直面するのか――という視点、言葉を変えて言えば、「地方」に生きる人間の「実存」に関わる視点がないことに、筆者は不満を抱くのだ。日々の生活のなかで、「地方」に生きる人間が漠然と、あるいは切実に感じている何かを汲み上げることと、「日本全体のあり方」を問題にするために、「都市（≒東京）」の目線から見た「地方」をその材料にすることとの間には、現状では接点を見出しにくい。しかし、これまでの社会学の言説は、多かれ少なかれ後者に類するものが大半なのではないだろうか。

2　地方は「豊か」か「貧しい」か

地方の「貧しさ」

そのような状況の下、二〇〇四年秋『ファスト風土化する日本——郊外化とその病理』と題された本が出版され、話題を集めた。著者は三浦展。『下流社会』などのベストセラーがある評論家であり、過去にはマーケティング情報誌の編集長だった経歴もある。まず、以下でその結論部分の論旨をまとめてみよう。

本来日本には、小さいながらも個性をもった多くの都市や農村があった。それらの都市や農村には伝統があり、商人がいて、職人がいて、農民がいて、リアルな生活があった。しかしここ二〇年、地方都市は東京的な商業環境を作ろうと躍起になってきた。そのために、地方の至るところで地価が安く権利関係が単純な農地が開発され、中心市街地が衰退する一方、ロードサイドの商業施設が林立した。しかし、ロードサイドの商業施設に物はあるが、生活はない。生活と無縁の無色透明の消費社会は、過剰に大量生産されている物があふれかえり、唯一のかけがえのない物という感覚が失われる。そこでは、街も仕事も生活も、リアルであるべきものがバーチャル化しており、リアルな物への愛、あるいは物へのリアルな愛が育ちにくい。そういうバーチャル化した空間の中にあふれる物を見ていれば、命さえもが大量生産品と同じで、余れば捨てられる物として感じられてしまう。犯罪を誘発する郊外化の進展を止め、リアルをリアルと実感し、体験する生活の場が復権されねばならない。それは人間の問題であり、子どもたちの問題でもある。（三浦 2004：205-207）

筆者がこの著作に注目するのは、ロードサイドに広がる商業施設と衰退する中心市街地に代表される、目の前に広がる「地方」の索漠とした風景から、住民が感じるだろう何ごとかの一端に、同書が触れていると考えるからだ。三浦の議論そのものは粗雑ではあるが、「地方」に生きる人間の実存に関連する問題を正面から扱っているという希少さには、小さくない意味がある。

ここに見られる議論の源泉は、「郊外化とその病理」という副題からもわかる通り、一九九〇年代半ば以降、盛んに論じられるようになった「郊外論」だ。[1]『ファスト風土化する日本』は、景観の均質化、地域性や生活の具体的な手ざわりの喪失、ロードサイドの乱開発といった郊外論の諸論点をストレートに「地方」に延長し、今の日本を覆う経済原理の下では「郊外」と「地方」に質的な差異が存在しない、という認識に立つ。三浦にとって「郊外＝地方」とはもはや、経済原理にしたがう無原則な開発とそれが及ぼす好ましからざる作用こそが問題になる場であり、それ自体で語られるものを失った、端的に言えば〝貧しい〟場所だ（もちろん、ここで〝貧しい〟というのは経済的な問題ではなく、あくまで「三浦が論ずる」地方の状況が、「三浦が考える」肯定的な要素に乏しいことだ）。その上で三浦は、そのような〝貧しい〟場所が、そこで暮らす人間の実存にどのような影響を及ぼすかという問題にまで、マーケティングを意識した単純化が目立つとはいえ、曲りなりにも踏み込んでいる。同書によってようやく、「地方という場所に生きる人間の実存」を問題にする視点は、社会的に広く認識されたのではないだろうか。

地方の「豊かさ」

では、『ファスト風土化する日本』以前、上記の視点は社会学周辺の言説に存在しなかったのかといえば、そうではない。筆者の見る限り、『ファスト風土』のような一般性は持たなかったとはいえ、そこまで射程が及ぶ議論を提示していた数少ない論者の一人が、宮台真司だ。次に、一九九七年に出版された『まぼろしの郊外』所収の、「青森のテレクラ少女たち」という文中でなされた指摘を、以下で要約して紹介しよう。

青森で取材した三十代の男性がこんな話をしてくれた。テレクラで女の子を呼び出してみたら、ある受験高の女の子が来て、彼女が「ムシャクシャするから」と言うので、あくまで彼女の希望で〝恋人みたいな関係〟を楽しんだ。別れ際に「これからどうするの？」と聞くと、「明け方まで受験勉強するよ」と答える。「東京の大学を受験するとは大変だね、これでお夜食でも買いな」と五千円を渡したら、「スッキリしたから頑張れるよ。ほんとうにありがとう。じゃあまたどこかで」と言い残して去っていったのだという。青森ではそういう経験は珍しくないらしい。同じ青森で頑張っているというだけで、中年のオジサンの心に女子高生と「共振」する何かが去来する。そうやって知らない者同士が会って間もなく、大した会話もなしに「濃密な時間」を共有して、明るくバイバイする……。一方、知らない者同士が言葉を介さずに共有できるものなどなくなってしまった東京近辺のテレクラには、こうしたコミュニケーションはもちろん死滅している。（宮台 1997：43-44）

宮台によれば、「これは青森に特有なことではなく、地方都市ならどこでも言える」。そうした場所では「言葉がなくても初めからシェア（共有）しているものが大きい」ため、誰もが「そのまんまの顔」で現れる。これが東京だと、相手が何者だか分からない「危険な存在」だから、お互いが「女子高生」や「かわいいオジサン」といったパッケージを身にまとい、「〝記号〟的な幻想の中だけで出会う」。それは倫理的な善し悪しとはまったく別のところで、「相当に奇妙なことだと感じる」と宮台は述べる。（宮台 1997：44-45）

筆者がここで注目するのは、いかにも好奇心をそそりそうな「地方のテレクラ」や「青森の女子高生」といった事象ではない。そうではなく、宮台がテレクラや女子高生を手掛かりにして、「東京を生きる実存」と「地方を生きる実存」との間に何らかの異質性が横たわっており、かつそれは「地方」という場所自体が持つ作用に由来するらしいことを、探り当てていることである。『ファスト風土化する日本』で三浦は、「地方」を無秩序な開発とそれによる否定的な影響以外に語られるものを持たない、〝貧しい〟場所として提示していた。一方、『青森のテレクラ少女たち』で宮台は、「地方」について、「知らない者同士が会って間もなく、たいした会話もなしに『濃密な時間』を共有し」得ることがある――すなわち「東京」とも「郊外」とも質的に異なる、宮台にとっての何らかの好ましさ、あえて言えば何らかの〝豊かさ〟の土壌が存在することを示唆している。[2]もちろん、その何らかの〝豊かさ〟は、たまたま「テレクラ」という窓から宮台によって観察されているだけであり、テレクラそのものにも女子高生にも直接的な関係はない。

問うべきことは何なのか

さて、三浦と宮台の間にある差異は、もっとも基本的には「地方」という場所に固有性があるか否か、という点だ。三浦は現状ではそのようなものはないと断じ、さらに「存在しない」ということを否定的に評価する。一方、宮台は「東京」や「郊外」とは異なる固有性を見出して、それに肯定的に言及する。しかし、現に地方で生活している筆者には、三浦とも宮台とも食い違う、しかし頻繁に遭遇する感覚が念頭に浮かぶ。それは、「もはや『地方』にしかない固有性は存在しない、そしてそのことこそが好ましい」／「何らかの固有性は存在するが、それは疎ましいものだ」というものだ。

現実の地方では、歴史に裏打ちされた〝リアルな生活〟に何ら積極的な意味を感じられておらず、むしろ生活環境が〝東京の郊外以上に郊外的〟（三浦 2004：26）になることこそが、豊かさの実現であるように感じられている状況が多々あるのは間違いない。また、地方においては東京のように〝幻想のパッケージ〟を軽やかに身にまとうことができず、生身の人間として一対一で出会わざるを得ないことが、宮台の言う〝濃密な時間〟につながるのではなく、どうしようもない田舎の貧しさ、不毛さだという思いも確実に存在する。「地方」に残存する固有性こそが疎ましい〝貧しさ〟であり、それを失い生活のさまざまな場面が東京並みかそれ以上に記号化することが、〝豊かさ〟に向かう方向であるという感じ方は、何も特殊なものではない。

であれば、三浦や宮台の議論でもなお、「地方」に実際に生きる人間にとっては限られた接点しかない――少なくとも、価値判断をともにする一定の者にとってしか接点がないと言わなければならない。[3]結局のところ、そこが「地方」という広がりであればなおのこと、多種多様な目の前の状況に不満を抱いたり充足したりする、膨大な数の人間がいるだけなのだ。本章のテーマである「地方を生きる実存」について、より広く深い関連を持つ議論を考えようとするならば、「固有性（がないこと）の指摘」「それへの評価」といった接点を限定する問題設定から離れ、より抽象度を上げる必要がある。

そのために、本章では、地方に生きる人間の視界の中に目の前の現実が〝貧しいもの〟として「映っている」か、〝豊かなもの〟として「映っている」か――という視点を採用したい。

地方における何かの事象をとりあげて、誰かが「豊か／貧しい」と評価することと、地方に生活する人間が、目の前の現実について「豊かさ／貧しさ」を「見る」ことは、基本的に別の事態だ。前者は論者の事例選択と価値判断――何をどういう基準で「豊か／貧しい」とするか――への共感の有無に依存するが、現実に「豊かさ／貧しさ」を「見る」ことは、誰にとっても無関係なことではない。むしろ、現実を肯定的に感知するか（「豊かさを見る」）、否定的に感知するか（「貧しさを見る」）は、自らの実存のあり方を方向付けていく上で、最も基礎的な営みだ。そして、その基礎的な営みを出発点として、条件に応じてある一定の振る舞いが引き起こされる。ならば、それらにはどういうパターンがあるか――という問いを設定すれば、「地方に生きる人間の実存」について、論者に依存する特定の事例選択や価値判断から距離を取り、より一般的な議論が可能になるのではないか。

そこで、次節以降では、「地方を生きる」ということが目の前の現実に応じて立ち上げる振る舞いのパターンを例示する材料として、山本直樹というマンガ家の、「地方」を舞台にしたふたつの作品、『フラグメンツⅠ　山本直樹著作集』（以下『フラグメンツⅠ』と表記）（山本 1997）と、『YOUNG & FINE――うみべのまちでぼくらはなかよしだったか』（山本［1992］1997）を取り上げてみたい。理由は以下の二点だ。

山本直樹は、渡島半島の先端、青森県の対岸にある北海道松前郡福島町という、人口六千人弱の町を出身地とする、一九六〇年生まれのマンガ家だ。「山本直樹」の他に「森山塔」「塔山森」という別名義も持つ。中学卒業後、高校は函館、大学は東京に進学。以後、東京で創作活動を続けている。

初期の作品から現時点での最新作『レッド』（山本 2007）まで、彼のマンガに頻繁に現れる特徴として、キャラクターが何らかの「過剰な思い」を抱えているという点がある。それはたとえば、性欲・劣等感・破壊衝動・漠然とした虚無感・現実と妄想の混交・「革命」という観念……などであり、またそれらの混成であったりする。しかし、さらに彼の『フラグメンツⅠ』『YOUNG & FINE』を含むいくつかの作品では、単に「過剰な思いを抱える」だけに止まらず、キャラクター自身がその過剰さを抱えた実存に対し、再帰的な視点をも持つにいたっている。具体的に言えば、マンガのなかでキャラクター自身が「『○○という過剰な思いを抱えた自分』はどう生きるのか」を問題にして、それがストーリーを進める推進力になる、ということだ。ここで〝○○〟のなかに入るのは、たとえば「地方の目の前の現実が貧しい」（『YOUNG & FINE』『フラグメンツⅠ』）・「家族は絶対の絆であるはずだ」（『ありがとう』）、「妄想は現実より現実的だ」（『ビリーバーズ』）などである。(4)

直接的な心情の吐露や行動の発露ではなく、この、山本作品のいくつかに含まれる再帰性が、本章が設定しようとする視点の水準と一致する。「地方の生活」が作中の重要な要素であるマンガは珍しくないし（たとえば、くらもちふさこ『天然コケッコー』）、キャラクターがある過剰を抱え、その「過剰を抱えた自分」についてキャラクター自身が試行錯誤する様を描くマンガ家も、山本直樹に限られない（たとえば古谷実『シガテラ』）。しかし、「地方」を舞台にし、なおかつ「目の前の現実が貧しい／豊かだ」という思いを抱える人間たちが、さらに「そのことによってどう振る舞うのか」を幾通りにも描き出す『フラグメンツⅠ』と『YOUNG & FINE』は、筆者の知る限り他に類例が見当たらない。その点で、この二作品は本章にとって得難い対象なのである。

また、上記二作品をとりあげるもうひとつの理由に、それが他ならぬ「マンガ」というメディアであるという点がある。マンガは「同一場面を他人とシェアしやすい」（宮原・荻野編 2001：29）ことに加え、マンガ独特の表現技法の開発と洗練により、「絵と文字でできている」ことによる単純な情報量の多さには還元できない、一シーンからでも読者の思考や想像力を触発していく契機になり得るという特徴がある。(5)

本章は、『フラグメンツⅠ』と『YOUNG & FINE』からの場面引用を用いることで、それが以下の論述を読むための補助的な材料ではなく、「地方を生きる」ということについて、各人各様の思考を広げていくための出発点になることを期待している。別な言い方をすれば、本章は、マンガという素材によって社会学概念の理解を深めようとするものではない。むしろ、マンガとの交流を通じて、読者自らが――それが〝社会学的〟であるか否かにかかわらず――思考を豊かにしていくという方向を目指している。(6)「ある表現領域を社会学の対象にする際、それを既成の枠にはめ込もうとするのではなく、対象からの示唆によって新たな思考を開いていく」という理念は、たとえば作田啓一らの「文芸社会学」の試みのなかで、一九八〇年代初頭にはすでに表明されている。(7)ただ、マンガというメディアの持つ上記の特徴から、マンガを対象にするということは、たとえば文学や映画といった領域とも異なる、独立した意味を持ち得るのではないだろうか。

では、これから、上述した視点に沿って、山本直樹のふたつの作品を見ていこう。それは即ち、従来の社会学周辺の言説では見えにくかった「地方を生きる実存」をより深く考えていく、少なくともその手がかりになる試みであり、同時にその試みを、読者自身もまた始めていくことでもある。

3　「地方を生きる」いくつかの類型

『フラグメンツⅠ』

たとえば、東京を流れる時間からも、「ファスト風土」をもたらす郊外化の波からさえも取り残され、これといった変化が何も起こらない田舎町を想像してほしい。そんな現実は、そこに生きる少なからぬ人々にとって、しばしば「貧しい」と感じられることだろう。しかし、自分をとりまく現実を「貧しい」と思うこと、それは逆に言えば、貧しく見える現実をとりまく未だ現実化しないさまざまな可能性のほうが、烈しい光彩を帯びている――ということでもある。

たとえば「東京」では、起こり得る現実のバリエーションが、地方と比べ物にならないほど多いかわり、本来光彩を帯びていたはずの可能性の領域は、どれをとってもどこかで見たような現実を構成する、味気ない記号のなかに落とし込まれる。東京ではしばしば、自分にとって現実化する見込みのありそうな可能性は、すでにどこかの誰かによって、思い描くより見映えのしないかたちで実現されているように感じられ、それゆえ人は〝可能性とは一見美しく見えるにしても、どのみち大差ない現実にしか行き着かない〟――そういう見切りへと押しやられる。東京では、現実よりむしろ可能性の領域が過剰に規定された状態にあり、そのことがまた、翻って可能性への想像力をも減退させていく。

これに対し、地方ではむしろ、仮に現実が貧しく映るとしても、そのかわりに可能性が、規定され切らないものが本来持ちえる濃密さを保ちながら、現実の周囲でざわめいている。想像、空想、妄想、夢想……表現の仕方は様々だろうが、いずれにせよ、未だ現実化されない「可能性」を想うイマジナリーな豊かさは、東京より地方のほうが恵まれているし、それに意識的になった者にとっては、ここからある種の精神的な「自由」へと道が開いている――そう考えるのは、必ずしも無理なことではないだろう。「現実の貧しさ」と裏腹の「可能性の豊饒さ」を、ひとつの価値、貧しい現実を生き延びるための資源だと感じ取ること。別な言い方をすれば、貧しいとしか思えない現実を逆利用して、イマジナリーな領域の豊かさを、砂を噛むような現実の苦さを凌駕し得るだけの濃密さにまで高めること。実のところ、それは突拍子もないことではなく、地方の現実を生きていれば、比較的自然に、もしくは無意識に、現れてくる生の営みではあるまいか。(8)

山本直樹によって一九九五～九六年にかけて書き継がれた『フラグメンツⅠ』という短編集には、その幾つかの物語中、「海馬町」という架空の町の町長が、上述したいわば〝困難な自由〟を体現する、擁護者かつ管理者として現れる（図10-1）（山本 1997：14）。「海馬町」とは、「アオモリケン」の対岸、渡島半島のどこかと思しき、海と山に挟まれた小さな町だ。町は斜面にへばりつくように広がり、町長職は代々「海馬太郎」を襲名する「海馬家」の当主によって、実質的な世襲で継承される。後述する「佐場」の台詞によると、海馬町は「一五年前と何も変わってない」「まるで時間が止まっているみたいな町」だ。（山本 1997：75）（図10-2）(9)

この海馬町で、町長の海馬太郎は熱心に職務にはげむ様子もない。それどころか、理由もわからず何日も家をあけることが珍しくなく、過去には半年程も帰って来ないことさえあった。そのかわり彼は「もっと豊かな現実」が実在すると勘違いし、安易に可能性を現実化しようとする輩――たとえば、町長のメカケ「雪子」を性的な対象にしようとする学生や、雪子を駆け落ちに誘う東京から帰省中の絵描き「佐場」――に対し、それぞれのやり方で制裁を下す。〝安易な可能性の現実化は、ただでさえ砂を噛むような現実にもう一度輪をかけることにすぎないのであり、逆に言えば、可能性とはそれが現実にさえならなければ、現実以上の何かであり得る。だから、この仕掛けを円滑に働かせるために、あえて貧しい現実のなかに留まることが必要だ〟――海馬太郎の振る舞いは、無言のうちにそんな認識を語っているように見える。

これに対し、他人の禁止された欲望の対象にはなっても、自分から何かを求めることのない「雪子」は、現実化されないからこそ烈しい未規定の誘引力をおびる、「可能性そのもの」の象徴として現れる。それゆえ、雪子と佐場の会話は、こんな具合に徹底して噛み合わない。

図10-1　「海馬太郎」と「雪子」

> メカケになるとき、なにか疑問は感じなかったのかい?/ギモン?/私の人生はこれで終わっていいのかってさ/その時は、そういうものなんだなとしか思いませんでした。あまりものごと深く考えれないんです。バカかもしれない/それじゃいけないだろう。もっと自分の可能性というものを大切に考えなくちゃ。(中略)もしかしたらキミは歌手になれたかもしれない。あるいはメカケにならなかったら、学者になれたかもしれない。だがキミは、他人の手によってメカケという道を無理やり選び取らされてしまった。自分の未来は自分で掴み取るべきなんだよ。かつて、この町を飛び出したとき、僕もそう考えた。田舎町の料理屋の主人で一生を終わるのか?ってね。もっと違う「本当の自分」が自分の中に隠れているんじゃないかってね/でも立

図10-2　海馬町の風景

図10-3　駆け落ちに誘う「佐場」

派な料理屋さんじゃないですか／そういう問題じゃないんだよ（山本 1997：86-89）

海馬町における「何も変わらなさ」に何の意味も見出さない佐場は、「キミも僕のように逃げ出すべきだ。キミのような女の子はこんなところにいちゃいけないんだよ」「僕と一緒にこの町から逃げ出そう。新しい人生は自分の手で切り開くんだよ」（山本 1997：90）（図10-3）と雪子を（おそらく東京に）駆け落ちに誘い、失敗して海馬太郎に連れ戻される。結局、佐場は「別の人生／別の場所」という可能性だけを残し、海馬太郎によって〝消滅〟させられ、海馬町にはまた何も起こらない日常が続く……。ここで、海馬町の物語はいったん区切りを迎え、『フラグメンツⅠ』はまた別の物語へと移っていく。

海馬町の物語に続いて始まる『夕方のおともだち』という作品についても、簡単に言及しておこう[10]。ここでは、作者の〝困難な自由〟についてのこだわりがより明瞭だ。舞台になるのは、五つの町村が合併して二年前にできた「いるか市」という海沿いの地方都市、主人公は水道局職員かつ強烈なマゾヒストの独身男「コシダさん」。彼は伝説のサディスト「ユキ子女王様」をある偶然から探し出し、夜通し生命を省みない過激なSMプレイに溺れた末、瀕死の状態のまま「このくだらない町（いるか市）に永遠に放置される」という最後の「お仕置き」を与えられる。その後、肉体的には回復したものの「ユキ子女王様」には二度と再会できなくなった「ヨシダさん」は、「ユキ子女王様」を探すのでも、どこか他の場所へ行くのでもなく、「ここにいる」ことを選択する

（図10-4）。それにより、『夕方のおともだち』でもまた、「決して現実化しないからこそ、可能性への想いが濃密なものとなる」という状況が、別の言い方をすれば、「可能性の実現」よりも「可能性そのものの濃密さ」が、積極的に選択されることになる。(11)

『YOUNG & FINE』

山本直樹には、一九九二年に出版された『YOUNG & FINE——うみべのまちでぼくらはなかよしだったか』という、二〇〇頁程度の中編がある。この作品もまた、北海道の海辺にある田舎町が舞台だ。(12) この作品の形式上の主人公は、母子家庭の次男として育った「灰野君」という高校二年生。彼は生きる関心のほとんどを彼女「アライレーコ」とラグビーと酒と寿司が占め、「スシさえ食えば天国」「悩まないのが俺のいいところ」と、今、目の前の生を謳歌する。これに対し実質的な主人公が、灰野君宅の離れに下宿し、彼が通う高校で化学を教える新任の女性教師「先生」だ。「先生」の実家は、今は〝H市〟（おそらく「函館」）にあるが、かつては「灰野君」と同じ町に育ち、同じ高校を卒業している。高校時代には、同級生だった「灰野君」の「兄キ」と、何らかの関係があったらしい。そして、その勉強がよくできた「兄キ」は、東京の大学を卒業し、今も東京の会社で働いている。

図10-4　「ヨシダさん」の選択

『YOUNG & FINE』を読み始めると、ひとつのすぐに気が付く特徴がある。ここで登場するすべてのキャラクター中、目の前の現実を「貧しい」と感じる存在が、「先生」一人だけしかいないのだ。「先生」以外の人間は、現実に違和を覚える節がまったく見られない。高校生たちは男も女もみんなスケベで屈折がなく、母親はたくましく働いて家計を支え、時折帰ってくる「兄キ」は東京に疲れた様子もない。しかしその分、「先生」をとりまく状況には強い負荷がかかっている。両親が離婚寸前で父親はどこかへ行ったきり、母親はキッチンドリンカーで自分もアル中寸前、身長が一八〇㎝はあるのにガリガリに痩せ、栄養失調のせいで風邪がいつまでも治らない。昔片思いだった「灰野君」の「兄キ」のことを未だに引きずっている。そして、これからも北海道の田舎で単調に生き続けるだろう自分自身と、折り合いをつけることができない。かといって、現実の裏側に「可能性という豊饒さ」を見るわけでもない「先生」が置かれている状況は、『フラグメンツⅠ』の世界より、むしろずっと苦いものだ。

一例を挙げよう。物語の中盤、安くてうまい馴染みの寿司屋で「灰野君」と「先生」は夕食を食べ、自転車を二人乗りして帰る途中、飲みすぎた「先生」が食事の中身を吐いてしまう。その後、夏の日暮れの海辺に佇み、二人はこんな会話を交わす。

なあにやってきたんだろう今まで……って気分になるよ、時々／僕は毎日、アライレーコとえっち／いいなあ君は。飲まないとね、やっとれんのだよ時々／ま――た、オトナみたいなこと言ってまって／生まれて働いてメシ食って死ぬだけなんだな――とか思ってまうと／まあた女教師だからって、むつかしいこと言って／むつかしくないじゃーん。あんただって進学とか就職とか、ヤケ食いじゃすまない事態はすぐ目の前なんだから／そーいうことは、そーいうときになって考えることにしてるっさ／……いーなあ君は[13]（山本［1992］1997：104-106）（図10-5）

見ての通り、この二人の会話には、親しげに見えても遥かな隔たりが存在する。そして当然、それを痛いほど意識しているのは、本来大人で教師でさえあるのに、「灰野君」の目の前で飲みすぎ嘔吐までした挙句、なお繰り言めいた御託を並べる「先生」の方だ。

「生まれて働いてメシ食って死ぬだけ」。どこにも脱出できない「先生」の憂鬱は、この台詞に象徴的だ。「灰野君」にとってなら、馴染みの寿司屋で安い寿司を食うことが、充分すぎるほど現実の豊かさの材料となる。一方

図10-5　海辺での会話

図10-6　寿司屋での「灰野君」と「先生」

「だけ」と思っている「先生」は、寿司屋に行っても結局吐くまで酒ばかり飲む（図10-6）（山本［1992］1997：98）。生まれることや死ぬことまでが「だけ」になる「先生」の目線は、地上を単調な平面のなかに押し潰す、遥か上空からの俯瞰のようだ。

筆者は先に、『フラグメンツⅠ』にふれてこう述べた。〈地方ではむしろ、仮に現実が貧しく映るとしても、そのかわりに可能性が、規定され切らないものが本来持ちえる濃密さを保ちながら、現実の周囲でざわめいている〉。しかしこれは、実のところ「今ここの現実は貧しいが、他の場所／他の時間なら……」という仮想が意味を持って初めて、可能になることでもある。「先生」のように、現実を眺める視点が「生まれて働いてメシ食って死ぬだけ」という高みに登ってしまえば、もはや「今ここ／ここではないどこか（いつか）」という区別は意味を失い、「貧しい現実」という条件を逆手に取った『フラグメンツ』的な脱出口も失われる。

容易に想像できることだが、このような生の様相は、たとえば地方から出て東京を知り、「東京」的な生の難儀さも同時に知って――つまり、「今ここ／ここではないどこか（いつか）」という落差を失って――地元に戻るような人間にとっては、他人事ではないはずだ。『フラグメンツⅠ』に先がけて『YOUNG & FINE』が示していたのは、「可能性という資源」を利用できず、それゆえ『フラグメンツⅠ』的な解決がつかない、しかし少なからぬ人々にとって現実的な生のあり方だ。

にもかかわらず、『YOUNG & FINE』の世界では、「先生」以外の人間が誰一人、彼女に共感や同情を抱くことがない。『YOUNG & FINE』とは、「先生」のおそらく普遍的な憂鬱に対する、周囲の無関心と冷淡さにおいて、少なからず〝人工的〟な作品だ。なかでもとりわけ「灰野君」の視界には、「先生」は肉体的にも精神的にも〝病気〟の女として現れる。「先生」のやりきれない家族の現実でさえ、「わかるか灰野君、帰るところがないっていうこの境地」と問いかける彼女は、逆にこう言い放たれてしまうのだ。「おーげさだな――、24にもなってよー、親がどうのこうのって、おちこむこたあないんでねえの？」。（山本［1992］1997：151）

『YOUNG & FINE』の世界では、作者によって意図的に〝暗さ〟が排除されている。作者の設定では、舞台である「うみべのまち」で人は「端的な豊かさを生きている」のであり、『フラグメンツ』の世界のように、「貧しい」現実の裏側で〝困難な自由〟を追求するわけではない。そこで作者が提示するのは、言ってみれば〝簡単な自由〟だ。「うみべのまち」では「先生」以外のすべての者が、現実がそのまま豊かであることを、自明のこととして振る舞っている。そこで生きる人々にとり、男や女や町や物、海や山や風や雪、その他ラグビーや寿司等々、世界で起こる営みに、貧しいことなどあるはずもない。「うみべのまち」ではごく〝普通〟の豊かさが、「先生」以外、誰の前にも広がっている。

もちろん「先生」もまた、上述の海辺での会話以降、そのことを強く意識していく。たとえば「海辺の会話」の翌日、いささか奇妙なほど髪を短く切って現れた彼女は、「灰野君」にこう語る。「あたしもけんこー的とか、そーゆーのめざそーかなーとか……ね…」。（山本［1992］1997：110）（図10-7）

とはいえ「先生」にとって、「〝簡単な自由〟からの疎外」がどうすれば解消されるのか、何か目処があるわけでもない。雪が積もり始めた一一月の「うみべのまち」、「先生」は風邪がこじれて肺炎になり、アルコール依存症の治療も兼ねてH市の病院に入院させられる。しかし「灰野君」の関心は（表面的には）「花園」をめざすラグビーの試合にあり、もともと家族が崩壊している「先生」は、一ヶ月以上誰からも放っておかれることになる。試合に

図10-7　髪を切った「先生」

図10-8　「先生」の懇願

負け、ようやく見舞いにやってきた「灰野君」に「先生」は感謝の言葉を述べるが、「灰野君」は礼なら自分を連れてきた友達に言ってくれ、と受け流す。にもかかわらず、「先生」はここで唐突な台詞――「でも私は、灰野君が好きよ」――を吐き、そして、しばらく何かを言い淀んだ後、さらにこんな言葉を口にするのだ。「あたしずっと長いこと、いろんなこと考えてたの」「灰野くん、わかる？　ベッドの上で、ただぼうっとしてる時間がどれだけ長いものか」「ごはんを食べて、次のごはんが来るまで一〇〇年かかるのよ」。

ここで「先生」の言う、「ごはんを食べて、次のごはんが来るまで一〇〇年かかる」「ベッドの上で、ただぼうっとしてる時間」。読者はここで、この言葉が「先生」にとり、自分一人が無駄に屈折を抱え、豊かな「はずの」現実に参加できない「うみべのまち」の暮らしに重ねられていることを、容易に想像することができる。この「自分はどこにも行き場がない、それを〝簡単な自由〟の象徴のような灰野君にこそ判ってほしい」という「先生」の懇願に対し、「灰野君」の答えはほとんど倫理的なまでに鮮やかだ。「やっぱ先生、治ってねーみたい」。（山本［1992］1997：185-186）（図10-8）

さて、こんな具合に「うみべのまち」で四苦八苦する「先生」だが、その疎外からの回復は意外なかたちで訪れる。「先生」が退院して一ヶ月。一二月のある日、急に「兄キ」が「ヨメ」をつれて帰ってくる。灰野一家と「ヨメ」、そして「先生」はいつもの寿司屋で祝宴を開くが、

図10-9　「灰野君」と「先生」の再会

「先生」はかつて好きだった人物の婚約に内心穏やかではない。結局「先生」はまたしても酔いつぶれ、眠りこけた彼女が目を覚ますと、そこには「灰野君」だけが残っている。しかし、彼にもラグビー部の仲間から呼び出しが入り、「先生」は一人、据わった目をして酒を飲み続ける。仲間たちとの酒宴の場で、何かを考え込む「灰野君」。彼は不意に立ち上がり、「私、灰野勝彦は、只今より、愛する伊沢学先生に、真実の愛を告げに参ろうと思うっっ！」と宣言して寿司屋に走るが、しかしそのころ「先生」は、不自然な飲み方を見かねて止めに入った寿司屋の若ダンナ「現ちゃん」と、唐突にデキてしまっていたのだった。

結局「先生」は妊娠三ヶ月となり、「現ちゃん」とあっさり結婚してしまう。アル中だったはずの彼女は「イガイと無事母にな」り、翌年一〇月には女の子を出産する。一方、高校卒業後、東京の大学に進学した彼女とも別れ、地元の役場に就職した「灰野君」。ある日、人気のない海辺で二人は偶然再会し、久方ぶりに言葉を交わす。

灰野君じゃない。ひっさしぶりねえ。もしかして結婚式以来？（中略）最初灰野君のところに下宿が決まったのは偶然なのよ。偶然不動産屋が紹介してくれたの。でも何かその偶然から、心機一転てほどでもないけど何か変わるかなぁっては思ったのよ／でもだめだった？／そうでもないよ。灰野君に会って、いくらか自分が変わったみたいな気がするよ。そのいーかげんで大ざっぱな性格とつきあったおかげで／自分が誰かに影響するなんて、思ってもみなかった／灰野君のこと好きだったよ／じゃあ何でケッコンした／まあ、そーいうのはさ、イキオイよ、イキオイ。こんどいっぺんフリンでもしようか／やなこった／でも灰野君と会わなかったら、結婚もしてなかっただろうね／そうですか（山本［1992］1997：217-220）（図10-9）

ここでの会話や表情で読者は、かつて病院で「灰野君」に共感を懇願し、「治ってねーみたい」と言い放たれた「先生」の姿から、何かがすっかり変わっているのを見ることになる。「先生」にまといついていた憂鬱は、まったく過去のものになったようだ。彼女はようやく、「うみべのまち」の〝簡単な自由〟の中で、生きていくことを許された。とはいえ、その「理由」は何なのか。結婚なのか、妊娠なのか、子供が生まれたことなのか。「灰野君」との出会いが影響しているというだけで、これといった答はない。ただ、ここにきて読者に伝わるのは、「現実の端的な豊かさを生きる〝簡単な自由〟は誰を排除するものでもなく、人はある時気がつけば、それと遭遇しているものなのだ」という、作者の明確な意思である。物語は最終盤で寓話的な色彩を帯び、ここまで積み上げた「うみべのまち」という舞台装置の効果とも相まって、読者には（一時的にではあれ）作品世界への共振とそれによるカタルシスがもたらされる。そして、それから間もなく、このマンガは終わる。

4　「地方」をどう生きるのか

では、ここでいったん、前節の内容をまとめよう。『フラグメンツI』と『YOUNG & FINE』では、「目の前の現実に豊かさ／貧しさを見る」という水準を前提とした上で、「その豊かさ／貧しさを、生きる資源として利用できるか／できないか」が、物語の主題となっている。地方で生を送っているのは、なにも目の前の現実に充足する人間と、満足できない現実をどうにかして埋め合わせたい（が、それを断念した）人間ばかりではない。作者はそれに加えて、「現実に貧しさを見ながらもそれを利用する」／「現実に豊かさを見ながらそこから疎外される」という状態をも描き出す。

具体的に整理しよう。まず、作者は現実に「貧しさを見る」ことによって現れる振る舞いのパターンを「海馬太郎」「ヨシダさん」「佐場」「先生」で描き、同様に、現実に「豊かさを見る」ことで現れるパターンを「先生」と「灰野君」でそれぞれ描く。そのうち、「海馬太郎・ヨシダさん」は「貧しい現実の裏側にある可能性の濃密さを、生きる資源として利用」する。「佐場」は「拒否すべき貧しい現実から脱して、他の可能性の実現を志向」する。「灰野君」は「現実を端的に豊かなものとして享受」する、ということになる。注意を要するのは「先生」で、彼女は作中で異なる三通りの姿を見せる。仮にそれを「先生A」「先生B」「先生C」とすれば、「先生A」（当初の状態）：「現実は貧しいけれども他の可能性もそう変わるものではない、という諦念」⇒「先生B」（髪を短く切って以降）：「現実は豊かであるはずなのに、自分自身は享受できないという疎外」⇒「先生C」（「現ちゃん」との結婚以降）：「灰野君同様、現実を豊かなものとして享受」する――という過程をたどる。このうち、「現実に貧しさを見る」ことに立脚するのが「先生A」、「豊かさを見る」ことに立脚するのが「先生B・先生C」だ。

上記の内容を、図式化して表記すると図10-10のようになる。おそらくこの図式は、「現実に豊かさ／貧しさを見る」ことを前提として、そこから現れてくる振る舞いの、基礎的な分岐を表すものだ。もちろん、横軸については他の設定も可能ではある。しかしとりあえずこのマッピングが、「地方に生きる実存」の、基本的な構成の一面を問うものだということはできるだろう。

では、これによってさらにどんなことが認識でき、整理できるか。いくつかの例を挙げよう。

まず、あらためて確認しておきたいのは、①〜④の象限すべてが、特定の環境や景観に依存するものではない、ということだ。ファスト風土批判や郊外論、都市論などの文脈では、地方や郊外に広がるロードサイド店舗群の、単調かつ無秩序な景観が肯定的に言及されることはほとんどない。しかし、図10-10では、たとえば④の象限の舞台が「うみべのまち」でなく、沈没した中心市街地と周辺に繁茂するロードサイド店舗群を擁する地方都市であっても一向に構わない。従ってたとえば、チェーン店の些細な配置の違いがその町の独自性であり、海や風や雪が作る叙情的な風景のかわりにロードサイドの眩しい照明と暗い夜空のコントラストが、〝スシさえ食えば天国〟のかわりにファストフードが、生きる実感を調達する資源であり得ることもまた、想定の内に入ってくる。

さらに、山本直樹が描く「先生」のように、〝一人の人間が時々の状況で①〜④の象限を移動する〟ことが考えられる。たとえば、二二一頁で宮台が紹介している青森の女子高生の事例には――倫理的善悪とは別のところで

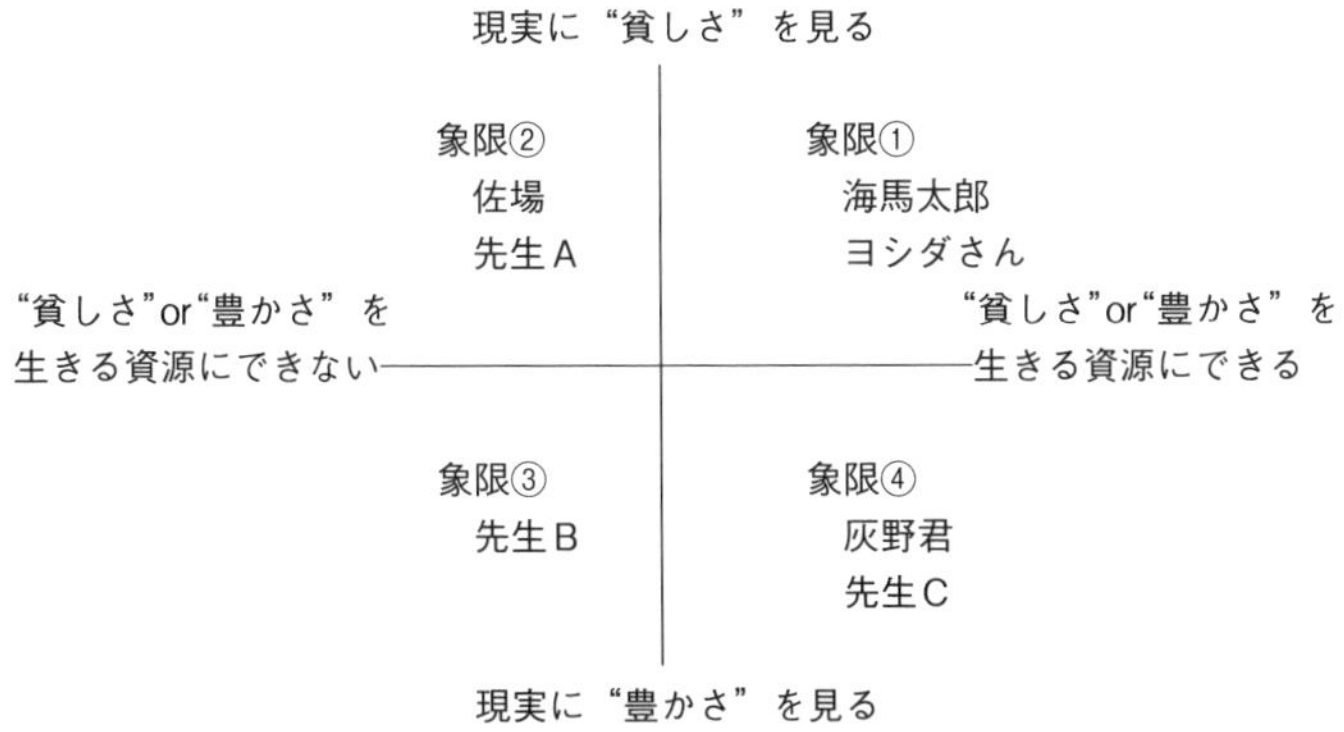

「海馬太郎」「ヨシダさん」――貧しい現実の裏側にある可能性の濃密さを生きる資源として利用する
「佐場」――拒否すべき貧しい現実から脱して他の可能性の実現を志向する
「先生A」――現実は貧しいけれども他の可能性もそう変わるものではない、という諦念
「先生B」――現実は豊かであるはずなのに、自分自身は享受できないという疎外
「灰野君」「先生C」――現実を端的に豊かなものとして享受する

図10-10　『地方に生きる実存』の構成

――、②から④への一時的な移行が現れているのではないか。青森にいるというだけで「ムシャクシャするから」[14]テレクラを使う女子高生が（②）、同じ青森に生きているというだけで中年男と心が「共振」し「濃密な時間」を共有して、ある種の「豊かさ」を生きる（④）。そして「スッキリしたから頑張れるよ。ほんとうにありがとう。じゃあまたどこかで」と言い去っていく。この、外からは見えないけれども実存の水準に現れる大きな振幅は、おそらく「東京」の生とは異質なものだろう。また、「象限の移動」を前提とするなら、もう一歩進んで、「ある人間に①～④での変動がある場合（あるいは一箇所に留まり続けている場合）、そこにどういう理由や背景があるのか」という問いも可能になる。

そして最後に、自分自身で①～④のどれか、もしくは複数を意図的に「選択」するというおこないが可能である、ということを指摘しておこう。たとえば、②を中心にしながら無意識におこなってきた①をも意識化するとか、あえて第一次産業に従事し地域の祭礼等にコミットすることで、④に漸近しようとする試みなどが考えられる[15]。また、自分が望む可能性を実現するために②以外を遮断する、という選択もある（達成された後が期待通りだという保証はない）。

読者も――特に、もし地方に住んでいるなら――、自分にとって何が豊かさを調達する資源であり、自分のなかにいくつ該当する象限があって、どの象限を選択しようと考えるのか、自問自答してみてほしい。筆者としては、選択する象限はそれぞれとしても、自分が該当する象限に関しては、単一より複数性が好ましいとは考える。結論に代えて言うならば、その自問自答こそが「地方に生きる実存＝自分自身」を考える第一歩になり、また本章が提示する、最大の認識上の利得ということにもなるだろう。

注

（1）たとえば宮台（1997）、松原（2002）、若林（2003）、吉見・若林編（2005）、若林（2007）、東・北田（2007）等。

（2）宮台（1997）は、結局これを前近代の要素をとどめる「地方における土着の性」に回収するのだが、問題を性という領域に限定するのは、宮台自身が見出した可能性を生かし切れていないと筆者は考える。むしろ宮台が青森での取材のなかで行き当たったのは、「東京」「地方」それぞれにおける、コミュニケーションのあり方そのものに関わる問題だったのではないだろうか。

（3）『ファスト風土化する日本』のオビに、「地方自治体、商店街から絶賛のロングセラー！」との文字が印刷されているのは象徴的だ。ならば、「地方自治体」「商店街」以外の地方住民にとってはどうなのだろうか。

（4）これに関連して、ひとつ付言したいことがある。山本直樹が『フラグメンツ』（Ⅰ～Ⅲ）や『ビリーバーズ』を発表した一九九〇年代後半の日本社会に顕著に現れた時代的文脈として、「オウム事件」や「援助交際」に象徴されるかたちで、人が何事かに対する幻想を抱くことと、それが現実と接続することの間にある困難が、強く意識されるようになったことがあげられる。この時代的文脈と、山本直樹の同時期の作品に、対応を見出そうとすることは一応可能ではある。たとえば『ビリーバーズ』（山本 2000）のストーリーは明らかにオウム事件を連想させるものだし、本文中で後述する『フラグメンツⅠ』（山本 1997）における「あえて可能性を現実化させない」ということへの執着や、「家族」がバラバラな幻想を抱える烏合の衆に過ぎないことを描く『ありがとう』（山本 1995）もまた、この文脈上に置くことができる。

しかし、本文中に記した山本作品に見られる特徴そのものが、たとえば「援助交際」がメディアを騒がせ、オウム真理教に強制捜査が入った一九九五年前後において変化しているとするには注意が必要だ。むしろ、『ビリーバーズ』においてオウム事件はストーリー的な着想の源であるにとどまり、同作品や『フラグメンツⅠ』『ありがとう』でも現れる「処理しきれない過剰を抱えた人間の身の処し方」というテーマは、それ以前から継続的に山本直樹が描いてきたものである。また、『ビリーバーズ』にはオウム事件より二〇年以上前に遡る「連合赤軍事件」を強く想起させる要素も多く、さらに現時点で連載継続中の『レッド』（山本 2007）では、その連合赤軍事件を正面から扱っている。もちろんどんな表現者であれ時代的文脈と無縁であることはないが、作品を時代背景が直接左右すると言うような議論は、筆者は少なくとも山本直樹にふさわしいとは考えない。ただ、山本直樹が描いてきた、キャラクターが何らかの過剰を抱え込むことによる空回り・ディスコミュニケーション・暴走・諦念・選択等がもたらすドラマは、とりわけ一九九〇年代後半的な状況と、マッチングが良いように見えるのは確かだろう。

（5）「マンガの面白さ」を描線やコマ割りの方法等といった表現技法の側面から考察しようとする試みとして、たとえば別冊宝島EX（1995）、夏目（1997）、McCloud（1993＝1998）等などがある。もちろん、「マンガ」という表現の水準には要素に還元できない創発性が現れるため、この側面からのみマンガを捉えることはできないが、夏目房之介に代表されるこうした試みが、他では提供できない成果をあげていることは間違いない。

（6）この記述は、以下の井上俊の文章を下敷きにしている。

社会学の既成の概念や理論によって——ときにはまるでねじ伏せるようにして——芸術を説明するのではなく、むしろ芸術との交流を通して社会学的思考を豊かにしていくという方向が、正当に認知され、今後さらに開発されていくことが望ましい。（井上 2000：135）

ただ、些細なことかも知れないが、筆者は井上の指摘に賛同はするものの、なぜことさら「『社会学的』思考を豊かにしていく」と言わなければならないのかが、今ひとつ納得できない。本来、芸術（ここではマンガ）から触発される思考が結果的に社会学的だろうが哲学的だろうが文学的だろうが、あるいは分類不能な何かであろうがまったく構わないはずであり、むしろ、それが「分類不能な何か」であることこそが望ましい――と言えば言い過ぎだろうか。しかし少なくとも、マンガとはそのような想像力の自由さへと、大きく開かれた表現領域であるはずだ。とりあえず、マンガから触発された哲学的思考の例として、永井（2000）を挙げる。

（7）たとえば、作田（1981）、作田・富永編（1984）。

（8）付言すると、これは普遍的現象というわけではない。少なくとも戦後日本社会において、地方にとって〈東京〉は、今にいたるまで「今ここではないどこか／いつか」の宛て先として機能してきた。一方、地方にとっての〈東京〉に該当する場所がない現実の東京の場合、〈東京〉と機能的に等価な宛て先は地理的な「場所」ではなく、「今よりもっと豊かな、明るい未来」であった。この「もっと豊かな明るい未来」は、高度成長期までは輝かしく疑いの余地のないものであったが、一九七〇年代に入るとその存在が疑われ始め、九〇年代初頭のバブル崩壊以降、そのリアリティは決定的に失われた。

（9）『フラグメンツⅠ』の前半の四話（『雪子さん』『朝ごはんから夕ごはんまで』『料理屋の息子　前・後編』）が、ここで言及する海馬町を舞台とした物語にあたる。

（10）『夕方のおともだち』は前・中・完結編の三話構成で、『フラグメンツⅠ』の後半分にあたる。

（11）『夕方のおともだち』が誌上に掲載されたのは一九九五年一〇～一二月、海馬町の物語四話が掲載されたのが一九九六年二～七月である。少なくとも雑誌掲載の順番からは、「海馬町もの」以前に『夕方のおともだち』が〝困難な自由〟をはっきり打ち出していることに注意したい。

（12）舞台である「うみべのまち」のモデルになったのは、山本直樹によれば北海道檜山郡江差町だそうだ。一九九七年の再版の際、『YOUNG & FINE』末尾に添えられた小文で、山本は次のように述べている。

江差町は海岸段丘によって丘の上と下に分かれた、二段がまえの町だ。その間の坂の眺めもいい。（中略）

僕が行ってた函館の高校には、その地方のあらゆる町から生徒が来ていたが、江差から来た人に一人も会わなかったのが後で考えると不思議だった。そんなに小さい町ではない。他と比べて特にビンボーということもない。もしかしたら江差は町の外に出る気にならないほど居心地のいい場所なんだろうか、とも思ったりした。そんな僕の想像上の江差が、YOUNG & FINE の舞台となっとります。（山本［1992］1997：228-229）

(13)『YOUNG & FINE』には台詞に句読点が表記されていないため、適宜句読点を補った。『YOUNG & FINE』の引用部分については以下も同様。

(14)『青森のテレクラ少女たち』には、当時、いかに青森が「ムシャクシャする」場所だったかが述べられている。宮台によれば、「青森には何もないし、自分にはお金もない」というムシャクシャは、東京がバブルだった頃には、「いつかは東京」という希望が何とか吸収できたが、不況でそれもできなくなった。にもかかわらず、メディアには東京情報が溢れ、やはり「私たちも」と煽られる。もう「いつかは東京」とは思えないのに、東京はどこか遠い外国ではなく、同じこの日本に存在している――そういった状況が、青森のムシャクシャの背景にあったという（宮台 1997：36-37）。

(15) 農業・林業・漁業といった第一次産業と、祭礼といった宗教的な行為は、その共通点として、身体的な直接性や宗教的非日常性等といった、「社会」によって相対化されない要素を多分に含んでいることが挙げられる。この、生活のなかに遍在する「『社会』によって相対化されない要素」が、「現実の豊かさ」の基礎になるということは、かつての地方の生活ではごく当たり前のことだった。本来、宗教が「社会」「個人」双方の成り立ちと切り離せないという点については、たとえば Luckmann（1967＝1976）を参照。

文献

間場寿一編、一九九八、『地方文化の社会学』世界思想社。
東浩紀・北田暁大、二〇〇七、『東京から考える』日本放送出版協会。
別冊宝島ＥＸ、一九九五、『マンガの読み方』宝島社。

古谷実、二〇〇三〜二〇〇五、『シガテラ』講談社、全六巻。

井上俊、二〇〇〇、『スポーツと芸術の社会学』世界思想社。

くらもちふさこ、一九九五〜二〇〇一、『天然コケッコー』集英社、全一四巻。

Luckmann, Thomas, 1967＝一九七六、赤池憲昭・ヤン＝スィンゲドー訳『見えない宗教』ヨルダン社。

松原隆一郎、二〇〇二、『失われた景観――戦後日本が築いたもの』ＰＨＰ研究所。

McCloud, Scott, 1993＝一九九八、岡田斗司夫監訳『マンガ学』美術出版社。

三浦展、二〇〇四、『ファスト風土化する日本――郊外化とその病理』洋泉社。

――――、二〇〇五、『下流社会――新たな階層集団の出現』光文社。

宮台真司、一九九七、『まぼろしの郊外――成熟社会を生きる若者たちの行方』朝日新聞社。

宮原浩二郎・荻野昌弘編、二〇〇一、『マンガの社会学』世界思想社。

永井均、二〇〇〇、『マンガは哲学する』講談社。

夏目房之介、一九九七、『マンガはなぜ面白いのか』日本放送出版協会。

作田啓一、一九八一、『個人主義の運命――近代小説と社会学』岩波書店。

作田啓一・富永茂樹編、一九八四、『自尊と懐疑――文芸社会学をめざして』筑摩書房。

若林幹夫、二〇〇三、『都市への／からの視線』青弓社。

――――、二〇〇七、『郊外の社会学――現代を生きる形』筑摩書房。

山本直樹、一九九二、『YOUNG & FINE――うみべのまちでぼくらはなかよしだったか』双葉社（再版：一九九七）。

――――、一九九四〜一九九五、『ありがとう』小学館、全四巻。

――――、一九九七、『フラグメンツⅠ　山本直樹著作集』小学館。

――――、二〇〇〇、『ビリーバーズ』小学館、全二巻。

――――、二〇〇七〜、『レッド』講談社。

吉見俊哉・若林幹夫編著、二〇〇五、『東京スタディーズ』紀伊國屋書店。

第11章　差異化コミュニケーションはどこへ向かうのか
――ファッション誌読者欄の分析を通して

松谷創一郎

「あの子ってイケてるよね」――ふだん誰もがしているそんな何気ない会話。そういわれて喜ぶ人もいれば、逆に傷ついたことがある人もいるだろう。良くも悪くも、そんな言葉が使われ、成立するのは、すべての人が同じではないからだ。年齢、性別、外見、考え方、性格、ふるまい等々、人はさまざまな要素で、私とあなた、彼と彼女、あいつとこいつなどと区別している。

そのなかでも、誰もが当たり前のように身につけている衣服、つまりファッションは、性別や世代、個人の志向性などを外見上に示す、わかりやすい指標となっている。

この章では、ファッションの歴史を簡単におさらいしつつ、ファッションがどのような差異化コミュニケーションのツールとなっているかをストリート系の女性ファッション誌『ＣＵＴｉＥ』の読者欄を通して分析していく。たとえば、ＣＵＴｉＥ少女は〈コ〉ギャルたちに何を感じ、違いを示すためにどういう態度を示してきたのか。それによって、現代の若者たちが、ファッションをツールにどのような差異化戦略を採ってきたのかが明らかになる。

1　エビちゃんとスーパーモデル

二〇〇五年から二〇〇八年まで、ファッションモデルのエビちゃんこと、蛯原友里が爆発的な人気を博している。押切もえ、山田優とともに、彼女は小学館の二〇代の女性向けファッション誌『ＣａｎＣａｍ』の専属モデルとして同誌の人気を牽引してきた。『ＪＪ』（光文社）や『ＶｉＶｉ』（講談社）など、競合他誌が部数を落とすなか、二〇〇六年後半には『ＣａｎＣａｍ』の実売部数は彼女たちの人気により七〇万部に近づくほどに伸長した。

二〇〇五年から年に二回おこなわれている東京ガールズコレクションは、この蛯原をはじめ、押切もえや土屋アンナなどの人気モデルを集めたファッションショーだ。だが、それはパリ・コレクションなどのように、マスコミやバイヤー向けに開催される発表会といったものではない。横浜アリーナやさいたまスーパーアリーナなどの大型ホールで、数千人単位の一般女性たちを集めるイベントである。運営しているのは携帯電話向けの衣料品通販サイトで、ショーの途中に客が携帯電話で次々と洋服を購入していくことが話題となった。

このようなファッションショーの形態は、世界的にも非常に珍しい。ＡＬＢＡ ＲＯＳＡやＣＥＣＩＬ ＭｃＢＥＥなどのブランドが発表する商品は、それほど高価なものではない。「ハイファッション」とはくくられない、いわばマス向けブランドのファッションショーだ。

もちろん、特定のモデルがファッションリーダーとして時代を牽引することはいつの時代にもある。記憶に新しいところでは、シンディ・クロフォードやナオミ・キャンベルなど、「スーパーモデル」と呼ばれるファッションモデルが人気だった。彼女たちは、パリやニューヨークコレクションなど、ハイブランドのファッションショーに登場し、各ブランドのデザイナーが発表する非日常的で最先端のスタイルを際立たせるために活躍した。彼女たちの人気は、一般層にはけっして手の届くことのない存在感にこそあった。

だが、蛯原や押切の人気の質は、そのようなスーパーモデルとは違う。身長はスーパーモデルほど高くはなく、購入しやすい価格の洋服を着て登場する。彼女たちの人気の質は、スーパーモデルのようなカリスマ性ではなく、「もしかしたら私もエビちゃんのようになれるかも」といった憧憬によって構成されている。つまり、一般層に「私もそうなれるかもしれない」と感じさせる身近な理想として、同世代の女性たちのロールモデル――自身の社会的役割を遂行する上で参考にする対象となっているのである。

2　ファッションの歴史と分析手法

トリクルダウン理論の限界

このようなマスファッション（一般層向けのファッション）が、日本できわめて大きく膨らんだことはやはり独特なことである。それは、欧米と日本のファッションがそれぞれ違う文脈で成長してきたことと、日本社会の独特の経済構造に基因する。

欧米のファッション史を遡ると、一九世紀のパリに辿り着く。一八四五年にイギリスからフランスのパリに渡ったシャルル＝フレデリック・ウォルト（英名：チャールズ・フレデリック・ワース）は、一八五七年に自分に店を開いた。そこで彼は、季節毎に新作を発表し、それを人間（マヌカン）に着せて披露し、洋服を気に入った客の体形に合わせてサイズを仕立て直すという方法を取っていた。オートクチュールと呼ばれるこのシステムは、それ以前には考えられないことだった。それまでの高級衣服は、クライアントである上流階級層の意向をデザイナーがうかがって作られるものであり、あくまでも主導権は客のほうにあったからだ。だが、ウォルトは自身が納得する顧客でなければけっして注文を受け付けないなど、服飾デザイナーとしての立場を強めたのである（北山 1991）。

二〇世紀以降は、工業化による大量生産システムの成熟とともに、プレタポルテと呼ばれる高級既製服の時代に入る。ピエール・カルダンなど現在でも馴染みのあるブランドは、プレタポルテに参入することによってブランドとしての価値をさらに高めることとなった（井上 2006）。

このようなオートクチュールやプレタポルテは、ともにハイファッションにくくられるが、共通するのは富裕層の顧客に新たなスタイルを季節毎に提案し、上流階級がそれを庶民と差別化をはかるアイテムとしていたことである。このような状況を批判的に分析したのが、『有閑階級の理論』を記したソースティン・B・ヴェブレンである。ヴェブレンは、一九世紀末のアメリカの富裕層の派手な購買活動を「見せびらかしの消費＝衒示的消費」と批判的に分析した。彼らは上流であることを誇示するために、派手な消費をすることで庶民との差を明示しようとしていたと断じたのである（Veblen 1889＝1998）。

流行現象がこのように社会階層間での差異化競争によって生じると分析したのは、ゲオルグ・ジンメルも同様であった。ジンメルは、人々が流行に左右される理由として、他者への同調化欲求と、それと相反する差異化欲求が、心理的に同時に存在するからだと説明する。具体的には、以下のようなことである。

まず、上流階級は自らの社会的地位を誇示するために独自のスタイルを求め（差異化）、同時にそれは自らのグループ間の相互確認として機能する（同調化）。そして、下層階級はその上流階級のスタイルを憧れの対象として模倣する（同調化）が、その流行が広く浸透すると、今度はまた上流階級が下層階級との違いを示すために、従来のスタイルを捨て新しい流行に向かう（差異化）。流行とはこのようなメカニズムによって移り変わるというのである。水などが上から下に滴り落ちる（Trickle down）かのように、上層から下層に流行が浸透していくこの構図は、トリクルダウン理論と呼ばれている（Simmel 1911＝1976）。

だが、ジンメルが二〇世紀初頭に提示したこのモデルは、日本も含めた現代社会に適用するには限界がある。ヴェブレンやジンメルが分析したのは、社会階層の上下が明確に区分でき、その社会構造が比較的安定していた一九世紀後半や二〇世紀前半の社会であった。それゆえ、階層の流動化が高くなると、この理論には適合しない現象も発生する。

たとえば、一九六〇年代に入ると、それまで労働者のスタイルであったジーンズや、下着として着用されていたTシャツがハイファッションにも取り入れられるようになる。また、同時期にロンドンで流行したミニスカートも、ロックやモダンジャズを好む若者の間で流行っていたスタイルだった。マリー・クワントがこのストリートファッションをヒントにして一九六〇年にミニスカートを発売し、世界的に爆発的なヒットとなったのである。

ここで見られるのは、上流ではない層で流行っていたサブカルチャー（ストリート・ファッション）を、ハイファッションに取り入れていくという構図である。一九七〇年代になると、マルコム・マクラーレンとともに店を開いたヴィヴィアン・ウエストウッドは、ロックバンドのセックス・ピストルズとパンクファッションを生み出した。ファッションは、社会階層に左右されずに、もしくはその社会階層を逆手に取るかのようにして生み出されるようになるのである。

「タテの差異」から「ヨコの差異」へ

さて、日本においてのファッションの歴史を遡ると、明治期に流入した洋装が大正期に入って庶民にも定着していった頃に辿り着く。だが、第二次世界大戦を経て富裕層が力を失った日本では、ハイファッションの浸透はさほど目立つことがなかった。戦後の貧しい地点から飛躍的な経済成長を遂げる過程では、庶民は人（世間一般）と違うことよりも、より人と同じレベルの生活を目指す「人並み化」＝同調化を求めていた。これにより、一九八〇年代には「一億総中流」と叫ばれるほどに階層間の差異は意識されなくなり、ハイファッションとマスファッションの違いも欧米ほどには意識されない傾向にあった。

だが、そこからの転換を象徴的に示す現象のひとつに、一九八〇年代前半に生じたDCブランドブームがある。これはデザイナーズ&キャラクターズ・ブランドのことで、コム・デ・ギャルソンやビギ、ニコル、ピンクハウスなど、デザイナーの個性を前面に出し、大量生産ではなく少量多品種の展開をしたブランド群のことである。

このDCブームは、社会階層がほとんど意識されなかった当時の日本においてこそ成立した現象だといえるだろう。若者たちはときに長蛇の列をつくって、高価だが少量のアイテムを争うかのように購入し、自己と他者との違いをアピールしようとしたからだ。そんな彼らは大量生産品を好むそれまでの「大衆」ではなく、「私だけの何か」を求める「小衆」や「分衆」といったマーケティングタームでくくられたりもした。柏木博は、そのような時代をこう説明する。

DCの出現によって、若い人たちを中心に、パリ・コレクションに代表されるいわば正当なファッションへの欲望が希薄なものとなっていった。とはいえ、それは六〇年代末から七〇年代にかけての対抗文化がつくり出したファッションとも異なっている。対抗文化が自然発生的に生み出したファッションは、（結局は市場の論理に回収されたとはいえ）伝統的なファッションのシステムとともに、市場の論理を背景にした消費社会そのものを否定した。一方DCは、消費社会における差異のシステムを前提にして成立するファッションであった。さらに言えば、消費社会のシステムを背景にその論理を徹底化するものであったと言っていいだろう。

さらにDCによって、ファッションの中心と周縁という関係が、結局、相互の差異という関係に置き換わったかのような現象が引き起こされた。つまり、オートクチュール対量産品という対立関係、あるいはパリ・コレクションを中心としたファッションの階層的関係性が消滅し、あたかもすべてが対等な差異の関係にあるかのような状況がつくられたのである。（柏木 1998：176）

パンクファッションやビートニクスなどは、そもそも労働者階級の間で流行していたスタイルがハイファッションに取り入れられたものであった。また、アメリカにおけるヒップホップも、黒人やヒスパニックなどエスニシティを基盤に育っていったサブカルチャーであった。

それに対し、階層やエスニシティの差異が意識されにくい一九八〇年代以降の日本では、自己と他者との関係は、嗜好する文化の違いによって強く意識されることとなる。階層間の差異のような「タテの差異」ではなく、階層的に横並びの社会で、嗜好する文化の違いを指標とする「ヨコの差異」が前景化していったのである。

それは同時に、自己と他者の安定的な関係性が失われていったことも意味する。大学進学率が四〇％を超え、第三次産業従事者が増大し、都市化・情報化が進んだ日本からは、農村共同体のようにお互いが前提的了解（出自や体験的記憶）を共有した上でコミュニケーションがとられていた社会空間は消滅していった。出自も価値観も多様な者同士による前提共有なきコミュニケーションが必要とされ、そこでは「あなたと私は違う人間」という不透明な感覚が強く意識されることとなったのである（宮台［1996］1997）。

このような社会空間では、ファッションは自己の属性（趣味志向性）を他者にわかりやすく呈示する指標（「あなたと私は同じタイプである」という記号）として機能していった。それは階層という基盤を持たないゆえに権威性・特権性を持たず、とても移ろいやすいものでもある。たとえばＤＣブランドブームも、一九八三年頃から浸透し、八五年にはバーゲンに長蛇の列が並ぶような大ブームとなるが、八七年の秋には下火になる（『流行観測across』一九九七年一〇月号）。若者たちは、このような社会のなかで新しい流行を創りだし、大勢がそれに飛びついてブームとなりそして離脱するというサイクルのなかで、他者との関係を取り結び、また切り離していったのである。

3　ストリートファッション誌『ＣＵＴｉＥ』

『ＣＵＴｉＥ』の特徴

この「ヨコの差異」のなかでは、さまざまな「族（tribe）」も生まれてきた。族とは、「〇〇族」などとくくられるサブカルチャーを軸とした若者集団のことである。

一九八〇年代まで、暴走族やヒッピーにルーツを持つフーテン族のように、それらは社会階層に強く基底され、体制社会からの逸脱行動として理解されてきた。だが、一九八〇年代以降には、社会階層に基盤を持たない族が次々と生まれてくる。それが、新人類やオタク、チーマー、コギャル、裏原系などである[1]（馬渕 1989、難波 2007）。

このなかでも本章が分析対象とするのは、ファッションをリソースにアイデンティティを確立していった「裏原（宿）系」である。厳密には、「裏原（宿）系」とカテゴライズされるファッション誌『ＣＵＴｉＥ』の読者たち（以下「ＣＵＴｉＥ少女」）を分析する。

『ＣＵＴｉＥ』は、一九八九年に創刊された女性向けファッション誌である。宝島社（旧ＪＩＣＣ出版局）から月刊（一時期は月二回刊）でいまも刊行されている。読者層は、一六〜一七歳が二五％、一八〜一九歳が二八％と、

図11-1　『CUTiE』2008年３月号（宝島社）

一〇代後半が半数を超える（宝島社 2008）。実売数は推定一四万部ほどであり、ここ数年は部数の低落傾向が続いている（全国出版協会出版科学研究所編 2007）。

時代によってその特徴は異なるが、創刊時から共通するのは、『ＣａｎＣａｍ』などのように女性としてのジェンダー属性を積極的にアピールするスタイルではなく、原色の洋服や重ね着を多用するなど、「個性派」としての独自の感性を大切にする傾向にある。

着用される洋服は、ＨＹＳＴＥＲＩＣ ＧＬＡＭＯＵＲやＭＩＬＫなど一部人気ブランドもあるが、一九九〇年代後半以降は「好きなブランド」のアンケートで「古着」がトップに来たり、そもそもはセレクトショップであるＢＥＡＭＳなどの人気が高く、過度なブランド志向は見られない。それよりも「着回し」や「重ね着」など、着こなしに重点が置かれる傾向にある。誌面構成でも、街角を歩いている一般女性のファッションを「ストリートスナップ」として掲載しており、読者はそれを着こなしの参考としている。

また、マンガや音楽などのサブカルチャーとの親和性も強いことも特徴だ。マンガは、一九九〇年代前半には岡崎京子の『リバーズ・エッジ』、一九九〇年代後半には安野モヨコの『ラブマスターＸ』などが連載された。音楽では、ＪＵＤＹ ＡＮＤ ＭＡＲＹやＳＨＡＫＡＬＡＢＢＩＴＳなどが好まれている。専属モデルをつけることなく、篠原ともえや市川実和子、ＹＵＫＩ（元ＪＵＤＹ ＡＮＤ ＭＡＲＹ）、土屋アンナ、ＵＫＩ（ＳＨＡＫＡＬＡＢＢＩＴＳ）など、芸能人やミュージシャン、人気モデルをファッションリーダーに据えてきた。

このような『ＣＵＴｉＥ』はストリート系のファッション誌だといえる。一九九〇年代後半から流行った裏原系とは、原宿・竹下通りの先にあるキャットストリート沿いに出店したオリジナル・ブランド群を好む層のことを指し、当初は若い男性たちの人気によって牽引された。具体的にはＡ ＢＡＴＨＩＮＧ ＡＰＥやＵＮＤＥＲ ＣＯＶＥＲなど商品がきわめて少量生産なブランドが注目を浴び、ＡＰＥのデザイナー・ＮＩＧＯがミュージシャンと深い交流を持つなど、ポップ・ミュージックと何かしらの関係を持っていたことも大きな特徴だった。南谷えり子は、裏原系が目指すのは、「『ストリート以上、ハイファッション未満』であり、流行と切り離された日常着や普段着でもなく、かといって斬新さやトレンド性を強く意識したパリやニューヨークのファッションやデザイナーブランドとも違う」と解説する（南谷・井伊 2004）。

一九九〇年代前半まではさほど地域性を見せていなかった『ＣＵＴｉＥ』だが、一九九五年にラフォーレ原宿にＸ－ｇｉｒｌがオープンし、一九九〇年代後半に裏原系スタイルを多く扱うようになり、そのストリート性（シンボルとしての地域性）を際立たせていった。

分析対象と分析方法

本章で、この『ＣＵＴｉＥ』を分析の対象としたのには、ひとつ大きな理由がある。それは、ファッション愛好者の志向性を捉えようとするときに、『ＣＵＴｉＥ』の読者投稿欄がほぼ同じ形式で続いてきたからである。本来であれば、さまざまなファッション属性の読者を比較して分析するのが望ましいが、たとえば『ＣａｎＣａｍ』や『ＶｉＶｉ』などほとんどのファッション誌には、読者欄が存在しないので実質的にそれは不可能である。『ＣＵＴｉＥ』の読者欄は、タイトルこそ変われど一〇年以上にわたって二～三ページの紙幅が割かれている。そしてそこでは読者が積極的に独自の意見を表明し、またその意見に対して他の読者が賛同や反論を表明するなど、読者同士の交流もとても活発である。

この読者欄を用いて本章が採る分析手法は、レトリック分析である。社会階層に根ざすことのない文化的な「ヨコの差異」が、個々人のどのようなレトリックによって成立しているかを見ていくのである。

社会構築主義者のジョエル・ベストによると、「レトリック」とは、「なんらかの想定された状況」で他者を説得

図11－2　『月刊 Popteen』2007年10月号（角川春樹事務所）

しようとして用いられる言葉のあり方＝「いい方」のことである（Best 1987）。ここでは、『CUTiE』読者が、どのようないい方でみずからを「CUTiE少女」だと位置付けるのか、また、どのようないい方で他者を「CUTiE少女」ではないと判断するのか、そのありようを分析するのである。

そこで具体的に注目していくのは、過去一〇年分の読者欄のなかで見られる「コギャル」もしくは「ギャル」と呼ばれる同世代の女性層に対してのCUTiE少女たちの反応である。これは、経年的に読者欄を眺めていったときに、CUTiE少女たちが「ヨコの差異」をはかる対象として「コギャル／ギャル」（以下「〈コ〉ギャル」）が頻繁に登場するからである。

〈コ〉ギャルとCUTiE少女

〈コ〉ギャルは、この一五年ほどの間でもっとも注目された若者の族のひとつである。この言葉が初めてマスメディアで使われたのは一九九三年のことだが、一般に広く浸透したのは一九九五年以降のことだ。当初こう名指されていたのは、茶髪にして肌を小麦色に焼き、学校制服のスカートを短くしてルーズソックスを履いた女子高生であった。使用済み下着を売買するブルセラショップへの出入りや援助交際（売春）の主役として「ブルセラ女子高生」や「援交女子高生」などと社会問題視されたり、また、歌手の安室奈美恵をファッションリーダーにしていたことから「アムラー」と呼ばれていたこともあった。

彼女たちが集った場所は、当初から現在まで東京の渋谷である。具体的には一九九六年のリニューアル以降、ギャル向けのショップが数多くテナントに入ったアパレルビル・渋谷109やその近くのセンター街である。彼女たちに注目した各種メディアは渋谷で取材をし、ファッション誌はストリートスナップを撮った。〈コ〉ギャルは、裏原系とはまた別種のストリートファッションだったのである。

一九九〇年代末からはその呼び名は「ギャル」となり、女子高生に限らずギャルスタイルが定着していく。時代によって変化はあるものの、基本的には露出が多く女性的なボディラインをアピールするスタイルで、当該のファッション誌では「肌見せ」という見出しが頻繁に使われていた。またその一部が、肌に黒人用のファンデーションを塗り、白いアイラインをつけるなどの派手なスタイルをする「ガングロ」、もしくは「ヤマンバ」と呼ばれる層に分化し始めたのもこの時期であった（成実 2007）。

このような〈コ〉ギャルのスタイルの見た目は、『CUTiE』のそれと大きく異なる。前述したように、〈コ〉ギャルスタイルは肌見せを好み、夏であればタンクトップなどノースリーブのトップスに、ボトムはミニスカートにハイヒールのパンプスといったスタイルである。対して『CUTiE』では、夏でもタンクトップを重ね着するなどレイヤードスタイルを好み、ボトムもパンツやロングスカートに、ソールの低いパンプスやスニーカーを合わせることを好む。非常に対照的であるといえる。

女性ファッション誌全体における『CUTiE』やギャル系ファッション誌のポジショニングは、年齢とジャンルを軸とすると図11-3のように分類できる。ジャンルは「ルーズカジュアル」「キャリア」「コンサバティブ→主婦」「ギャル」「ゴス・ゴスロリ系」と五つに分類している。

ルーズカジュアルとは、『CUTiE』も含む裏原系の一般浸透系のスタイルである。キャリアは、一九八六年の男女雇用機会均等法以降に増えた女性総合職会社員向けのファッション誌。コンサバティブ→主婦は、結婚して一旦会社を退職し子育てに専念するライフコースを選択する人に向けた雑誌のことである。ギャルは先に説明した。ゴス・ゴスロリ系は、ここではほとんどがヴィジュアル系バンドのファン（通称・バンギャ）に向けたファッション誌のことを指す。(2)

『CUTiE』の競合誌には『Zipper』があり、その上の世代には『SEDA』や『mini』『spring』『sweet』『InRed』などが来る。同世代の別ジャンルでは、コンサバ系の『SEVENTEEN』、

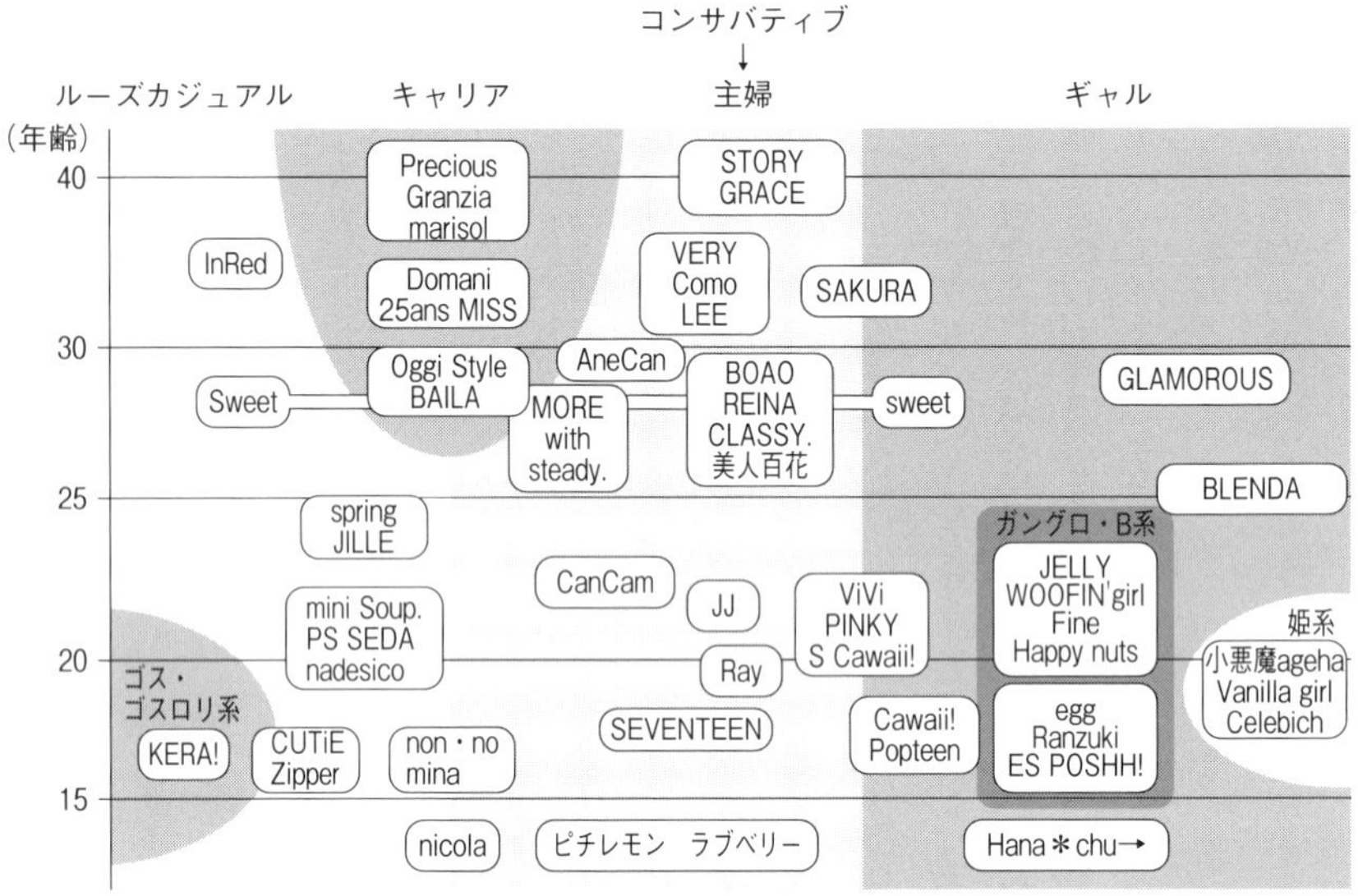

図11-3　2008年春現在のファッション誌のマトリックス

ギャル系の『Ｐｏｐｔｅｅｎ』や『ｅｇｇ』などがある。
　このようなＣＵＴｉＥ少女たちにとって、同世代の〈コ〉ギャルやそのファッションスタイルは、さまざまな局面で自らの立ち位置を特徴付ける差異化基準となっている。つまり、〈コ〉ギャルを他者として、ＣＵＴｉＥ少女（もしくは裏原系）としての自己像を獲得しようとしているのである。

〈コ〉ギャルスタイルとの差異化

まず、ファッションスタイルにおける差異化では、たとえば以下のような言説が見られる。

　実は私、1年前までガンガンのギャルだったんです。けど、なんかみんなといつも一緒だったらつまんない、って気づいて少し個性的になっちゃいました。はじめは周囲の子もすごくびっくりしてたけど、いまは全然平気。（東京都／年齢未記載／一九九九年一〇月二五日号）

　ヤマンバ・ファッションはどう見てもかわいくないです!!

私はまだ中3だけど、自分は絶対にあんな人たちにはなりたくないです。見てると「うわー気持ち悪い!!女かよー」とか思っちゃいます。髪の毛は染めて傷みまくるし、肌も大人になったら異常が出てくると思う。誰から見ても可愛くないし、バカっぽいし、いいことない！　それに個性もない！　だってどー見てもみんな一緒。

でも、私たちのキューティ・ルックは違う！　だっていろいろ重ね着したり、作ったり、どこかしら人と違う個性が出てるはず。服の組み合わせ考えたりとかそれぞれの楽しみ方が。それは大人から見ても分かってくれると思います。あんなファッションと私達を比べちゃだめです！（東京都／一五歳／二〇〇〇年一月一七＋三一日号）

この両者は、ともに〈コ〉ギャルのファッションスタイルがみな同じであるかのように見なし、逆に自らのスタイルの独自性をアピールする。つまり、〈コ〉ギャルスタイルはみな同じだから個性的でなく、対してCUTiEスタイルはオシャレで個性的である、というレトリックである。

とはいえ、〈コ〉ギャルにしろCUTiEスタイルにしろ裏原系にしろ、ひとつのスタイルとしてカテゴリー化をされるのは、何らかの共通性を持つからである。「キューティ・ルック」としてくくることは、他者と何らかの共通性を見出すからこそ成立している。

この場合には、その共通性として「個性」が置かれているところが特徴的だ。個性とは、読者も述べるように、一般的には「他の人とはちがう、その個人にしかない性格・性質のこと」をさす。だが、それが「個性派」としてくくられると、大きな逆説を孕むこととなる。「他のひとと違う」はずなのに、他者と何らかの共通性を持つことを意味するからだ。つまり、『個性派』という平凡さ（非個性）」、もしくは「ありきたりの個性」とでもいうべき状況になる。

このような事態に、気づいているかのような言説も見受けられる。

渋谷や原宿に多発してるヤマンバ・ファッションっていったいなんなんですか？　ゴングロに白い髪で、みんなおんなじよ～なエゴイストの服を着て、唇は白パール。肌より白い唇って、どう見ても、絶対ヘンだと思うんですけど……。（中略）でも、あれが彼女たちなりのおしゃれなのかな～。なんだか私のキューティ・ルックも、オトナから見たらおんなじように見えちゃってるのかな、もしかして50歩100歩？　目くそ鼻くそを笑う？ってすごく自信喪失です。（東京都／二〇歳／一九九九年一〇月一一日号）

ここでは、自らのスタイルが〈コ〉ギャルのように同じ格好に見られているのではないか、と不安が漏らされている。この言説で注目すべきは、彼女が誰にそう思われることで「自信喪失」と感じるかという点である。ここではそれが「オトナから見たら」と記述されている。

この「オトナ」とは、友人や恋人、家族など具体的な他者をさしているのではない。そうではなく、自分や「キューティ・ルック」の人ではない、社会一般からのまなざしを「オトナ」としていると考えられる。

このような彼女の想定は、ジョージ・ハーバート・ミードが説明する「一般化された他者（generalized other）」だと捉えることができる。これは、個人に内面化される、特定的ではない他者からの社会的期待（もしくは社会規範）をさす。つまり、「（ここではこう望まれているはずだから、）こうしなければならない」といった意識のことだ。そこに具体的な他者は存在しないが、その人を内面的に規制／抑圧する「社会」なり「世間」なり「共同体」が存在すると考えられるのである（Mead 1934＝2005）。

だが、自らのファッションを肯定するにしろ否定するにしろ、〈コ〉ギャルとの比較をしたり、また、社会一般からの視線を気にしたりする。差異化をはかる対象は具体的だったり抽象的だったりするものの、何らかの他者の存在を意識しているのは同じである。

恋人・異性からの視線

さて、彼女たちが強く意識する具体的な他者には、〈コ〉ギャルに限らず恋人や異性の存在がある。思春期にあたるこの世代の女性たちにとって、異性からの視線がとても強く意識されることは不思議なことではない。たとえば、恋人に好かれるために積極的にCUTiEスタイルを選択するような例がある。

私はつい3ヵ月前まで、『JJ』とか『CanCam』読んで、ギャルっぽいかっこうしてたんだ。けど、好きになった人は『Smart』読んでて、『CUTIE《ママ》』にのってるような子がタイプだと分かって、180度全く違うかっこうする一大決心!!したの。スーツとか着て、ブランドで攻めて「プラダのバッグほしー」なんて言うのをやめて、彼の好みのタイプになるように一生懸命努力して頑張った！（岐阜県／年齢未記載／一九九八年七月六日号）

この一文を読むかぎり、彼女にとってCUTiEスタイルをはじめとしたファッションとは、あくまでも恋人を満足させるためのツールである。だが、こういった言説よりも多く見られるのは、逆に恋人や異性がCUTiEスタイルよりも〈コ〉ギャルスタイルを好むという悩みだ。

先日、彼氏と別れました。理由は私がロリータだから。彼はギャル系のコが好きで、私は本当はミルクとか着たいのに、頑張ってギャルなカッコしてたんです。スーツを着て彼と腕組んで街を歩いている時、仲良く古着とか見てるパンクなカップルを横目で見ると、すごくうらやましかったんです……。

（中略）

いっぱい悩んで、彼に話しました。彼の答えは「お前とはずっと付き合っていたいけど、そんなカッコした女は恥ずかしくて連れて歩けない」でした。悲しかったけど、その一言で決心がつきました。私にとってロリータは、それでも守りたいポリシーだったから。結局私は、彼よりも自分が大事だったんですね。（大阪府／年齢未記載／一九九八年七月二〇日＋八月三日号）

あたし、今迷っています！　なんと、彼氏がギャルっぽい人がいいって言いはじめたんです。あたしはキューティっ子なので、キューティ系のファッションをずっと続けたいんですが、どうしたらいいですか？　でもあたしは彼氏が大好きなんです。（東京都／一四歳／二〇〇七年二月号）

簡潔にまとめると、彼女たちの悩みは「恋人には好かれたいが、CUTiEスタイルはやめたくない」というものである。自らのファッションスタイルが恋人に好まれないことに悩んでいる彼女たちは、どちらかひとつを選択すれば、どちらかひとつを失う可能性がある。実際に、そのうちのひとりは恋人と別れる選択をしている。相反するふたつの価値の間で、引き裂かれているのである。

ファッションに限らず、女性が自己実現（独自の生き方の貫徹）と恋愛・結婚との二者択一を迫られる状況はよく見られる。たとえば、それは女性の社会進出の場面で頻出する。キャリアウーマンとして働く道と、妻として主婦として家族を大切にする道の間で女性が揺れる様子は、一九八六年の男女雇用機会均等法以降にはマンガやテレビドラマなどで頻繁に描出されてきた。

それは、矢沢あいの人気マンガ作品『Paradise Kiss』でも描かれている（矢沢 2000-2003）。この作品が連載されたのは、『CUTiE』の競合誌であるファッション誌『Zipper』（祥伝社）であるが、その内容はカリスマ的な才能を持つ服飾系高校の学生・ジョージと、彼の作品のファッションモデルをすることをきっかけにプロのモデルの道を歩む女子高生・紫《ゆかり》の恋愛を描いたものである。

この作品の終盤、紫は、高校卒業後にジョージがパリへ行くという決心を知らされる。ジョージは「一緒に来る？」と誘うが、紫は「行かない／モデルの仕事だって始めたばっかりだし大学に通ってまだまだ勉強もするんだから」と返事をする（五巻、一四三頁）。彼女は、恋人と仕事の二択から仕事のほうを選択したのである。それは、自らのファッションスタイルを選ぶことによって恋人と別れたCUTiE少女にも通じる選択結果である。

図11-4　矢沢（2003：143）
©矢沢漫画製作所

性的退却としてのCUTiEスタイル

また、異性を意識するこれらの言説で共通していたのは、恋人である（あった）男性が〈コ〉ギャルを好んでいることだ。男性による女性の評価において、ギャルファッションがCUTiEスタイルの上位に位置していることを、彼女たちはとても気にしている。

髪切ったんです。ロングからおかっぱに。あたしはすご↓《ママ》く気に入ってて、「絶対かわいい」って思ってたのに、友だちとか、まわりの人の反応が……ってカンジ「変なの↓」って顔するの。悲しかった。せっかくの気分転換だったのに。しかも、もっとショックだったのが、男の子の態度が変わったこと。やっぱ男の子って「ギャル」がすきなのね。あたしみたいなのは相手にされないの。外見で判断されるのって、つらいよね。これですっかり落ち込んでしまったの……。（神奈川県／年齢未記載／一九九八年六月二二日号）

このように、男性の視線がCUTiE少女に〈コ〉ギャルを強く意識させている。つまり、CUTiE少女が準拠するのは、〈コ〉ギャルや恋人・異性だけでなく、「恋人・異性の〈コ〉ギャルへの意識」でもあるのだ。

この三者間の関係において、男性からの性的視線を過剰に送られる〈コ〉ギャル的な存在からの退却的な差異化が、ＣＵＴｉＥ少女を生んだとする説もある。宮台真司は、「イケてる子になりたいけど、性的な記号を引き受けるのはイヤだ！」と感じていた女性たちを、九〇年代後半に『ＣＵＴｉＥ』で大活躍していたタレント・篠原ともえ的な「不思議少女」だと分析する（宮台［1999］2002）。

この説を実証する言説は、『ＣＵＴｉＥ』の読者欄からは見つからなかったが、一九九七年の『Ｂａｒｔ』誌の記事では、当時の『ＣＵＴｉＥ』編集長・新井浩志がこのような要素を認めるかのようなコメントをしている。新井は、〈コ〉ギャルたちが男性にとって性的対象だったことで、『ＣＵＴｉＥ』少女たちは「強烈に女を感じさせること、男性に媚びることが嫌にな」り、「誰かに良く見られたいのではなく、自分がかわいいと思う洋服で自分を表現する」ようになったという（さかぐち 1997）。

この記事を受け、鈴木謙介もＣＵＴｉＥ少女（不思議少女）の「個性」スタイルが、〈コ〉ギャル的な性から退却ゆえの戦略だと論ずる。

> ルーズソックスという記号を身にまとうだけでオヤジから性的な対象と見なされるような状況は、それを望まない子、性的に自信のない子にとってはハードルの高い振る舞いになる。しかしそこから単に退却するだけでは、街中を自信ありげに闊歩するコギャルに対して一歩遅れた存在として自己規定をすることになる。そこで「彼氏による唯一の承認」といったような性的な関係による自己の自信回復ではなく、ファッションや言動による人間関係のより分け（スクリーニング）を用いて自信を回復するという戦略が採用された。
>
> その自信回復のためのキーワードが「個性」である。すなわち、メインストリームであるコギャル的なコミュニケーションにハマれないという「おかしな自分」を「個性」を持った存在だから良いのだ、と自己解釈することで自信を回復するのだ。（中略）この「個性的なことはいいこと」という読み替え戦略が、コギャルに対するアンチとしての不思議少女の根幹を支える要素であると言っていい。（鈴木 2003）

繰り返しになるが、これらの説に適合する当事者であるCUT:iE少女の意見は見受けられなかった。だが、過剰にも思えるほど〈コ〉ギャルを意識する彼女たちのなかに、このようなプロセスを経てCUT:iEスタイルを選んだ者がいても不思議ではない。また、鈴木が論じるように、当初は消極的選択の結果だった「非〈コ〉ギャルとしてのCUT:iEスタイル」が、「個性としてのCUT:iEスタイル」という積極的選択に読み替えられているかもしれない。

検証できないゆえに断定はできないが、これはひとつの有力な仮説として留意しておきたい。

自己準拠ゆえの「内閉的個性」

以上のように、〈コ〉ギャルや異性などの対象をCUT:iE少女たちは意識し、自らのスタイルを選択している。だが、このように他者を意識することそのものを否定するかのような意見も散見される。たとえば、以下のような投書がある。

　ヤマンバ・ファッションって見たコトないけど、いいと思うよ。それから私は「目くそ鼻くそを笑う」じゃなくて「ルビーがサファイアを笑う（ルビーとサファイアは元は同じ種類の石なんだよ）」って感じる。ヤマンバ・ファッションの人もキューティ・キッズもおしゃれする心はおんなじ。輝きの種類が違うってコトじゃないかな。（中略）Aさん（引用者註——読者名）のキューティ・ルックはAさんがイイ！　と思って着てるんだから、ヤマンバ・ファッションの人と比べて悩むことない。ファッションは制服じゃない。人が自由に決められるモノなんだから。（大阪府／一七歳／二〇〇〇年一月一七・三一日号）

　ヤマンバは個人的には好きじゃないけど、私が批判すべきじゃないと思う。ファッションは「好み」ですからね。自分が好きじゃないテーストのコーディネートしてる人のコトを悪く言うのはちょっと申し訳ない。自分がしたいカッコするのが一番。服の趣味のあわない人とは、別の話題で仲良くなるに限る。自分が「どう見られるか」に責任もってさ、何を言われても堂々としてるのが「おしゃれ」だと私は思うのです。(東京都／一六歳／同前)

これらは、〈コ〉ギャルなどを気にする読者へ向けられたアドバイスである。そこでファッションは他者と比較すべきものではなく、「人が自由に決められるモノ」で「自分がしたいカッコ」をすべきだと述べられている。ここでは、他者を基準とするよりも、自己を基準することがより良いことだとされている。だが、「自分がしたいカッコ」とは、他者との比較なく心のなかに自然発生するようなものなのだろうか。

自覚的か無自覚的か、もしくは積極的か消極的かはさておき、概して人は他者との関係を取り結んで自身の志向を構築していく。〈コ〉ギャルや恋人・異性など、身近な他者と比較して自己のスタイルを確立していくことは、これまで見てきたように不思議なことではない。逆に、「他者のスタイルや視線を気にするな」というレトリックは、そもそも当人が複数の選択肢のなかからＣＵＴｉＥスタイルを選択した理由をも無効化しかねない逆説を孕んでいる。

それでもこのような意見が散見されるのは、先にもふれた「個性」という概念が強く支持されているからである。たとえば、以下のような意見は非常に印象的である。

あたしも(中略)、他人に『キモイ、なにあの格好』とか『前髪にカチューシャありえない』とか言われます。

最初ゎ裏原卒業しょぅかなとか思いました…。でも思ったんです。他人に何を言われようが自分ゎ自分じゃない⁉って。逆にキモィとか変とか言われてナンボだと思えばいいんです‼　そんな深く悩む必要ゎナイと思います。だって自分の個性なんだから。(埼玉県／一六歳／二〇〇五年二月号)

ここでは、「他者の視線を気にすること」よりも「個性」のほうが大切であると述べられている。だが、前述したように、「個性」とされるスタイルが多くの人に浸透すれば、簡単に「ありきたりの個性」に転じて、その本来性（人と違うこと）は失われてしまう。もしそうなれば、さらなる「新たな個性」を見出すこと以外には、「ありきたりの個性」からの脱却はできない。

概して「新たな個性」とは、ありきたりなものとなってしまった「従来の個性」と比較することで導き出すことが可能となる。つまり、他者との距離を測ること——差異化によってこそ導き出される。だが、このCUTiE少女が持ち出す「個性」とは、そのように他者との関係のなかで培われる「個性」とは質が違うように読める。ここでの「個性」は、なによりも強力なマジックワードとして、根拠なく用いられているからだ。

土井隆義は、他者との比較のなかで社会的に構築される「社会的個性志向」に対し、現代の若者にはそうではない「内閉的個性志向」があると論じる。この「内閉的個性志向」とは、「あたかも実体のように自己の深淵に発見され、大切に研磨されるべきダイヤの原石のようなものとして感受され」、その原石を「本当の自分」だとする「内発的な衝動」のことである（土井 2003）。このCUTiE少女の述べる「個性」は、この「内閉的個性」に近しい印象を受ける。

それは、常に他者と差異化をはかろうとする個性化戦略が導く帰結であるとも考えられる。何かしらの「個性」を呈示しても（差異化）、そのスタイルが支持され多くの人がそれを模倣すれば（同調化）、当初のスタイルは陳腐化してしまう。先に述べたように、この差異化プロセスは社会階層に根ざした文化でないゆえに、安定的ではない。〈コ〉ギャルスタイルとCUTiEスタイルのどちらがより優れているかを審判する盤石な準拠枠はないのである。そうなったとき、確固たる枠組みを求めようとした結果として、調達が容易な「内発的な衝動＝内閉的個性」に身を委ねると推察できる。

だが、「気分」とも言い換えられるその「内閉的個性」とは、生理的な感覚ゆえに他者との関係で構築していく「社会的個性」よりも地盤は脆弱である。それは論理不在かつ生理的ゆえに恒常性を持ちにくい。

　また、自己が「自己」に準拠することとは、終わりのないパラドクスに迷い込む状況になりうる。たとえば、「本当の自分」を求める人が、他者との関係ではなく「自分」に準拠して「本当の自分」を探すと、一瞬「本当の自分」が見つかった気がしても、そのときどきの気分や環境からの刺激によって発生する新たな「本当の自分」によって、即座にそれが塗り替えられていく。それまでの「本当の自分」は簡単に棄却され、「本当に『本当の自分』」が導き出されるのである。

　しかし、その「本当に『本当の自分』」も、気分や感覚によって生まれる新たな「自己」によって「本当に『本当に〈本当の自分〉』」、「本当に『本当に〈本当に［本当の自分］〉』」……と、「本当の自分」がいくらでも無限後退的に生まれていく。確固たる規範なき社会においては、自己が準拠する「自己」はさまざまな社会規範に無規制に刺激されてその都度姿を変えていくのである。これはきわめて不安定な自己存在だといえる（土井 2003）。

4　差異化コミュニケーションのゆくえ

ベタ化したメタ差異

　ここまで、ＣＵＴｉＥ少女のレトリックを分析し、彼女たちが準拠する対象を五つ抽出してきた。それはまとめると以下のようになる（図11-5）。
　①〈コ〉ギャル（同性の他者）、②男性・恋人（異性の他者）、③異性が〈コ〉ギャルを好む意識、④社会一般（一般化された他者）、⑤自分。
　このような構図は、「タテの差異」が機能しない「ヨコの差異」の社会においては、ＣＵＴｉＥ少女に限らず敷衍できるものである。ファッションが、さまざまな商品のなかでもっとも速いサイクルで新商品を送り出し、それが成立するのは、①～④までのような他者との差異化を頻繁に意識するからこそ可能である。

　だが、⑤自分に準拠する場合は、「ヨコの差異」すらも機能せず、生理的な次元の話になる。それは他者との差異化競争はないゆえに、もはや「ファッション」ともいいがたい状況でもある。

たとえば、一九九〇年代後半頃からCUTiE少女の間では、古着を用いることが一般化した。二〇〇五年八月号の読者アンケートでは、「よく買う洋服のブランド」の第一位が「古着」だったほどだ。古着は流行ブランドとしての効力は当然なく、着こなし（重ね着や小物などアイテムの組み合わせ）によって自身の〝個性的な〟スタイルをアピールするものとなる。新しい時代のスタイルを入れ替わり立ち替わり生み出しマーケットを回転させていくファッションにおいて、それは「非ファッションのファッション」ともいえるのである。また、そのときどきの個人の気分＝個性を日常的に微調整できる古着スタイルは、自己準拠ゆえの発露ともとらえられるかもしれない。

このような状況で思い出されるのは、一九八〇年代に見られた数々の広告のコピーと消費社会論である。たとえばコピーライターの糸井重里は、西武百貨店の広告で「不思議、大好き。」（一九八一年）、「おいしい生活。」（一九八二～八三年）、「ほしいものが、ほしいわ。」（一九八八年）などと謳った。それは「ワンランク上のスタイル」でも「みんなと同じスタイル」でもなく、理由なき感性に働くメッセージであった。

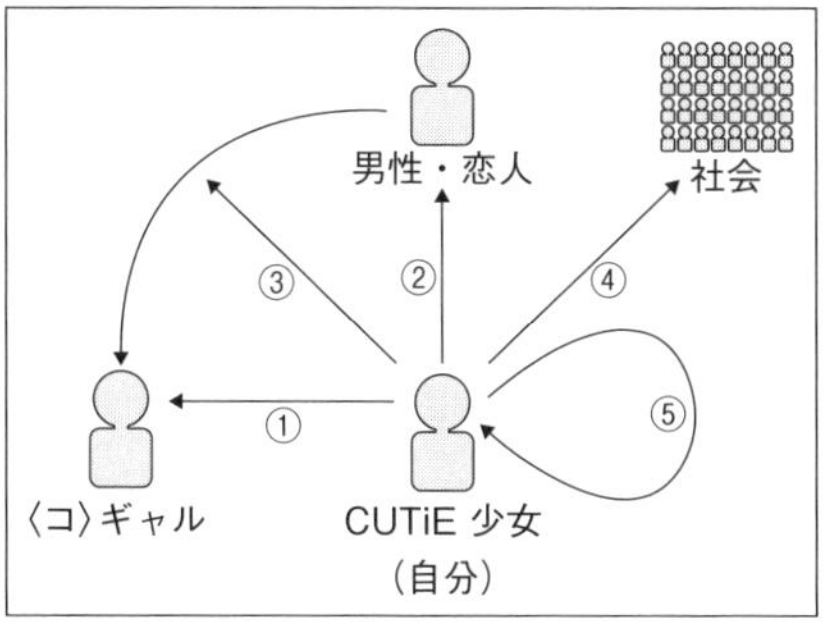

図11-5　CUTiE 少女の準拠対象

だが、結局のところそれも「『差異を否定する』という差異」＝メタ差異として機能した。一九八〇年代に事業をスタートさせた「無印良品」が、「非ブランド（無印）のブランド」として人気を継続しているのは、その好例だろう。タテの差異が失われた一九八〇年代とは、「あれもこれも差異である」というメタ的合意を前提にヨコの差異を渡り歩いていくことがひとつのスタイルであったのだ。

上野千鶴子は一九八〇年代前半に「消費社会の果てしない差別化という悪夢は、そのしくみごと破壊したり逃れたりできるようなものではない。私たちはその中から『少しだけましな悪夢』を、価値のヨコナラビに抗して、やっと選ぶことができるだけだ」と述べた（上野［1982］1992）。たしかに、その予言は的中したといえるだろう。ただし、一九九〇年代を迎えてすぐバブルが崩壊するまでは。

一九九〇年代以降、たとえばこのＣＵＴｉＥ少女のように、他者との比較の上での差異化（社会的個性）ではなく、自己の衝動（気分）をより大切にする向きが前景化する（内閉的個性）。それは、もはやメタ差異などではなく、まるで糸井重里が二〇年も前に打ち出したコピー「ほしいものが、ほしいわ。」がヒネりなく、ベタに現実化したようなものである。

差異化コミュニケーションのゆくえ

限りないヨコの差異化を経て内閉的個性にまで行き着いたファッションは、この先どこに向かうのだろうか。最後に、ここ数年の注目すべき現象をひとつ挙げておく。

それは、経済階層に基づいたタテの差異の復権である。これはバブル崩壊後の長らく続いた不況下で市場をより自由化する経済政策によってもたらされた経済格差の拡大に起因する。

二〇〇一年に主婦と生活社から創刊された『ＬＥＯＮ』は、可処分所得の多い中年男性をターゲットにしたファッション誌であった。「ちょい不良《ワル》オヤジ」、「ちょいモテオヤジ」などのキャッチコピーで注目を浴び、同女性向けの姉妹誌『ＮＩＫＩＴＡ』も二〇〇四年に創刊された。二〇〇七年には、『ＬＥＯＮ』の編集長だった岸田一郎が新会社を立ち上げ、明確に富裕層をターゲットにした『ＺＩＮＯ』を創刊するに至る。これらの雑誌が成立するのは、ファッションに敏感な中年層が増加したこともあるが、一方で「リッチ」がひとつのステイタスとして成立するほどに、階層間の経済格差が意識されているからでもあるだろう。

このような意識を広く一般に広く浸透させる働きをしたのは、マッケーターの三浦展による約一〇〇万部を売り上げた『下流社会』である（三浦 2005a）。そこでは、経済的な上昇志向が弱く、コミュニケーションなど「総じて人生の意欲が低い」層が「下流」と定義されている。また、このとき三浦は女性のファッションを分析したが、

CUTiE少女が含まれるルーズカジュアル系を「かまやつ女」と命名し、「手に職志向」で「大きな向上心、上昇志向はない」、つまり「下流」だと断じている[3]。この分析の妥当性についてはともかく、三浦は社会階層とファッションの連関を積極的に読み解こうとした。

また、「セレブ」ブームも忘れてはならないだろう。日本における「セレブ」とは、「金持ち」や「高級」、もしくは「成り金」などといった意味合いで使われており、『25ans』で読者モデルとして注目された叶姉妹や『ViVi』などでモデルをしていたマリエが注目され、頻繁にテレビに登場するタレントとなった。二〇〇〇年代前半のファッション誌では、頻繁に「セレブ」という惹句が躍っていた。

ヨコの差異が溢れていた一九九〇年代に対し、このように二〇〇〇年代には経済的なタテの差異が導入されていったのである。だが、その話題ほどは具体的な動きを見せていないのもたしかであろう。「ちょい不良《ワル》」というキーワードやセレブタレントは、なかばギャグなどのネタとして消費され、『ZINO』は創刊から半年ほどで運営会社が買収され、『NIKITA』も二〇〇八年三月号で休刊した。三浦が名付けた「かまやつ女」も一向に浸透する気配を見せない。

このときに思い出すのは、一九八〇年代中期に見られた格差論である。たとえば、一九八四年に発売されてベストセラーとなった渡辺和博の『金魂巻《きんこんかん》』は、三一種類の人気職業を、㊎《マルキン》＝金持ち／(ビ)《マルビ》＝貧乏と対比させながら、おもしろおかしく分類した本だった（渡辺 1984）。翌八五年には、日本長期信用銀行で経済分析を担当していた小沢雅子が『新・階層消費の時代』を発表する。精緻なデータを用いて、所得格差の拡大が消費に大きな影響を与えると分析したことで話題となった（小沢［1985］1989）。この当時は、若者たちが微細な差異をめぐって奔走していたDCブランドブーム最盛期であった。

当時との社会状況は違うので断定的にはいえないが、このような前例を考えると、タテの差異の導入はたとえネタとしても扱われていても、ヨコの差異から離脱するという社会的な期待を意味しているようにも見える。つまり、ヨコの差異に対する差異化戦略（差異の差異）がタテの差異ということである。

ヨコの差異を無効化するかのような内閉的個性志向と、ヨコの差異に対するタテの差異の復権。このふたつの現象が、現在の差異化コミュニケーションの先端であるといえるだろう。

注

（1）難波（2007）は、近年このような「○○族」という呼称が、近年「○○系」へと変化していることを指摘している。「族」が「ある共在の状況（下の人々）への呼び名」であったのに対し、「○○系」は「『メディアによって表象される身体とモノとのウェブ』として拡がっており、その成員となるか否かの問題というよりは、そこにアクセスするかしないかの選択肢」だとしている。

（2）二〇〇四年夏頃の分類と、各ジャンルのより詳しい解説については、松谷（2004a）を参照のこと。

（3）この『下流社会』と三浦の前著である『「かまやつ女」の時代』（三浦 2005b）で分析されている調査は、筆者がその一部を担当した。筆者による「かまやつ女」についての分析は、松谷（2004b）を参照のこと。

文献

Best, Joel, 1987＝二〇〇〇、足立重和訳「クレイム申し立てのなかのレトリック――行方不明になった子どもという問題の構築」平英美・中河伸俊編『構築主義の社会学――論争と議論のエスノグラフィー』世界思想社。

土井隆義、二〇〇三、『〈非行少年〉の消滅――個性神話と少年犯罪』信山社。

井上雅人、二〇〇六、「ファッション・デザイン」柏木博編『近代デザイン史』武蔵野美術大学出版局。

柏木博、一九九八、『ファッションの20世紀――都市・消費・性』日本放送出版協会。

北山晴一、一九九一、『おしゃれの社会史』朝日新聞社。

馬渕公介、一九八九、『「族」たちの戦後史』三省堂。

松谷創一郎、二〇〇四a、「『売れる雑誌のつくり方』」『日経エンタテインメント！』二〇〇四年九月号、日経ＢＰ。

――、二〇〇四b、「若者の『自分らしさ』志向は本物か？⑵――増殖するかまやつ女：街頭アンケート調査結果」『Psiko』二〇〇四年五月号、冬樹社。

Mead, George Hebert, 1934＝二〇〇五、稲葉三千男・滝沢正樹・中野収訳『精神・自我・社会』青木書店。

南谷えり子・井伊あかり、二〇〇四、『ファッション都市論――東京・パリ・ニューヨーク』平凡社新書。

三浦展、二〇〇五a、『下流社会――新たな階層集団の出現』光文社新書。

――、二〇〇五b、『「かまやつ女」の時代――女性格差社会の到来』牧野出版。

宮台真司、［一九九六］一九九七、「郊外化と近代の成熟」『まぼろしの郊外――成熟社会を生きる若者たちの行方』朝日文庫。

――、［一九九九］二〇〇二、「『髪型自由族』が体をいじるわけ」『援交から天皇へ――COMMENTARIES：1995-2002』朝日文庫。

難波功士、二〇〇七、『族の系譜学――ユース・サブカルチャーズの戦後史』青弓社。

成実弘至、二〇〇七、「ファッション――流行の生産と消費」佐藤健二・吉見俊哉編『文化の社会学』有斐閣。

小沢雅子、［一九八五］一九八九、『新・階層消費の時代――所得格差の拡大とその影響』朝日文庫。

さかぐちひろこ、一九九七、「不思議少女の誘惑。」『Bart』一九九七年一月二七日号、集英社。

Simmel, George, 1911＝一九七六、円子修平・大久保健治訳『ジンメル著作集7』白水社。

鈴木謙介、二〇〇三、「どうして恋をするだけでは幸せになれないのか――矢沢あいにおけるイノセント」『ユリイカ』二〇〇三年一一月号、青土社。

宝島社、二〇〇八、「宝島チャンネル――メディアガイド」（http://tkj.jp/press/media/cutie.html）。

上野千鶴子、［一九八二］一九九二、「商品――差別化の悪夢」『増補〈私〉探しゲーム』ちくま学芸文庫。

Veblen, Thostein. B., 1889＝一九九八、高哲男訳『有閑階級の理論――制度の進化に関する経済学的研究』ちくま学芸文庫。

渡辺和博・タラコプロダクション、一九八四、『金魂巻――現代人気職業三十一の金持ビンボー人の表層と力と構造』主婦の友社。

矢沢あい、二〇〇〇～二〇〇三、『Paradise Kiss』全五巻、祥伝社。

全国出版協会出版科学研究所編、二〇〇七、『2007　出版指標　年報』全国出版協会出版科学研究所。

第12章　若年労働問題では何が問われているのか
――「マニュアル」「資格」という専門性のふたつの位相

阿部真大

みなさんのなかには将来の仕事を選ぶときに「好きな仕事」を選ぶか「安定した仕事」を選ぶかという二つの選択肢の間で迷っている（迷った）人も多いのではないだろうか。

理想は好きな仕事だ。でもそれだけでは食べていけないかもしれない。多少は「好き」という気持ちを我慢してでも稼ぎのいい仕事に就いたほうがいいのではないか。とか、人生は一度きりだから生活のことなんて考えずに好きな仕事で燃焼して太く短く生きたい。とか、家庭を大事にしたいから生きがいはそこで見つける。だからとにかく七時までに家に帰ることのできる安定した仕事がいい。とか、色々なことを考えている（考えた）かもしれない。

本章で扱うのはそんな「仕事」の話である。筆者は、二〇代の後半、フリーターだったときに、バイクが大好きだったので「バイク便ライダー」という仕事を一年間経験した。そこで、好きな仕事を選ぶことの楽しさと（楽しいがゆえの）危険を体験した。第1節ではその話をする。第2節では安定した仕事に就きたいのだけれどそれがなかなか叶わない「ケアワーカー」たちの話をする。好きな仕事をしたいけれどそれが安定した仕事ではないバイク便ライダーと比べ、ケアワーカーたちは安定した仕事に就きたいのにそれが安定した仕事でないのだから事態はより深刻だ。第3節では、第2節の議論を深めていく。日本における若年労働の問題は「日本型福祉社会」がもたらした「主婦と若者」問題によって一層複雑なものとなっている。若年労働問題とは、日本型福祉社会の崩壊の過程を生きる若者たちの「叫び」でもある。そして、最後に、これらの問題を解決すべく期待を寄せられている「専門性」の話をする。専門性は二つの位相にわけて考える必要がある。

1　今日の若年労働問題

学校を卒業しても正社員にならずに（なれずに）フリーター、またはニートの状態に留まる若者が増えている。このことが社会問題化していることはテレビや雑誌や新聞やインターネットなどを通してみなさんもご存知だろうし、統計データからもわかるようにそれは事実でもある。(1)

こういった状況に対して、一方では「近頃の若者はなっとらん！」と問題を若者自身の側に求める人たちがいる。それに対し、いわゆる「失われた一〇年」である一九九〇年代に正社員のパイが大幅に削られ、学校から正社員へというパイプから数多くの若者が漏れ落ちたという社会経済的な状況を踏まえた上で、「問題は社会の側にある！」と反論する人たちもいる。前者が「正社員にならない」若者に注目するのに対し、後者は「正社員になれない」若者に注目している。「若者バッシング」ＶＳ「若者バッシングバッシング」という構図が出来上がっている。このことも、「格差社会」をめぐる話としてすでにみなさんの多くが知っていることだろう。

つまり、「正社員にならない」若者と「正社員になれない」若者の両者が混在していて、その上で、両者を丁寧にわけて考える必要性が指摘されている、ということになる。ここでの主題に引きつけると、「好きを仕事に」にこだわるがために不安定就業に甘んじる人々と「好きを仕事に」をあきらめたがそれでも不安定就業に甘んじざるをえない人々を同列に語ることは出来ない。それぞれは別の問題だ、ということになる。

ならば、別々の問題として考えてみようというのが本章の目的である。

第1節の後半ではバイク便ライダーについて見ていくことで、「好きを仕事に」の問題点を考えていく。それは「そんな甘いことをいってちゃダメですよ」なんて教えて済むような話ではない。不安定就業において「好きを仕事に」することは、もっと複雑でおそろしいことである。

つづいて、第2節ではケアワーカーについて見ていくことで、安定した仕事に就きたい人々がその願いを裏切られてしまう、より大きな社会経済的な問題について考えていく。それは、偽りのキャリアアップ言説＝「ベイト・アンド・スイッチ」の問題である。

「ベイト・アンド・スイッチ」の状態から抜け出し、ケアワーカーの仕事を安定したものとするためには彼らの仕事の専門性を高めてキャリアアップの道筋をつけていくことが必要である。しかし、ケアの現場に横たわる「主婦と若者」問題がそれを遮ってしまう可能性がある。第3節の前半では、その原因のひとつである「日本型福祉社会論」について考えていく。

第3節の後半では、バイク便ライダーやケアワーカーを通して見えてきた問題を解決すべく期待を寄せられている「専門性」というものの可能性について考えていく。専門性は二種類にわけて考える必要がある。「自己実現系ワーカホリック」を防ぐための専門性1とキャリアアップを可能とするための専門性2である。両者を丁寧に切りわけて考える必要がある。

第4節では、以上の議論を踏まえてみなさんの「仕事選び」のシミュレーションをおこなって本章を閉じる。

「好きを仕事に」の落とし穴

まずは、「好きを仕事に」の話をしたい。例として挙げるのはバイク便ライダーである。

バイク便ライダーとは、一九八〇年代に東京で誕生した新たなサービス職のひとつで、バイクを輸送手段とする配送業者のことである。

バイク便ライダーは「好きを仕事に」の象徴のような存在であって、そのことのもたらすワーカホリックの問題を、『搾取される若者たち――バイク便ライダーは見た！』（阿部 2006）では明らかにした。

趣味的な労働が自由裁量制と結びつき、働きすぎを誘発する。それが安定した仕事であるならば問題は少ない。しかし、その仕事が不安定かつ低賃金である場合、それは、ジグムント・バウマンが論じるように、「大きなリスクを背負うことであり、心理的、感情的な破滅の原因でもある」（Bauman 1998＝2003：223）。また「好きを仕事に」という思いが労働者としての権利意識を弱め、企業による搾取の対象となる危険性もある。

バイク便ライダーに代表される「自己実現系ワーカホリック」の問題は、第一に教育の問題へと直結するだろう。低賃金のサービス職は、その仕事の性質上、「袋小路職（Dead-end Job）」であり、その仕事を選び取ることはとてもリスクが高いことを子どもたちに早い段階で教える必要がある。その意味で『搾取される若者たち』は『13歳のハローワーク』に代表される、過度に「仕事で自己実現」を促す教育に対する批判として書いたものであった。『13歳のハローワーク』には、その仕事の平均年収や勤続年数、キャリアアップの道筋などを書き添えておく必要がある。(2)

また、この問題は職場の問題でもある。この点が重要である。たとえば、バイク便ライダーたちの職場には、「配車係は元歩合ライダーである」（ルール1）、「時給ライダーは歩合ライダーになることができるが、歩合ライダーは時給ライダーになることができない」（ルール2）という二つのルールがある。

歩合ライダーとは自由裁量で働く、つまり、稼いだ分だけ収入がアップする歩合制のもとで働くバイク便ライダー、時給ライダーとは稼ぎとは関係ない時給制のもとで働くバイク便ライダーのことである。「自己実現系ワーカホリック」の温床となるのは、歩合ライダーたちのほうである。バイク便ライダーの職場にはこの二種類のバイク便ライダーがいる。

彼らの関係性を規定するこれらのルールによって、歩合ライダーは時給ライダーよりも尊敬される存在となり（ルール1）、さらに、バーンアウトして稼ぐことのできなくなった「使えない」歩合ライダーは職場から排除される（ルール2）ことになる。その結果、仕事によりはまっている歩合ライダーのほうが「かっこいい」という意識が職場に広がっていく。これがバイク便ライダーたちを「自己実現系ワーカホリック」へといざなう「職場のトリック」である。その意味で、この問題は、職場の問題でもある。「自己実現系ワーカホリック」を防ぐためには、仕事の自由裁量に一定の歯止めをかける必要がある。こうした解決の道筋については、第3節の後半で考えていく。

ただし、「好きを仕事に」と思い不安定な仕事に没入していくことは、多くの問題を含むものではあるが、「若気のいたり」としてはよくあることで、よって、その後、「好きを仕事に」を捨てて、たとえば、バイク便ライダーの職場を去って安定した仕事を探すことができるならば、問題はそれほど大きくはならない。その意味で、『搾取される若者たち』とは「青春の終わり」の物語でもある。

2 ベイト・アンド・スイッチ

「好きを仕事に」で燃焼するバイク便ライダーたちと『働きすぎる若者たち――「自分探し」の果てに』（阿部 2007）で扱ったケアワーカーたちは事情が違う。

彼らのなかには、はじめから「安定」を求めてこの業界に入ってくる人もいる。つまり「好きを仕事に」という思いだけでなく「介護の資格をとれば生活が安定する」という評判をあてにして、自己投資をして資格をとってこの仕事をはじめる人もいる。だから、それが「袋小路職」であるとわかったときの彼ら彼女らの絶望感は、バイク便ライダーたちの挫折とは比べものにならないくらい、深く、重いものだろう。その意味で、『働きすぎる若者たち』とは「裏切られた再生」の物語でもある。

偽りのキャリアアッププログラムのことを、バーバラ・エーレンライクは、「ベイト・アンド・スイッチ（Bait-and-Switch）」と呼んだ。Bait-and-Switch とは、餌にひっかけて（bait）、そしてすぐに替える（switch）、いわゆる「おとり販売」のことである。この問題は、個々人の「心構え」だけではどうにもならない、より大きな社会構造の問題である。

『ベイト・アンド・スイッチ』とは、アメリカでベストセラーになった『ニッケル・アンド・ダイムド』で知られるエーレンライクの著書である。『ニッケル・アンド・ダイムド』で、彼女は、ウェイトレスや掃除婦などの低賃金労働を実際に経験し、その仕事の過酷さを告発した。彼女の次の作品が、二〇〇五年に出版された、ミドルクラスのホワイトカラーに焦点を絞った『ベイト・アンド・スイッチ（*Bait-and-Switch*）』である。

『ベイト・アンド・スイッチ』の副題は、「*The (Futile) Pursuit of the American Dream* ＝アメリカンドリームの（不毛な）追求」となっている。つまり、この本は、ホワイトカラーの「偽りのキャリアアップ」についてのさまざまな商品（プログラム）を糾弾する内容となっている。

この本の対象となる人々は、「すべてを正しくこなしてきた人々」、つまり「大学の学位をもち市場のあるスキルを身につけ印象的な履歴書の書くことのできる人々」である。すべてをそつなくこなす彼らが、なぜ貧困状態におちいってしまうのか。この本の目的は、あくまでフィールドワークをベースにそこに至るまでの道筋を明らかにすることである。

「すべてを正しくこなしてきた人々」の一人でもある筆者は、ミドルクラスの仕事に就くため、自らキャリアコーチングを受け、パーソナリティテストに臨み、一連の自己啓発セミナーを受講する。しかし、就職説明会やネットワーキングのイベントなどで、彼女は何度も何度も騙されたり、改宗させられたり、さまざまなひどい目に遭う。つまり、「偽りのキャリアアップ＝アメリカンドリーム」に翻弄されつづけるのである。

『ベイト・アンド・スイッチ』の主役である、偽りのキャリアアップの言説に翻弄される人々の姿は、先ほどもふれたように、『働きすぎる若者たち』で扱ったケアワーカーたちの姿と重なる。

二〇〇四年四月号の「ＡＩＫレポート」によると、文部科学省の『学校基本調査報告書』における、第5分野（教育・社会福祉）のなかの「その他」の専門学校の入学者数は、平成に入ってから急増した。第5分野には「保育士養成」「教員養成」「その他」の三つの分類がある。小規模であった「その他」の入学者数が、平成一五年度には「保育士養成」「教員養成」の二系の入学者数の二・五倍にまで膨れ上がったのは、コード表に例示されていない介護福祉などの学科の新設ラッシュがあったとされている。

専門学校や短大に通う、または通信教育を受けて介護福祉士になる人々は、『搾取される若者たち』で扱った「好きを仕事に」タイプのバイク便ライダーとは基本的に異なる。彼らの多くは、社会的に「未来がある」とされている仕事に期待して、つまり、仕事の「安定性」に賭けてこの業界に入ってくるのだ。しかし、現実のケアワーカーの仕事は三〇歳を過ぎてつづけるのは難しいほどの劣悪な労働条件の仕事である。

安定性を期待して業界に入ってきた若者たちが、福祉職という「夢」が間違いであると気付いたとき、そこには多くの失望が生まれるだろう。偽りのキャリアアップの言説＝「ベイト・アンド・スイッチ」とは、人の人生を狂わせてしまう、非常に残酷なものである。

資格をとって生活を安定させたいのにその資格が安定した収入と結びつくものではない。この状態は、最初に述べた「正社員になれない」若者の問題として考える必要がある。この問題は教育のレベルではどうすることもできない。より大きな社会構造的な問題である。

3　専門性の可能性

主婦と若者問題

となると、問題は、いかにして介護の専門性を高めていくかということになる。つまり、(現時点では) 専門性の低い介護職に、どのようにしてキャリアアップの道筋を構築していくかという問題である。

しかし、この問題に入る前に、そもそも現場で働く介護士たちは、キャリアを上っていくつもりがあるのだろうかということを考える必要がある。彼らにその気がないならばキャリアアップの道筋をつくっても意味がない。歴史を振り返っていこう。日本型福祉社会の功罪に関する問題である。

日本型福祉社会論とは、高度成長以降の低成長期における福祉見直しの動きを受け、高齢化社会に対して、家庭基盤の充実、すなわち主婦役割の強化をはかったもので、一九八〇年代以降の政府の社会保障政策の根幹にあった考え方である。原田純孝によると、一九七〇年代の初頭には「充実・拡張」の対象とされていた社会保障は、石油危機後の「整備・調整」期を経たのち、一九八〇年代には明確な「抑制」の対象として位置づけ直された。

日本型福祉社会論のなかでは、社会保障政策における、家族に対する位置づけも大きな方向転換を迎えることになった。それは、一九七〇年代の初頭に見られたような「社会的援助の対象としての家族」という把握から、「社会保障の抑制の支え手としての家族」、さらには「社会保障の担い手としての家族」という把握への転換である（原田 1988：367-373）。

伝統的な家族規範の復興という側面を持ち合わせた日本型福祉社会論は、「雲散霧消した」ものとして批判されることが多い（原田 1988：391）。しかし、介護労働のアウトソースされた先が、家庭の主婦労働だけでなく、低賃金な介護労働でもあり、その多くを主婦パートが担ったことを考えると、日本型福祉社会論もあながち「失敗であった」とはいい切れない。

ここで参考になるのは、塩田咲子による「主婦フェミニズム」批判である。塩田は、一九八〇年代が、働く主婦、地域活動に参加する主婦など、主婦の多様化を促した時代であるとしつつ、それらの多くが、主婦のパート労働によって担われたものであり、その主婦を扶養する配偶者がいることが前提とされていたことを指摘している。塩田によると、一九七五年以降に急増した主婦パートタイマーは、その七〇％が被扶養型の共働き世帯であった。それはまぎれもなく性別役割分業の基盤であった（塩田 1992：43）。

ケア労働を担ったのもその主婦たちであった。それを考えると、社会的に低い評価しか与えられていないケア労働を専業主婦が担ったことは、その担い手が「家庭の主婦」ではなく「地域の主婦パート」となったという多少の誤差を除けば、十分に日本型福祉社会論の枠内で語りうるものである。

主婦パートが低賃金なケア労働を担う。こうした日本型福祉社会の崩れは、直接的には、「専業主婦／サラリーマン」から成る「家族の五五年体制」（落合恵美子）の崩壊として訪れた。いわゆる「ロストジェネレーション」の就業問題である。そのさいに、過剰な「期待」をもって語られたのが福祉職だったのである。その結果、大量の若者が福祉の世界へとなだれこんだ。

ケアの職場に主婦と若者の双方がいることとの最大の問題は、両者の労働条件に対する意識に大きな差が生じることである。「お小遣い」程度に働く前者の多くは、労働条件の向上よりも仕事の「やりがい」のほうを重視する。

つまり、キャリアアップには興味がない。一方、ケアの仕事を安定した一生の仕事にしたい後者の多くは、一刻も早く少しでも労働条件を向上させたいと願っている。つまり、キャリアアップに興味がある。日本型福祉社会の崩れはケアの職場を分断させた。これが「主婦と若者」問題である。

ふたつの専門性

日本に特有な「主婦と若者」問題を抱えた職場で、ケアの仕事の専門性とキャリアアップについて考えるときには、両者を混同しないように注意しなくてはならない。つまり、ケアの仕事をキャリアアップにつながる専門性とキャリアアップにつながらない専門性にわけて、若者と主婦をそれぞれに流し込む必要がある。そのためには、専門性といったものを、丁寧にわけて考える必要がある。

ここで、議論は第1節で論じたバイク便ライダーのワーカホリックの問題と結びつく。経済的に余裕のある「やりがい志向」のワーカーたちは、労働と自己実現が重なっていることが多いため、「自己実現系ワーカホリック」に陥る危険性がある。だから、彼らに必要な専門性とはワーカホリックを防ぐための専門性である。

一方、生活を安定させたい「プロ志向」のワーカーたちに必要な専門性とはキャリアアップの道筋をつけるための専門性であり、そこでは「やりがい」についてはあまり問題にならない（図12-1）。

このような専門性のふたつの機能を導くまでの議論をまとめてみよう。

教育社会学者の本田由紀は、『多元化する「能力」と日本社会』という本のなかで、「ポスト近代社会」における人々の社会的位置づけ＝地位達成を制御する原理を「ハイパー・メリトクラシー」（バージョンアップされていっそう強力になったメリトクラシー[(3)]）、ハイパー・メリトクラシーが人々に要求する諸能力を「ポスト近代型能力」（「意欲や独創性、対人能力やネットワーク形成力、問題解決能力などの、柔軟で個人の人格や情動の深い部分に根ざした諸能力」）と名付け、専門性を個々人が身につけることこそ、「ハイパー・メリトクラシーがつきつけてくる、容赦なく捉えどころのない『ポスト近代型能力』の要請に対抗するための有効な『鎧』となるだろう」（本田 2005：261）

専門性１　ワーカホリックを防ぐ　バイク便ライダー・「やりがい指向」ワーカー
専門性２　キャリアアップの道筋をつける　「プロ指向」ワーカー

図12-１　専門性のふたつの位相

と提言している。

産業構造の転換に伴い、労働のソフト化、サービス化が進行する。そのなかで労働者の自由裁量の幅も広がってくる。その帰結するものが過剰な働きすぎである場合、それを防ぐために専門性という防波堤を築くことは有効なことである。ただし、これはあくまで、そこまでの有効性しか持たない。

専門性が労働者の「鎧」となりうるという本田の主張は正しい。しかし、時にその専門性が労働者の足をひっぱってしまう場合もあることに注意しなくてはならない。

専門性を身につけるということは、実は、多くの人にとって、人生のなかで「大きな賭け」となるものでもある。介護の専門学校に通って介護福祉士になる。ロースクールに通って弁護士になる。資格の専門学校に通って不動産鑑定士になる。調理師専門学校に通ってコックになる。人は、費用も時間もかけて、意を決して「資格」という関門にチャレンジするのである。ゆえに、専門性という「鎧」は、すぐに脱ぎ捨てて他の「鎧」に脱ぎかえられるなどという性質のものではない。その「鎧」には、その人の想い（と投資）が染み込んでいる。仕事がなくなったからといってすぐに脱ぎ捨てられるようなものではない。

つまり、流動性の高い労働市場において専門性を身につけることは、本来ならばフットワークが軽くなくてはならない労働者のフットワークを奪い、未来のない職場に滞留させてしまうという点で、マイナスとなりうる場合もある。「介護福祉士」という資格を持っているがために、それに対するプライドを捨てきれず、なかなか転職できないケアワーカーたちのことを思っていただければわかりやすいだろう。だから、「未来のない専門性」とは、いつでも脱ぎ捨てられるものであることが望ましい。

まとめよう。専門性とは、「ハイパー・メリトクラシー」が要求される職場における無制限な労働に歯止めをかけるという意味で必要なものである。これが、議論の第一段階である。しかし、その専門性には、ふたつの種類がある。「キャリアアップの可能な専門性」と「キャリアアップの望めない専門性」

好きな仕事は何か？→それが安定した仕事である→終了（A）
↓
それが不安定な仕事である
↓
「自己実現系ワーカホリック」の問題を意識する
↓　↓
↓　専門性１を意識せずにバーンアウトに陥る（B）→ふたつ前に戻る
↓
専門性１の確立をしてある職場を選択する→そうした生活を続ける
↓　　　　　　　　　　　　　　　　　　　　　　　　↓
「好きを仕事に」をあきらめ収入を安定させたい　　　終了（C）
↓
未来のある専門性２が何かを見極めて自己投資をする
↓　↓
↓　ベイト・アンド・スイッチ（偽りのキャリアアップ）である（D）
↓　↓
↓　ふたつ前に戻る
キャリアアップのできる専門性２を身に付けることができる→終了（E）

図12-2　「仕事選び」のシミュレーション

である。両者の見極めを誤ると「ベイト・アンド・スイッチ」の状態に陥るので、それが重要である。その上で、どちらの専門性を選択するかは労働者の社会経済的な条件に合わせて選択できるようにすればよい。これが議論の第二段階である。

馴染みの深い言葉でいい直すと、専門性1とは「マニュアル」のことであり、専門性2とは「資格」のことということもできるだろう。「マニュアル」を「資格」のように語ることは「ベイト・アンド・スイッチ」の状態を招くし、そもそも両者はめざす方向が違うわけだから、丁寧にわけて考える必要がある。

4　「仕事選び」シミュレーション

以上の議論を踏まえて、最後に、みなさんの「仕事選び」をシミュレートしてみよう。これが、本章の「まとめ」にもなる。

まず、みなさんの好きな仕事について考えてもらいたい。それが安定した仕事（たとえば弁護士だとか医者とか）ならば、それはもっとも幸せなことだ。それをめざしてがんばってもらえばよい。問題はそれが不安定な仕事である場合（バイク便ライダーとかアニメーターとか）である。その場合は「自己実現系ワーカホリック」の危険性が高まるので、なるべくそうならないように気をつける必要がある。つまり、専門性1の確立した職場、マニュアルのしっかりした職場を選んだほうがよい。

専門性1について意識的であれば、バーンアウトを避けつつ、好きな仕事を渡り歩くという人生もあるだろう。しかし、そんな生活にも疲れて、不安定就業の状態から抜け出す、つまり好きな仕事を捨てて安定した仕事に就きたいというのであれば、そういった選択肢もある。その場合は専門性2が問題となってくる。その際は、その専門性がどの程度キャリアの道筋が開けているものなのかに気をつける必要がある。

その結果、未来のある専門性2を身につけることができたならばそこで終了である。しかし、それが「ベイト・アンド・スイッチ」であったならばひとつ前に戻ってやり直さなくてはならない。

シミュレーションを図にまとめると図12-2のようになる。「好きで安定した仕事を続ける」（A）、「好きだが不安定な仕事でバーンアウトする」（B）、「好きだが不安定な（複数の）仕事をバーンアウトせずに続ける」（C）、「好きでなく安定もしていない仕事を続ける」（D）、「好きでなく安定した仕事を続ける」（E）という状態がある。

BとDの状態が「正社員にならない若者」と「正社員になれない若者」のそれぞれが陥る問題のある状態である。BからCへの移行を可能にするのが専門性1、DからEへの移行を可能にするのが専門性2である。

両者の違いを見極めながら、どのような専門性の確立の仕方があるのか、今後とも考えていく必要があるだろう。

注

（1）　内閣府が二〇〇五年におこなった『青少年の就労に関する研究調査』などを参照していただきたい。

（2）　ここで参考になるのが、アメリカ版『13歳のハローワーク』とでも呼ぶべき、*The Big Book of Jobs* である。合計で七〇〇ページ超もある電話帳のような分厚さの職業ガイドは、医者からバイク便ライダーにいたるまで、さまざまな職業が網羅的に紹介されている。バイク便ライダーに相当する Couriers and Messengers の部分を見ると、高卒以上の学歴が必要とされないこと、EメールやFAXなどの普及により雇用は減少傾向にあること、年収の平均が約二万ドルであることが記されている。

（3）　業績主義・能力主義のこと。

文献

阿部真大、二〇〇六、『搾取される若者たち――バイク便ライダーは見た！』集英社。

――、二〇〇七、『働きすぎる若者たち――「自分探し」の果てに』NHK出版。

Ehrenreich Barbara, 2002, *Nickel and Dimed : On (Not) Getting by in America*, Owl Books.

――, 2005, *Bait and Switch : The (Futile) Pursuit of the American Dream*, Granta Books.

Bauman, Zygmunt, 1998＝二〇〇三、渋谷望訳「労働倫理から消費の美学へ」山之内靖・酒井直樹編『総力戦体制からグローバリゼーションへ』平凡社。

本田由紀、二〇〇五、『多元化する「能力」と日本社会――ハイパー・メリトクラシー化のなかで』NTT出版。

原田純孝、一九八八、「『日本型福祉社会』論の家族像」『転換期の福祉国家』東京大学出版会。

Fitzgerald, Joan, 2006, *Moving Up in the New Economy: Career Ladder for U. S Workers*, A Century Foundation Book Cornell University.

三好春樹、二〇〇五、『介護の専門性とは何か』雲母書房。

村上龍、二〇〇三、『13歳のハローワーク』幻冬舎。

内閣府政策統括官、二〇〇五、『平成一七年度　青少年の就労に関する研究調査』。

落合恵美子、一九九四、『二一世紀家族へ』有斐閣。

塩田咲子、一九九二、「現代フェミニズムと日本の社会政策」『女性学と政治実践　女性学研究』第二号、勁草書房。

第13章　「日本人」であるとはいかなることか
――ISSP2003調査に見る日本のナショナル・アイデンティティの現在

田辺俊介

グローバリゼーションが進展するなか、今あらためて「国民国家」とは何かが問われている。そんななか、中国での「反日デモ」のニュースやネット掲示板にあふれる「嫌中・嫌韓」の書き込みなどが社会学的研究でも度々取り上げられ、ナショナル・アイデンティティはホットなトピックになっている。

しかしニュースに出たり、ネットに書き込むことがないような圧倒的多数の人々のナショナル・アイデンティティは、あまり話題にならず、いまだ闇の中である。そこで本章では、「普通」の人々のナショナル・アイデンティティについて、アンケート調査のデータを、統計という道具を用いて料理することで実証的に明らかにする。具体的には、どんな条件が「日本人」であるためには必要か、国の何に対して「誇り」を感じるか、「外国人」をどんな側面で排除しようとしているのか、などについて分析する。さらには同じ「日本人」内のナショナル・アイデンティティの類型の違いを記述し、どのような人がどんな類型のナショナル・アイデンティティを抱くのかについても、統計を使って検討していく。

そこから見えてくるのは、巷で話題になるような議論（特に「近頃の若者は～」式）の多くが、いかに事実の一部分を取り出したに過ぎない、根拠が薄い議論なのか、ということである。

1　「日本人」であるとは？

「従軍慰安婦」問題や「靖国参拝」問題などは、解決困難な「やっかいな」問題としてたびたびニュースに取り上げられる。歴史教科書からの従軍慰安婦の記述削除、あるいは首相の靖国神社参拝について、中国や韓国、アメリカ（の議会）などから批判的な意見が出されていることは聞いたことがあるだろう。

そのような諸外国からの批判に、どこかしら反発を覚える人もいるだろう。あるいは自分自身は何とも思わなくとも、ネット掲示板にあふれる「嫌中・嫌韓」の書き込みを見て、たくさんの人が中韓の主張に憤りを感じていると思うかも知れない。さらに掲示板を見た新聞記者による「ネット世代に広がる嫌中・嫌韓」などという記事や、あるいは「知識人」たちが書く「ナショナリズムの危険」を訴える文章を読んだ人もいるだろう。

しかしそもそも、なぜ首相の靖国参拝などを批判する外国からの主張に「反発を感じる」のだろうか。自分自身が直接非難されたわけではなく、怒る理由は「単純かつ明白」というわけではない。とはいえ、その反発や憤りがまったくのウソ偽りということもないだろう。

そのような感情の源泉を一言でいえば、「自分は日本人だ」と思うことであろう。日々の生活ではあまり意識することのない「日本人」（あるいは「○○人」）であるということ。大多数の人にとって疑問の余地なく、当たり前と感じている「自分が○○人である」ことは、実は必然でも、自明なことでもない。同じ両親から生まれるにしても、母親がたまたまアメリカ旅行中に生まれれば、その人は（国籍上）「アメリカ人」になれる。あるいは、日本で生まれ育ち、日本語しか話せず、韓国に一度も行ったことがなくとも（少なくとも国籍の上では）「韓国人」として扱われる在日韓国人三世もいる。そう考えていくと、誰かが「○○人」であることなど、所詮偶然の産物なのかも知れない。どこの国に、誰の子どもとして生まれるのかを選べる人はいないのだから。逆説的に、自ら選ぶことなく、自然に「○○人」になったと思うからこそ、そのことが人々の意識や行動に強い影響を与えているのかも知れない。

それでも、率直に感じる「自分は日本人だなぁ～」という思いと、マスメディアなどで取り上げられる話題の間には、どこかズレや違和感があったりしないだろうか。マスメディアは話題となる「問題」のみを報道する。だから、自分や周囲の人々の「ふつ～」の意識とズレることは、むしろ当然なのかもしれない。

それではマスメディアに取り上げられたり、あるいはネットに書き込んだりしない大多数の人々の意識は闇の中で、それを知る術はないのだろうか。そういうわけでもない。その闇を照らすのが、社会調査による計量的アプローチなのである。そこで本章では、一般の人々の抱く「○○人意識」として「ナショナル・アイデンティティ（national identity）」という概念について、先行研究やその分析方法をまとめた上で、社会調査データを統計的に分析することで、その実態を明らかにする。

2　「ナショナル・アイデンティティ」のとらえ方

「近代主義」と「歴史主義」——「ネーション」とは何か？

ナショナル・アイデンティティとは、簡単にいえば、「ナショナルなモノ」に対して自身を一体化させる感情である。しかしその「ナショナルなモノ」の基礎となる「ネーション」とはそもそも何なのか？　そのことについての理論研究が一九八〇年代から盛んにおこなわれている。

まずそのなかで重要なのが、アーネスト・ゲルナーやベネディクト・アンダーソンたちの「近代主義」の主張だ。彼らは、太古の歴史があるように思われているネーション、さらにはそれを母体として生まれる「国民国家（＝nation state）」が、実は近代化や産業化の結果生み出された「近代的な創造物」だと主張する。たとえばゲルナー（Gellner 1983＝2000）は、産業化によって地縁・血縁などの基礎的なつながりから切り離された人々を、言語と文化によって新たに統合するためにネーションが生まれたと考えた。またアンダーソンは『想像の共同体』（Anderson 1991＝1997）という刺激的なタイトルの著作において、出版資本主義の発展に伴って特定言語による新聞や小説などが広く普及し、その言語でコミュニケーション可能な領域として人々が想像するようになった時空間が「想像の共同体」としてのネーションなのだ、と論じた。

それら近代主義の理論に対して、ネーションが成立するには歴史的な契機や母体となる文化的共同体（エスニー）が必要になる、と主張したのがアントニー・D・スミスである。彼は、近代化によって生じた要素を認めつつも、多くのネーションには前近代から存在した文化的共同体が存在しており、その文化的・歴史的継続性が現在のネーションの核になっている点は無視できない、と論じた。そのように前近代との歴史的連続性を主張する彼の主張は「歴史主義」（スミス自身は「エスノ・シンボリズム」と名乗っている）と呼ばれることとなる（Smith 1986＝1999 など）。

以上の研究は、マクロ・レベル（集団レベル）におけるネーションの発生や歴史的成立過程を注目していた。そのためそれら諸研究は、吉野耕作の言葉を借りるならば「文化・政治エリートが民族の独自性に関するイデオロギー（知識、考え方）を「生産」し、それを国家が管理する学校教育、教科書を通して上から一方的に伝達していく」（吉野 1997：230）という「生産主義的」・「国家中心主義的」な視点からの研究であった。結果的に吉野が指摘するように、どのように人々がネーションを受容し、消費したのか、という視点が欠けていた。つまり、（歴史的過去ではなく）「いま」、（遠い異国ではなく）「ここ」の、（エリートではない）「普通」の人々が抱くナショナル・アイデンティティを明らかにしてはいないのだ。

ポスト・モダニズム的研究――多面的なナショナル・アイデンティティの探求

近代主義や歴史主義の議論が多くの場合、一つの国民国家を一枚岩的な存在として描いていたのに対し、スミス（Smith 1998）が「ポスト・モダニズム」と命名した諸研究は、一ネーション内の個人あるいは集団に焦点を合わせ、そのナショナル・アイデンティティの多元性や多様性などに着目する。具体的には多文化主義、フェミニズム、グローバリゼーションの影響や、それらのナショナル・アイデンティティとの関連などを考察するもので、カルチュラル・スタディーズなどの影響を受けた研究も多い。

たとえばビリッグ（Billig 1995）は、日常的な言語表現やメディア報道（たとえば海外での飛行機事故のさいによく流される一言、「乗客に日本人はいませんでした」等）が、先進諸国におけるナショナル・アイデンティティを「平凡な（＝banal）」、しかしけっして忘却できない存在にしていると指摘した。このような研究は、近代主義や歴史主義のマクロ（集団的）な視点に対し、ミクロ・レベル（個人レベル）からの考察をおこなっており、また（近代主義・歴史主義の「過去」に対して）「いま」「ここ」のナショナル・アイデンティティを提示した研究といえよう。

カルチュラル・スタディーズの代表的な論者スチュワート・ホールがアイデンティティを「断片化され、分割されているもの」（Hall 1996＝2001：12）と見なすように、ポスト・モダニズム的研究の多くはそれぞれの研究の関心事項（たとえばマスメディアやグローバリゼーションなど）とナショナル・アイデンティティの関連に限って議論し、その多元性やダイナミックな変動をうまく説明する。しかし逆に、個別関心に即した論者ごとの多様な「ナショナル・アイデンティティ」を対象としているため、その定義や意味内容もさまざまで、一見すると正反対の結論を出す理論が並立している。ポスト・モダニズム的研究の多くはたしかに「いま」「ここ」の一部を明らかにしている。しかし、あくまで（どちらかといえば「特殊な」）一部分を描き出すだけで「普通」の人々のナショナル・アイデンティティは見えないままなのも、また事実なのである。

計量的アプローチ――「普通」の人々のナショナル・アイデンティティ

以上のように先行研究においては、ナショナル・アイデンティティの歴史、あるいは個別の現象との関係が議論されてきた。それに対して本章では、社会調査によって得られたデータを元に、「いま」「ここ」、そして「普通」の人々のナショナル・アイデンティティを素描する。そのために本章では、計量的分析では一般的な、理論をデータで検証するという仮説検証型の手法は取らず、経験的データを理論により解釈する「経験的探索」（鹿又 2001）をおこない、現代の一般の人々が抱くナショナル・アイデンティティを量的データの分析から明らかにしていく。

多くの人々の種々さまざまな意見を、選択肢で埋め尽くした質問紙にまとめてしまう計量的研究は、個別のナショナル・アイデンティティの複雑さを丹念に描き出すには適していない。むしろ「おおざっぱ」にとらえることしかできない、といってよいだろう。しかしながら逆に、粗い全体像が描ける点にこそ、その面白さがある。個人個人（のナショナル・アイデンティティ）が多様で、他に代え難い固有な存在であるのは事実である。しかしその個々の回答をまとめあげ、統計というフィルターを通して見ることで、一人一人を眺めていただけでは見えてこない、人々の間に通底する共通性や意識同士の関連が見えてくる。その「発見」こそ、計量的な社会学研究の醍醐味のひとつである。

3　データ分析から見る「ナショナル・アイデンティティ」の実態

本節では、前節で示した計量的アプローチによって日本におけるナショナル・アイデンティティを検討するために、国際社会調査プログラム（International Social Survey Program、以下「ＩＳＳＰ」）の二〇〇三年データを用いた分析をおこなう[1]。

ＩＳＳＰは、国際比較可能な量的なデータを得ることを目的とし、一九八四年にイギリス、西ドイツ、アメリカ合衆国とオーストラリアの四ヶ国の間で始まった国際共同研究である。一九八五年の最初の調査以降、毎年特定のテーマに基づいた調査がＩＳＳＰの加盟国においておこなわれている。そのテーマは、政府の役割、社会的ネットワークとサポート・システム、社会的不平等、家族とジェンダー役割、宗教など、実に幅広い。また二〇〇八年現在、加盟国も四三ヶ国に増えている。

本章で使用するナショナル・アイデンティティ調査は二〇〇三年におこなわれたもので、対象国は計三五ヶ国にもなる。そのなかで今回分析に用いた日本のデータは、全国の一六歳以上の「国民」[2]を住民基本台帳から層化無作為二段抽出を用いて選び出し、個別面接法によって得た一一〇二サンプル（回収率六一・二％）である。

誰が「日本人」？——ネーションの成員条件

「あなたは日本人ですか？」と質問されることは、多くの人にとっては縁遠い話だろう。だからといって、その答えが誰にとっても簡単とは限らない。さらに、その質問の裏にある「○○ならば日本人」という条件は、それほど自明とはいい難い。

たとえば、日系人と帰化者がどのような条件で「日本人」といえるのかを考えてみよう。日系人は「血（血統）」という面では「日本人」と見なされるかもしれないが、「国籍」あるいは「居住」などの条件では「外国人」となる。一方帰化者の場合は「国籍」や「居住」では「日本人」として扱われるが、「血統」という側面から「非日本人」と見なされる可能性があることも否定できない。

このようにどのような条件によって「○○人」を定義するのかは、なかなか難しい問題である。そのことを理論的に追求したブルーベーカー（Brubaker 1992＝2005）は、国民の定義の方法、いい換えれば誰を「国民」と見なすのかという「帰属の範囲」について、フランスとドイツにおける「国籍（citizenship）」概念の違いから考察している。「その国に生まれること」を最大の基準（出生地主義）とし、同化主義的なネーション理解をおこなうフランス。一方「（ドイツ）民族に生まれること」という血統主義に基づき帰属の範囲を定めたドイツでは、ドイツで生まれ、ドイツで生活し続けても「移民」はあくまで「外国人」であり続けたのである(3)。

現在の日本は、（ドイツ的な）血統主義を採用し、（フランス的な）出生地主義は採用していない。しかしその日本における帰属の範囲についても、戦前は「単一民族国家」などではなく、「多民族帝国」であったことがさまざまな研究で指摘されている（詳しくは小熊 1995、1998など）。しかしそのような歴史的・制度的な境界が、人々の考える境界と一致するとは限らない。では、現在の一般の人々の考える「本当の日本人像」はどのようなものであろうか。その「ネーションの成員条件」を知るためになされたのが以下のような質問である。

質問文　ある人を本当に日本人であると見なすためには以下のようなことが重要だという意見と重要ではないという意見があります。あなたは、どの程度重要だと思いますか。

a．日本で生まれたこと（出生地）

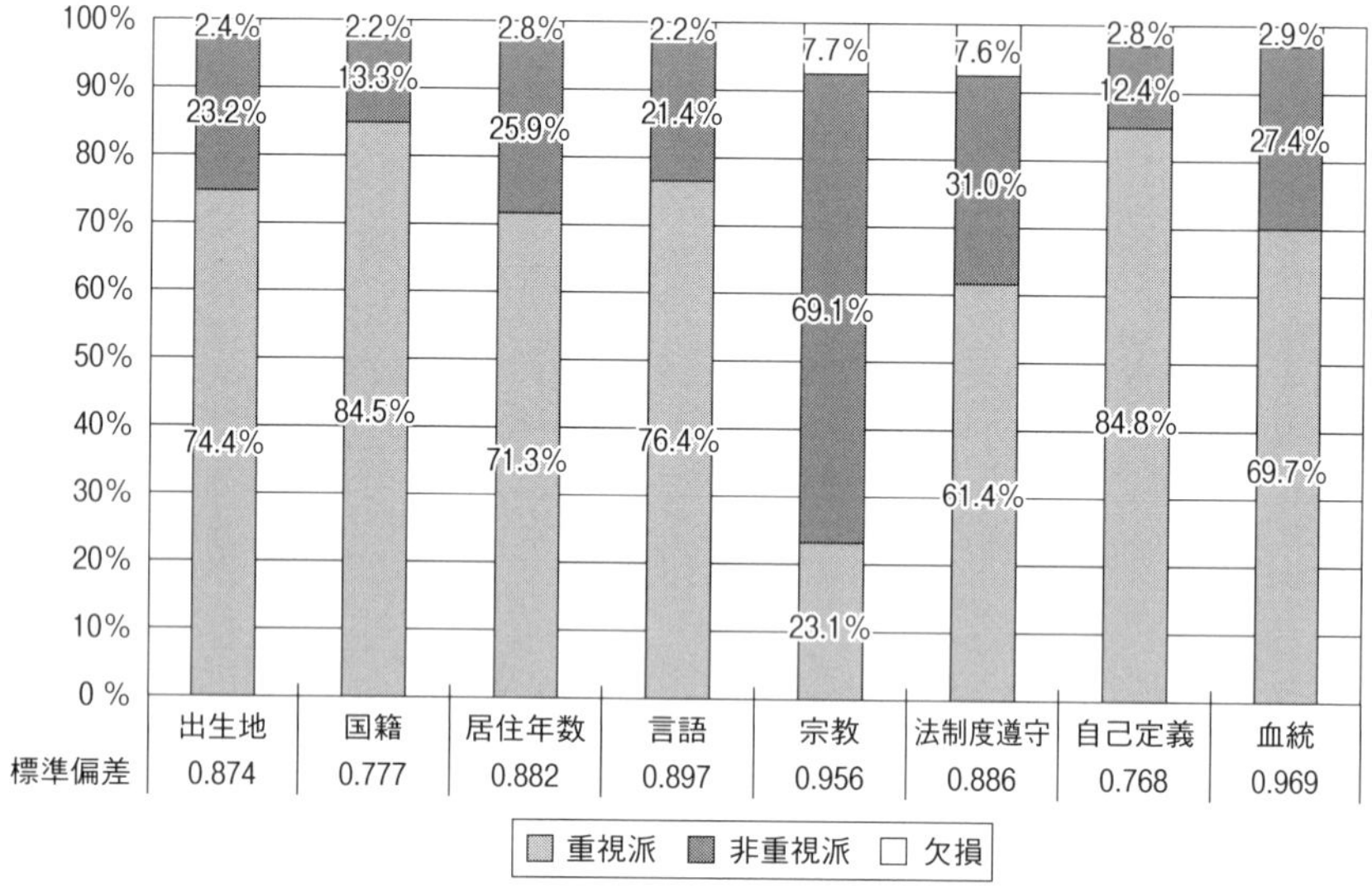

図13-1　ネーションの成員条件の意見分布（N＝1102）

b．日本の国籍を持っていること（国籍）

c．人生の大部分を日本で暮らしていること（居住年数）

d．日本語が話せること（言語）

e．仏教または神道の信者であること（宗教）

f．日本の政治制度や法律を尊重していること（法や制度の遵守）

g．自分自身を日本人だと思っていること（自己定義）

h．先祖が日本人であること（血統）

＊末尾の（　）は著者挿入。以下では（　）の言葉に省略して表記。

選択肢

1．とても重要だ　2．まあ重要だ　3．あまり重要でない　4．まったく重要でない

以上の回答について「とても重要だ」と「まあ重要だ」を「重視派」、「あまり重要ではない」と「まったく重要ではない」を「非重視派」、さらに「わからない」などの無回答を「欠損」としてまとめ、その回答分布を見たのが図13-1である。

表13-1　ネーションの成員条件の因子分析の結果

固有値	出生地	国籍	居住年数	言語	宗教	法制度遵守	自己定義	血統
3.95	0.724	0.729	0.690	0.713	0.543	0.451	0.576	0.726

もっとも多くの人が重要と見なしている条件は「自己定義」であった。また「自己定義」については回答の散らばりを示す標準偏差も小さく[4]、人々の間で一定の合意がある項目といってよい。ついで「国籍」という条件が重視されており、国籍と自己定義という獲得的条件を重要な条件として挙げる人が多いことが見て取れる。一方「宗教」については、唯一重要と考える人が少数派であった。戦前の「国家神道」の時代とは異なり、現在日本の多数派にとって特定宗教（仏教または神道）と「日本人であること」が結びつかないことを反映した結果だろう。たしかに現在でも、首相の「靖国神社参拝問題」などは存在する。しかし参拝を求める人々も、それが「神道に則った宗教的行為であるから」行って欲しいと希望しているわけではないと思われる。

さらにそれら項目間の関連を構造的に把握するために、それら項目に対して因子分析[5]をおこなった結果が表13-1である。理論的には個人が後から獲得可能な条件（自己定義など）と、生まれだけで決定される属性的条件（血統など）にわけることもできる。しかし分析の結果としては、一元的なものと考える方がデータに忠実である。このことは、日本人の多くはその二つの要素を区別していないこと、つまり多くの日本人にとって日本国民であること（＝獲得的な条件で、市民的要素）と日本民族であること（＝属性的な条件で、民族的要素）が混然一体となっており、その区別があまりなされていないことを示す結果であるといえよう。

何に「誇り」を感じるか？――ナショナル・プライド

戦時中の従軍慰安婦や日本軍の蛮行を教えることが「自虐的」だとか、あるいは「国に対する誇り」を教えるような教育をおこなえ、と主張する人は少なくない。それほど極端な意見ではなくとも、国に対して「誇り」を感じたいと思い、「威信」が欲しいと考える人は不思議と多い。国に対する誇りの念というものは、ある種の「愛国」にもつながる感情であり、人によっては自己肯定感を生み出す源泉にもなっていると思われる。

しかし国に対して「誇り」を感じるといっても、誇りに感じる対象は人それぞれかもしれない。ある人にとって誇るべきは日本の世界的な経済力かもしれず、別の人にとっては日本人スポーツ選手の活躍かもしれない。さらには日本に関することにまったく誇りを感じない人がいてもおかしくない。国の「何」に誇りを感じるのか、それも単純な問題ではない。

そのような国に対する誇りを、ここでは「ナショナル・プライド」と名付けよう。さてこの概念については、以下の一〇項目の質問項目で尋ねている。

質問文　以下のようなことを、あなたはどの程度誇りに思いますか。

a. 日本における民主主義の現状（民主主義）
b. 世界における日本の政治的影響力（世界影響）
c. 日本の経済的成果（経済発展）
d. 日本の社会保障制度（社会保障）
e. 科学技術の分野で日本人が成し遂げたこと（科学技術）
f. スポーツの分野で日本人が成し遂げたこと（スポーツ）
g. 文学芸術の分野で日本人が成し遂げたこと（芸術）
h. 日本の自衛隊（軍事力）
i. 日本の歴史（歴史）
j. 日本社会における公正さと平等（公正・平等）

選択肢
1. とても誇りに思う　　2. まあ誇りに思う

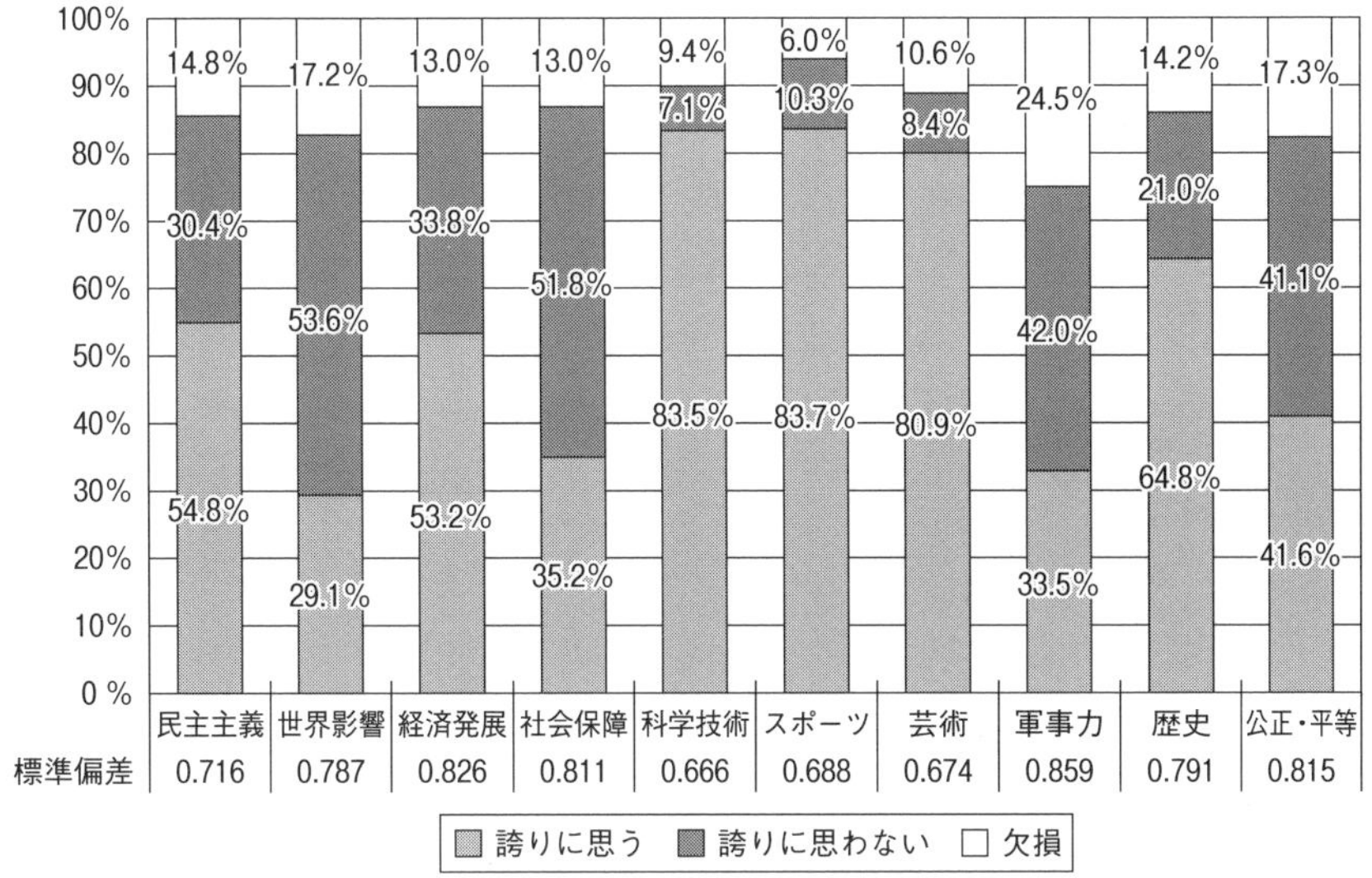

図13-2　ナショナル・プライドの意見分布（N＝1102）

3．あまり誇りに思わない　4．まったく誇りに思わない

それぞれの項目について、「1．とても誇りに思う」と「2．まあ誇りに思う」を「誇りに思う」に、「3．あまり誇りに思わない」と「4．まったく誇りに思わない」を「誇りに思わない」にまとめ、その分布や標準偏差を見たのが図13-2である。

誇りに思う人が多いのは、「科学技術」や「芸術」、あるいは「スポーツ」など文化的な分野についてであり、回答者の八割以上が誇りを感じている。それについで「歴史」や「経済発展」、さらに「民主主義」なども過半数を超える日本人が誇りを持っている項目である。その一方「世界影響」や「社会保障」「軍事力」などは比較的評価が低く、むしろ誇りに思ってない人の方が多い。また日本においては軍事力の項目は「自衛隊」として聞いていたが、日本における自衛隊のあいまいな位置付けを反映するように、無回答などによる欠損率が二四・五％とひときわ高くなっていることが特徴的である。

次にそれぞれの項目間の関連性を構造的に把握するために、因子分析をおこなった。その固有値の変化から二つの

表13-2　ナショナル・プライドの因子分析の結果

因子	負荷量（回転後）	民主主義	世界影響	経済発展	社会保障	科学技術	スポーツ	芸術	軍事力	歴史	公平・平等
1	2.78	**0.639**	**0.650**	**0.579**	**0.651**	0.010	−0.031	0.010	**0.546**	0.350	**0.595**
2	2.59	−0.029	−0.004	−0.032	−0.066	**0.782**	**0.863**	**0.852**	0.119	0.182	0.002

注：太字は因子負荷量0.5以上。

因子を抽出し、斜行回転をかけた結果が表13-2である。(6) 第1因子には「民主主義」（0.639）、「世界影響」（0.650）、「社会保障」（0.651）などの項目の因子負荷量が高く、政治的な側面への誇り（政治的プライド）を示すものと考える。一方、第2因子は「スポーツ」（0.863）や「芸術」（0.852）あるいは「科学技術」（0.782）に高い負荷量を持つ。それら項目から文化的プライドの因子と解釈した。このように因子分析の結果二種類の因子が抽出されたことは、人々がネーションに対する誇りや威信を、政治的なものと文化的なものという二つの異なる要素でとらえていることを示している。

また「歴史」という項目の因子負荷量が、他の項目に比べて低めであった。ネーションの創世神話や各種伝統など文化的側面との結びつきから（Smith 1986＝1999）、通常「歴史」は文化的ナショナル・プライドの主要な要素の一つとされる。しかし日本の場合、「歴史」という言葉で、能や浮世絵のような伝統文化的なものを想像するのか、それとも戦前の「大東亜共栄圏」が「正義」と述べる歴史に関する政治的主張を想像するのかで、まったく解釈が変わる。つまり日本において「歴史」への評価を求めた場合、その言葉の解釈が回答者によって大きく異なった可能性が考えられる。その結果、たしかにネーションの文化面への誇りを示す第2因子にも一定の因子負荷量を持ちつつも（0.182）、むしろ政治的側面により因子負荷量が高い（0.350）という、どちらともつかない項目となったのであろう。

外国人嫌いの諸相――排外性

排外性とは、自らのネーションに属さない人々を危険視し、そのような人々を排斥する意識である。このような意識は、ゼノフォビア（xenophobia）と呼ばれる異人恐怖にもつながるもので、「内集団への親和と外集団への敵意」としてジンメルが定式化した命題（Simmel

1908＝1966）のうち「外集団への敵意」の部分でもある。また社会的アイデンティティを考察する社会心理学的議論においても述べられる「外集団への敵意や偏見」などもこの排外性に通じる議論である（Brown 1995＝1999など参照）。

この排外性という概念を測定したと考えられるのは、以下のような一連の質問であった。

質問文　日本に定住しようと思って日本に来る外国人について、以下のような意見があります。それぞれについて1つだけお答え下さい

a. こうした外国人が増えれば、犯罪発生率が高くなる（犯罪率上昇）

b. こうした外国人は、全体としては日本の経済に役立っている＊（経済効果）

c. こうした外国人は、日本人から仕事を奪っている（職を奪う）

d. こうした外国人は、新しい考えや文化をもたらし、日本の社会を良くしている＊（文化多様化）

e. 政府は、こうした外国人の援助に金を使いすぎている（援助過剰）

質問文　以下のような意見を、あなたはどう思いますか。(7)

c. 日本に合法的に移住した外国人は、日本人と同じ権利を持つべきだ＊（合法権利）

d. 不法滞在している外国人を国外退去させるために、日本政府はもっと厳しくとりしまるべきだ（不法滞在取締）(8)

選択肢

1. そう思う　2. どちらかといえばそう思う　3. どちらともいえない

4. どちらかといえばそう思わない　5. そう思わない

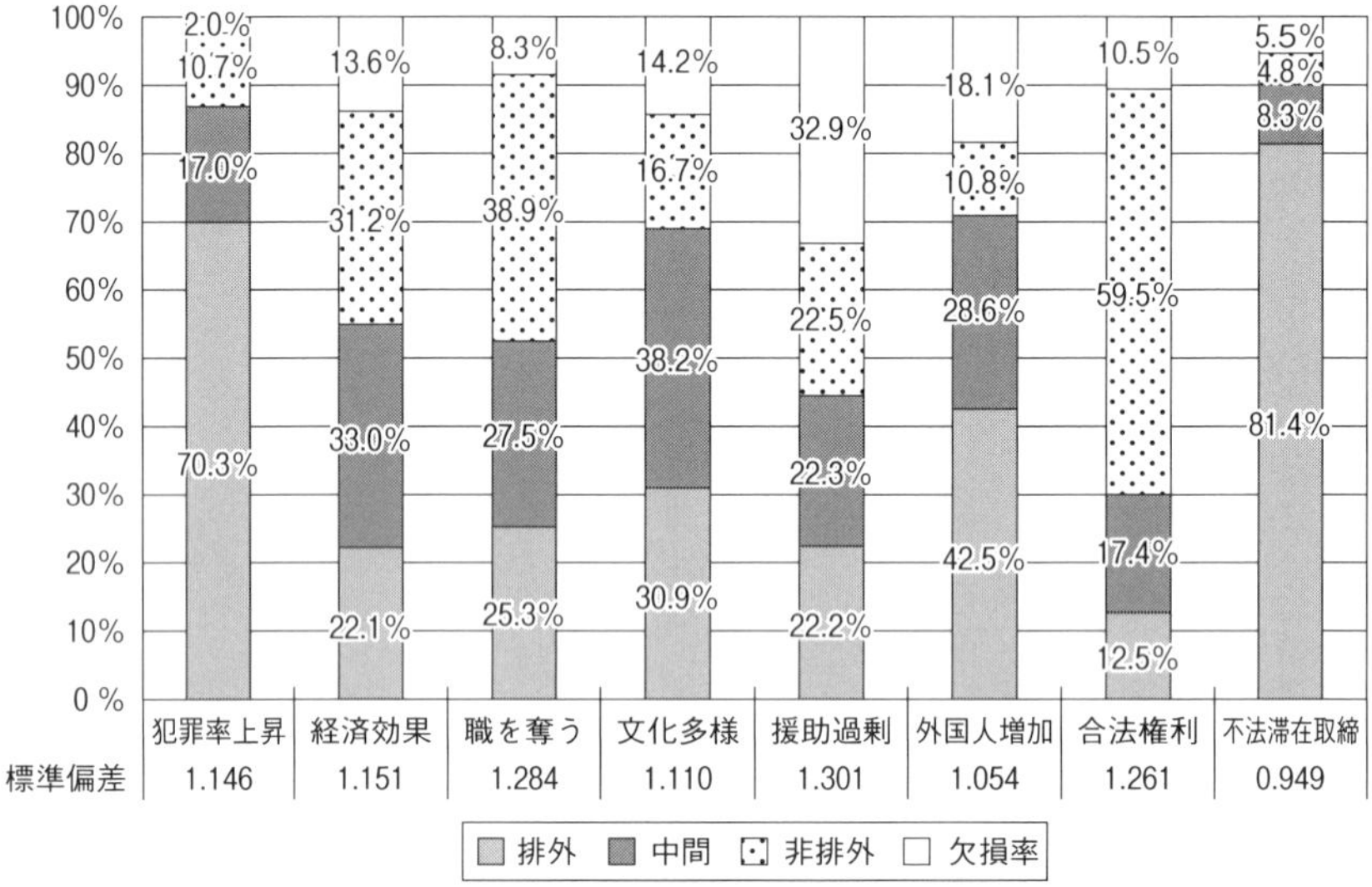

図13-3　排外性の意見分布（N＝1102）

質問文　日本に定住しようと思って日本に来る外国人は、もっと増えたほうが良いとおもいますか、それとも減ったほうがよいと思いますか（外国人増加）＊

選択肢

1．かなり増えたほうがよい　2．すこし増えたほうがよい　3．今くらいでよい

4．すこし減ったほうがよい　5．かなり減ったほうがよい

（注：＊印をつけた項目は、内容的に「反排外性」と考え、選択肢の数値の方向を逆転させた。）

まずそれらの八項目について、排外的な意見と中間的意見（「どちらともいえない」や「今くらいでよい」）、それに非排外的な意見にまとめ、その分布や回答のばらつきを見たのが図13-3である。

「不法滞在取締」や「犯罪率上昇」への賛同者が非常に多く、日本において外国人問題[9]は「治安」の問題として認識されていることがうかがえる。一方、「職を奪う」という項目は、賛成率二五・三%と比較的低い。西欧先進諸国では「外国人問題」の多くが移民労働の問題として考えら

表13-3　排外性の因子分析の結果

固有値	犯罪率上昇	経済効果	職奪う	文化多様	援助過剰	外国人増加	合法権利	不法滞在取締
2.94	**0.599**	**0.534**	0.495	0.499	**0.595**	**0.706**	0.377	0.358

注：太字は因子負荷量0.5以上。

れている。一方日本では，外国人労働は正規には「専門職」のみに限定され，仮に非正規滞在で労働する場合も，多くが日本人の参入したがらない「3K職」に限られ，結果的に日本人と外国人の間で職の「棲み分け」がなされている。そのため，「職」に関しては比較的排外的ではないと考えられる。また「援助過剰」については，そもそも現在の政府が外国人に「援助」しているかがわからないためか，ほぼ三分の一の人が無回答であった。欧州諸国などでは外国人への「援助疲れ」という議論がなされている。しかし，日本ではそもそも「援助」が存在するか否かが人々によく知られていない状態であることがあらわれた結果であろう。

さらに項目間の関連性を検討するために因子分析をおこなった結果が表13-3である。[10] もっとも負荷量の高いのは「外国人増加」(0.706) という項目である。それに対して負荷量が低いのは「不法滞在取締」(0.358) や「合法権利」(0.377)，それに「職奪う」(0.495) などである。「不法滞在取締」や「合法権利」には不法や合法などの法的問題として回答した人も含まれるためか，排外性との結びつきが弱くなったと思われる。また「職を奪う」という項目については，日本における排外性として，やはり「職」という要素の重要性が比較的低いことを示す結果だろう。

ナショナル・アイデンティティの類型化——日本の「愛国者」は排外主義者か？

これまでの分析は，日本におけるナショナル・アイデンティティについて，人々の間で共通した構造を探るものであった。対してここでは，現代日本に特徴的なナショナル・アイデンティティの類型を見出すことを試みる。そのために，今回はクラスター分析[11]という統計手法を用いた。

クラスター分析の結果導き出された四つのクラスター（集まり）ごとの各下位概念得点の平均値と，そのクラスターに属する人々の特徴を一覧にしたのが表13-4である。

第1クラスターは，成員条件や政治的プライド，それに排外性が負の値を示し，文化的プライド

表13-4　各クラスターの各下位概念平均値と諸特性

	クラスター番号 1	2	3	4	全体
成員条件	-0.40	1.66	1.32	0.29	0.88
政治的プライド	-1.08	0.94	-0.42	-0.05	0.01
文化的プライド	0.43	1.98	0.72	1.72	1.35
排外性	-0.42	0.81	1.19	-0.20	0.43
所属サンプル数	168	347	277	310	1102
平均年齢	41.0	57.6	57.4	42.6	50.8
30歳未満比率	27.4%	9.2%	7.2%	24.2%	15.7%
平均教育年数	13.3	11.2	11.2	13.1	12.0
大卒比率	24.4%	7.8%	7.9%	19.7%	13.7%
自民党支持率	10.7%	46.7%	35.0%	22.9%	31.6%

も全体平均に比べれば若干低い。日本の文化的側面には一定の誇りを感じつつも、「本当の日本人」の境界が広く、非排外的なナショナル・アイデンティティの類型である。このクラスターに所属する人の特徴としては、平均年齢が一番若く、また三〇歳未満の構成比率も高い。さらに学歴も平均教育年数で一三・三年、大卒比率も二四・四％ともっとも高いのが特徴である。また自民党支持者はわずか一〇％程度と全体の三分の一程度である。特に政治的プライドが低いことも加味しながら名付けるとすれば、この類型は「反国家主義的ナショナル・アイデンティティ」とでもなろうか。

第2クラスターについては、すべての下位概念得点が他のクラスターに比べて高く、成員条件が厳しく、排外的でもあり、日本に強い誇りを抱くようなナショナル・アイデンティティを抱いている人々である。その属性の特徴としては、平均年齢がもっとも高く（五七・六歳）、さらに平均教育年数や大卒比率も低い。一方自民党への支持率は五割近く、典型的な保守層であろう。総じて「国粋主義的ナショナル・アイデンティティ」と呼びうるような類型である。

第3クラスターは、成員条件や排外性が高い一方、政治的プライドと文化的プライドは比較的弱く、「愛国なき排外主義者」ともいえる人々と思われる。年齢や学歴などの特徴は第2クラスターに属する人に似ているが、唯一自民党への支持率が若干低くなっている。この点は、現状の「国に誇り」を感じられないことから、現在の保守政治を代表する自民党を支持できないのかもしれない。まとめれば「排外主義的ナショナル・アイデンティティ」と呼びうると思われる。

第4クラスターに属する人々は、成員条件や排外性は全体よりも低い一方、文化的プライドが高い。いい換えれば文化的には「愛国者」かも知れないが、特に排外主義的ではない人たちである。属性を見ると、大卒比率は第1クラスターに比べて幾分低いが、それ以外の特徴は第1クラスターに似ており、平均教育年数も長く、平均年齢も若く、三〇歳未満比率も高い。ただし、自民党支持率が第1クラスターよりは高く、文化的プライドの高さがある程度保守的な政治への肯定感にもつながっていると思われる。それら諸特徴から命名するならば「文化主義的ナショナル・アイデンティティ」とでもいえるであろう。

以上のようにナショナル・アイデンティティの類型を四つにわけた場合、排外主義的あるいは国粋主義的な類型のナショナル・アイデンティティを抱く人々は圧倒的に高年齢層に多かった。一方若年層の多数派はそれほど排外的ではなく、若者内で類型が分かれるとすれば（特に文化的な）プライドの高低がキーとなることが示された結果といえよう。

4 データから読み解く「若者の右傾化」

昨今、「若者の右傾化」という議論がにぎやかである。たとえば「ぷちナショナリズム症候群」として、サッカーワールドカップで熱狂する若者が（第2クラスターに属する人たちのような）国粋主義者予備軍だというような「警鐘」が鳴らされた（香山 2002）。しかしそのような若者が、前節の分析の第4クラスターに属するような人々ならば、文化的プライドが高くとも、排外性やネーションの成員条件は比較的低いことが予想できる。つまり、香山などの警鐘は、データに基づかない印象批評に過ぎなかった可能性が高いのだ。

データ分析の結果としては、日本におけるナショナル・アイデンティティの類型は世代（年齢）で大きく異なり、特に高年齢層の方が圧倒的に「ナショナリスティック」といえるようなナショナル・アイデンティティ類型を抱いていた。(12) そこから考えると、よくいわれる「若者の右傾化」という現象は、第4クラスターのような「文化的プライド」を強く持った若者を見て、まるで第2クラスターの人々のような国粋主義的ナショナル・アイデンティティ、あるいは第3クラスターに属する人の抱く排外主義的ナショナル・アイデンティティが蔓延したように勘違いしているに過ぎないのかも知れない。実際には国粋主義的ナショナル・アイデンティティや排外主義的ナショナル・アイデンティティを抱くのは圧倒的に高年齢層が多い。もし昨今の日本の「右傾化」が問題ならば、比較的年齢の高い人々のナショナル・アイデンティティこそ問題にすべきであろう。

　ネットの掲示板だけを見ていると、まるで若者の多数派が「嫌中・嫌韓」の思想を抱き、国粋主義や排外主義を主張しているようにも思えてしまう。もちろん国粋主義的、あるいは排外主義的ナショナル・アイデンティティを抱く若者も存在する。しかしその比率は比較的少なく、けっして「若者」一般を代表しているとはいえないのである。以上のようなことがわかるのが、計量的な社会学研究の強みであり、醍醐味である。目立つ存在が、そのまま「多数派」であったり、「代表」であったりするとは限らないのだ。さらにいえば、世間でよくいわれる「近頃の若者は〜」などという主張に対し、「若者といってもほんの一部の若者なのでは？」なんて相対化してみる視点を、本章の分析から学んでもらえれば嬉しい。

[Acknowledgment]
The data utilized in this publication were documented and made available by the ZENTRALARCHIV FUER EMPIRISCHE SOZIALFORSCHUNG, KOELN. The data for the 'ISSP' were collected by independent institutions in each country（see principal investigators in the study-description-schemes for each participating country）. Neither the original data ccollectors nor the ZENTRALARCHIV bear any responsibility for the analyses or conclusions presented here.

注

（1）ＩＳＳＰのデータはドイツのデータアーカイブ（ＧＥＳＩＳ－ＺＡ）を通じて入手可能である。このように、自ら調査をおこなうのではなく、既存データを使って分析する方法を二次分析（secondary analysis）という。日本でも東京大学社会科学研究所が運営するＳＳＪデータアーカイブ（http://ssjda.iss.u-tokyo.ac.jp/）などのようなデータアーカイブの整備が進んできており、二次分析の環境は整いつつある。

（2） 後にも述べるが「誰」を「国民」と見なすか、それ自体論争的な話である。今回の調査では、日本国籍の人しか掲載されない住民基本台帳を元に対象者を抽出しているため、「日本国籍の有無」を基準としている、と考えることができよう。このように量的な社会調査においては、対象者（「サンプル」ともいう）を「どこから選んできたか」は非常に重要になる。たとえばこの調査が、大学生だけを対象にしていた場合、果たして「日本における～」と名乗って良いだろうか？ そのような問題について関心を持ったならば、さまざまな社会調査やサンプリング理論に関する書籍を読むことをお薦めする。

（3） ただしドイツでは一九九九年に一部出生による国籍取得を認める法律が成立しており、ドイツにおける「ドイツ人」の定義方法は変化しつつあるともいえる。このように研究対象そのものが変化していくこともあるのが社会学的な研究の難しさである。しかし同時に、その変化を観察し、その理由を探求すること自体、また楽しみともなるのだ。

（4） 標準偏差とは、回答がどれだけ散らばっているかを示す統計数値である。この場合はいい換えれば、人々の間での意見の相違がどれだけ大きいかを示している。このような統計の基礎を勉強したい人には、入門として『マンガでわかる統計学』（高橋 2004）などをお薦めする。より詳しい勉強をしたい人は『社会統計学』（Bohnstedt & Knoke 1988＝1990）が良書である。

（5） 因子分析とは、複数の設問の間に潜在的な因子（共通性）があることを仮定し、その共通部分を推定する統計的手法である。今回は因子の抽出法として最尤法を用いた。また因子数の決定のために参照される固有値という値が、1因子目で3.95、2因子目で0.87、3因子目で0.75となり、固有値1以上の因子を抽出するというカイザー基準にしたがい、一つの因子によって解釈をするのが最も適切と判断した。このような数多くの変数を同時に分析する「多変量解析」と呼ばれる手法の入門書としては『多変量解析のはなし』（大村 2006）がお薦めできる。また因子分析について詳しく知りたいと思ったら『マンガでわかる統計学［因子分析編］』（高橋 2006）を読むと良いだろう。

（6）固有値は1因子で3.78、2因子で1.70、3因子で0.86、4因子で0.70であった。さらに因子分析で2つ以上の因子を抽出したさい、それぞれの因子を解釈しやすくするために軸を「回転」させるが、今回はその回転のなかでも抽出した因子の間に関連があることを認める斜行回転（プロマックス回転）を用いた。これは政治的プライドと文化的プライドが「まったく無関係」と考え難いからである。ちなみに回転法として多用されるバリマックス回転は、抽出因子の間に「まったく関係がない」との前提で計算する直行回転であるため、今回用いるのは不適切である。このように統計は便利なツールであるが、使い方を間違えると、出てくる結果も歪んでしまう可能性があることには注意が必要だ。

（7）「日本で生まれた子どもは、両親が日本人でなくても、日本国籍を持てるようにすべきだ」などの設問は分析に含めなかった。その理由として「両親が日本人でなくとも」という表現は「両親が二人とも外国人」とも「両親のどちらかが外国人」」とも解釈でき、設問の意味が不明確だと判断したためである。このように設問の意味があいまいにならないためにも、質問文のワーディング（言葉使い）は非常に重要である。

（8）「不法滞在」という言葉自体に犯罪的で否定的なニュアンスが含まれるため、旅券切れのオーバーステイの外国人を示すには「非正規滞在」と表現する方が適切と考えられる。しかしここでは元の質問文の表現を用いた。

（9）マスメディアや警察発表では外国人によって治安の悪化しているように思われるが、実際にはその主張はかなり疑わしい。詳しくは久保（2006）などを参照。

（10）固有値の変化は第1因子で2.94、第2因子で1.11、第3因子で0.95と、カイザー基準にしたがえば第2因子まで抽出することになる。しかし2因子を抽出した時には、項目が肯定的見解か否定的な見解かという項目の性質で因子がわかれたため、ここでは理論的な含意を考えて1因子のみを抽出した。

（11）クラスター分析とは一言でいえば、似ているもの同士をまとめるための探索的なデータ解析の統計手法である。今回はまず一人一人のネーションの成員条件、政治的プライド、文化的プライド、排外性について得点化した。具体的には、たとえば「とても誇りに思う」＝2、「まあ誇りに思う」＝1、「あまり誇りに思わない」＝-1、「まったく誇りに思わない」＝-2（中間選択肢の「どちらでもない」や無回答は0）と変更し、その数値に各項目の因子負荷量を掛け合わせて合計した。その上で、その合成変数の標準偏差で各個人のスコアを割った。そのようにして作った4得点について、K平均クラスター分析を用いて、その高低の傾向が似ている人々をまとめた。またクラスター数の決定については、クラスター数を2から始めてひとつずつ増やしていき、個人のクラスター中心からの距離の平均値の変化から、クラスター数を4つに決定した。ただしクラスター数の決定方法には「絶対的」なモノはなく、「データから何かを発見するための方法」であることを理解しつつ、分析者がうまく使いこなす必要がある。

(12) 高年齢層の方が「ナショナリスティック」な理由としては、「日本人」として長年生きてきたことによる効果(加齢効果)とも、戦前国粋主義教育など特定の年代に生まれたことによる効果(コーホート効果)とも解釈可能である。その二種類の効果を正確に判別するのは難しく、たとえばパネル調査と呼ばれる同一の個人を継続的に追跡して調査し、時間の経過とともにどのような変化が生じたのかを調べる調査をおこなうことができれば、ある程度は区別可能となる。このように調査データの分析とその結果の解釈には一定の限界があることも、十分知っておく必要があるだろう。

文献

Anderson, Benedict, 1991＝一九九七、白石隆・白石さや訳『増補・想像の共同体』NTT出版。

Billig, Michael, 1995, *Banal Nationalism*, London : Sage.

Bohnstedt, George W. & Knoke, David, 1988＝一九九〇、海野道郎・中村隆訳『社会統計学』ハーベスト社。

Brown, Rupert, 1995＝一九九九、橋口捷久・黒川正流訳『偏見の社会心理学』北大路書房。

Brubaker, Roger, 1992＝二〇〇五、佐藤成基・佐々木てる監訳『フランスとドイツの国籍とネーション国籍形成の比較歴史社会学』明石書店。

Gellner, Ernest, 1983＝二〇〇〇、加藤節訳『民族とナショナリズム』岩波書店。

Hall, Stuart, 1996＝二〇〇一、宇波彰訳「誰がアイデンティティを必要とするのか?」『カルチュラル・アイデンティティの諸問題——誰がアイデンティティを必要とするのか?』大村書店。

鹿又伸夫、二〇〇一、『機会と結果の不平等——世代間移動と所得・資産格差』ミネルヴァ書房。

香山リカ、二〇〇二、『ぷちナショナリズム症候群——若者たちのニッポン主義』中公新書。

久保大、二〇〇六、『治安はほんとうに悪化しているか』公人社。

小熊英二、一九九五、『単一民族神話の起源——〈日本人〉の自画像の系譜』新曜社。

———、一九九八、『〈日本人〉の境界——沖縄・アイヌ・台湾・朝鮮　植民地支配から復帰運動まで』新曜社。

大村平、二〇〇六、『多変量解析のはなし——複雑さから本質を探る（改訂版）』日科技連。

Simmel, George, 1908＝一九六六、堀喜望・居安正訳『闘争の社会学』法律文化社。

Smith, Anthony D., 1986＝一九九九、巣山靖司・高城和義他訳『ネーションとエスニシティ——歴史社会学的考察』名古屋大学出版会。

———, 1998, *Nationalism and Modernism*, London : Routledge.

高橋信、二〇〇四、『マンガでわかる統計学』オーム社。

———、二〇〇六、『マンガでわかる統計学［因子分析編］』オーム社。

吉野耕作、一九九七、『文化ナショナリズムの社会学』名古屋大学出版会。

あとがき――文化社会学の魅力

文化を知ること、社会を知ること

「文化社会学の魅力とは何か」と問われれば、それは主にふたつにわけられよう。ひとつには、ごく身近で些細に思えるようなことから、広く社会全体を見通していく視線の躍動感、もうひとつには、そうした身近なことがいかに社会全体と深く関わっていたのかに気付くときの新鮮な驚きであろう。文化を知ることとは、いわば自分自身を知ること、そして社会を知ること、それらがいかに深く関わっているかを知ることではないだろうか。読者は、本書に収められたいずれの章においても、こうした魅力を存分に味わわれたことと思う。

いま文化社会学に求められているのは、いわば文化を「客観視」するとらえ方である。対象に徹底的に深く分け入りつつ、その上であえて突き放すかのようにして冷静に見つめなおすこと、そのように視点を自在に操るとらえ方が求められる。

文化はごく身近なところにあるものであり、どこかよそにあるものとして突き放してみることが難しい。何がしかの文化に対して、過剰に肯定的であったりあるいは否定的であったりするような物言いが、どこか的外れであったり説得力を欠くように感じられるのはこうした特徴によるものであろう。文化社会学においては、いわば「身近すぎる」とらえ方も、あるいは「よそよそしすぎる」とらえ方も、何か「大事なもの」を欠いているのである。

たしかに文化は「客観的」にとらえることが難しい対象である。昨今ではコンテンツ産業への注目もあって、文化に関する議論は溢れかえっているようだが、「客観的」にとらえようとした分析は驚くほど少ない。多くは、「身近すぎる」か「よそよそしすぎる」か、いずれかのとらえ方によるものが圧倒的だ。あるいは、文化を論じるそのとらえ方自体が、その時々において外の社会から輸入され、十分に吟味もされないままに使い捨てられてきたという繰り返しもある。

こうした現状は、私たちが自分自身を十分に見つめなおしていないということ、すなわちこの社会がいかなる社会なのかを、十分に理解しきれていないことの証ではないだろうか。だからこそ本書では、現代の日本社会における文化を、実証的かつ経験的にとらえることに重きを置いた。そして幅広い対象から文化の現状をとらえることに挑戦すると同時に、そのとらえ方についても複数の視点から検討を加えた。特に現代の日本社会における文化の状況に適したとらえ方とは何か、を論じることに重きを置いているのが特徴である。

他の社会学と何が違うか

さて、先に述べたような魅力――自分を知り、社会を知り、その関わりを知ること――は、広く社会学全般にもあてはまることである。しかしながら文化社会学は、特にその魅力を強く感じられる学問だといえるのではないだろうか。その理由は、序章でも述べたように、文化という言葉に広義と狭義のふたつの意味があることに表されている。この点をもとに、他の社会学と比べてみよう。

そもそも連字符社会学とも呼ばれるように、「○○社会学」、「××社会学」といったいくつもの種類があるが、いわばそれらは、社会のなかのそれぞれの領域を分析する学問となっている。だがそれらと比べると、文化社会学はやや特異な位置付けにある。すなわち、文化社会学は文化だけを社会学的にとらえるのではなく、むしろ文化を通して社会をとらえる学問なのである。

ここで文化のふたつの意味が重要になってくる。端的にいえば、広義の文化とは社会的な生活様式全般のこと、狭義の文化とは、政治や経済などの他の領域とは区別された（普段呼んでいるのとほぼ同じ意味での）文化のことであった。したがって、文化社会学といったときの文化を、単に広義の文化とだけとらえれば、それは〝社会社会学〟となりほぼ社会学全体と同じ意味になってしまう。それはそれで、半分は間違っていないのだが、むしろこのふたつの意味でいえば、狭義の文化を通して広義の文化を知ること、具体的な現象を入り口にして後者の全体像をつかむこと、そしてそれらがいかに深く関わっているのかを知ることこそが文化社会学の狙いなのである。

なぜそのような、あたかも枠をはみ出したかのような狙いを文化社会学が持っているのかといえば、あくまで狭義と広義の文化は別々の現象ではなく、深い関わりを持って切れ目なくつながっているからに他ならない。

具体的な例を挙げれば、アニメーションにはまる若い女性がいたとして、その人はアニメのなかだけで生活しているわけではない。日々生活する家族のなかでは「よき娘」であるかもしれないし、仲間との関係では「ちょっと流行に敏感なリーダー格の存在」であるかもしれないし、他にも学校や職場、居住する地域などさまざまな社会に所属しながら、アニメにはまる若者で〝も〟あるはずである。したがって、なぜその人がアニメにはまるのかを考えるためには、アニメのなかだけで考えるのではなく、むしろ他の社会の状況がどのように影響しているのかを知ること、そして視点を裏返して、社会がどのような状況にあるのかを知ることが重要になってくる。

繰り返せば、このようにごく身近で些細に思えるようなことから、広く社会全体を見通していくこと、そしてそうした身近なことがいかに社会全体と深く関わっていたのかに気づくこと、それらのことを知る時の躍動感や新鮮な驚きを、おそらくは他の社会学以上により強く感じられるのが文化社会学の魅力なのである。

だが文化社会学のこうした視点は、社会学全体の歴史と比べれば後発のものだし、野心的で挑戦的な試みである。その分、まだまだ十分に洗練しきれていない部分が残るのも事実であろう。だからこそ、今まで以上に現代の日本社会における文化の状況をとらえる試みを続けていきながら、同時にとらえ方をも洗練させていくことが急務だといえる。

この点において文化社会学を学ぶということは、何がしかの完成された体系だった知識を一方的に「お勉強」するということではなく、むしろ自分自身を見つめなおし続けるような作業の繰り返し、そして社会を見つめなおし続ける作業の繰り返しだといえよう。

読者の皆さんには、これからぜひ自分なりの「文化社会学」を広げていっていただきたい。本書がその一助となるのであれば、これに勝る喜びはない。最後になったが、本書の執筆を勧めて下さったミネルヴァ書房編集部の堀川健太郎さん、そして、校正以降の作業を担当された涌井格さんに厚くお礼申し上げたい。ありがとうございました。

編　者

ま　行

や，ら，わ行

た　行

な　行

は　行

さ　行

事項索引

人名索引

永井純一（ながい・じゅんいち）**第 8 章**

1977年　生まれ
2012年　関西大学大学院社会学研究科博士課程後期課程修了
現　在　関西国際大学現代社会学部准教授，博士（社会学）
主　著　「オタクカルチャーにみるオーディエンスの能動性——メディアのオルタナティブな『読み』」『ソシオロジ』46(3)，2002 年
「〈参加〉する聴衆——フジロックフェスティバルにおけるケーススタディ」『ポピュラー音楽研究』10，2007 年

中西泰子（なかにし・やすこ）**第 9 章**

1975年　生まれ
2005年　東京都立大学大学院社会科学研究科博士課程単位取得退学
現　在　相模女子大学人間社会学部社会マネジメント学科教授，博士（社会学）
主　著　「若者の老親扶養志向にみるジェンダー——娘の意識に注目して」『家族社会学研究』19(2)，2007 年
『若者の介護意識——親子関係とジェンダー不均衡』勁草書房，2009 年

藤井　尚（ふじい・ひさし）**第 10 章**

1970年　生まれ
2002年　東京都立大学大学院社会科学研究科博士課程単位取得退学
現　在　寺院副住職

松谷創一郎（まつたに・そういちろう）**第 11 章**

1974年　生まれ
2022年　中央大学文学部社会情報学専攻博士後期課程単位取得退学
現　在　ジャーナリスト
主　著　『ギャルと不思議ちゃん論——女の子たちの三十年戦争』原書房，2012 年
『SMAP はなぜ解散したのか』SB クリエイティブ，2017 年

阿部真大（あべ・まさひろ）**第 12 章**

1976年　生まれ
2007年　東京大学大学院人文社会系研究科博士課程単位取得退学
現　在　甲南大学文学部社会学科教授
主　著　『ハタチの原点——仕事，恋愛，家族のこれから』筑摩書房，2009 年
『世界はロックでできている』講談社，2009 年

田辺俊介（たなべ・しゅんすけ）**第 13 章**

1976年　生まれ
2005年　東京都立大学大学院社会科学研究科博士課程単位取得退学
現　在　早稲田大学文学学術院教授，博士（社会学）
主　著　『ナショナル・アイデンティティの国際比較』慶應義塾大学出版会，2010 年
「『近い国・遠い国』——多次元尺度構成法による世界認知構造の研究」『理論と方法』36，2004 年

《執筆者紹介》
（執筆順，＊は編著者）

＊辻　　泉（つじ・いずみ）序章，第１章，あとがき

奥付編著者紹介参照

＊南田勝也（みなみだ・かつや）序章，第２章，あとがき

奥付編著者紹介参照

辻　大介（つじ・だいすけ）第３章

1965年　生まれ
1995年　東京大学大学院社会学研究科修士課程修了
現　在　大阪大学大学院人間科学研究科教授
主　著　『自己と他者の社会学』（共著）有斐閣，2005 年
　　　　『メディア・コミュニケーション学』（共著）大修館書店，2008 年

岡本朝也（おかもと・あさや）第４章

1969年　生まれ
2004年　関西大学大学院社会学研究科博士課程後期課程修了
現　在　追手門学院大学非常勤講師
主　著　『現代家族のアジェンダ』（共著）世界思想社，2004 年
　　　　『論点ハンドブック　家族社会学』（共著）世界思想社，2009 年

鈴木謙介（すずき・けんすけ）第５章

1976年　生まれ
2004年　東京都立大学大学院社会科学研究科博士課程単位取得退学
現　在　関西学院大学社会学部准教授
主　著　『＜反転＞するグローバリゼーション』NTT 出版，2007 年

名部圭一（なべ・けいいち）第６章

1966年　生まれ
1996年　関西大学大学院社会学研究科博士課程後期課程単位取得退学
現　在　桃山学院大学社会学部教授
主　著　『社会文化理論ガイドブック』（共編著）ナカニシヤ出版，2005 年
　　　　『現代文化の社会学 入門』（共著）ミネルヴァ書房，2007 年

木島由晶（きじま・よしまさ）第７章

1975年　生まれ
2006年　大阪大学大学院人間科学研究科博士後期課程修了
現　在　桃山学院大学社会学部社会学科准教授，博士（人間科学）
主　著　『デジタルメディア・トレーニング――情報化時代の社会学的思考法』（共著）有斐閣，2007 年
　　　　「路上演奏者の公共感覚――心斎橋の弾き語りシンガーを事例として」『ポピュラー音楽研究』10，2007 年

《編著者紹介》

南田勝也（みなみだ・かつや）

1967年　生まれ

2002年　関西大学大学院社会学研究科博士課程後期課程修了

現　在　武蔵大学社会学部教授，博士（社会学）

主　著　『ロックミュージックの社会学』青弓社，2001 年

『オルタナティブロックの社会学』花伝社，2014 年

辻　泉（つじ・いずみ）

1976年　生まれ

2004年　東京都立大学大学院社会科学研究科博士課程単位取得退学

現　在　中央大学文学部教授，博士（社会学）

主　著　『鉄道少年たちの時代――想像力の社会史』勁草書房，2018 年

『メディア社会論』（共編著）有斐閣，2018 年

文化社会学の視座

――のめりこむメディア文化とそこにある日常の文化――

2008 年 5 月 30 日　初版第 1 刷発行　〈検印廃止〉

2024 年 1 月 30 日　初版第 6 刷発行

定価はカバーに表示しています

編著者　南田勝也　辻　泉

発行者　杉田啓三

印刷者　大道成則

発行所　株式会社　ミネルヴァ書房

607-8494 京都市山科区日ノ岡堤谷町 1

電話（075）581-5191／振替 01020-0-8076

太洋社・吉田三誠堂製本

ISBN978-4-623-05158-8

Printed in Japan